2015—2016年
中国工业和信息化发展
系列蓝皮书

2015-2016年中国工业发展质量蓝皮书

The Blue Book on the Quality of Industrial Development in China (2015-2016)

中国电子信息产业发展研究院　编著

主　编／王　鹏

副主编／秦海林　关　兵

人 民 出 版 社

责任编辑：邵永忠

封面设计：佳艺时代

责任校对：吕　飞

图书在版编目（CIP）数据

2015–2016 年中国工业发展质量蓝皮书 / 王　鹏　主编；

中国电子信息产业发展研究院　编著 . — 北京：人民出版社，2016.8

ISBN 978–7–01–016511–0

Ⅰ . ① 2… Ⅱ . ① 王… ② 中… Ⅲ . ① 工业发展—经济运行质量—研究报告—

中国— 2015–2016 Ⅳ . ① F424

中国版本图书馆 CIP 数据核字（2016）第 174750 号

2015–2016年中国工业发展质量蓝皮书

2015-2016NIAN ZHONGGUO GONGYE FAZHAN ZHILIANG LANPISHU

中国电子信息产业发展研究院　编著

王　鹏　主编

人 民 出 版 社　出版发行

（100706　北京市东城区隆福寺街 99 号）

北京市通州京华印刷制版厂印刷　新华书店经销

2016 年 8 月第 1 版　2016 年 8 月北京第 1 次印刷

开本：710 毫米 ×1000 毫米　1/16　印张：17

字数：280 千字

ISBN 978–7–01–016511–0　定价：88.00 元

邮购地址　100706　北京市东城区隆福寺街 99 号

人民东方图书销售中心　电话（010）65250042　65289539

代 序

　　在党中央、国务院的正确领导下，面对严峻复杂的国内外经济形势，我国制造业保持持续健康发展，实现了"十二五"的胜利收官。制造业的持续稳定发展，有力地支撑了我国综合实力和国际竞争力的显著提升，有力地支撑了人民生活水平的大幅改善提高。同时，也要看到，我国虽是制造业大国，但还不是制造强国，加快建设制造强国已成为今后一个时期我国制造业发展的核心任务。

　　"十三五"时期是我国制造业提质增效、由大变强的关键期。从国际看，新一轮科技革命和产业变革正在孕育兴起，制造业与互联网融合发展日益催生新业态新模式新产业，推动全球制造业发展进入一个深度调整、转型升级的新时期。从国内看，随着经济发展进入新常态，经济增速换挡、结构调整阵痛、动能转换困难相互交织，我国制造业发展也站到了爬坡过坎、由大变强新的历史起点上。必须紧紧抓住当前难得的战略机遇，深入贯彻落实新发展理念，加快推进制造业领域供给侧结构性改革，着力构建新型制造业体系，推动中国制造向中国创造转变、中国速度向中国质量转变、中国产品向中国品牌转变。

　　"十三五"规划纲要明确提出，要深入实施《中国制造2025》，促进制造业朝高端、智能、绿色、服务方向发展。这是指导今后五年我国制造业提质增效升级的行动纲领。我们要认真学习领会，切实抓好贯彻实施工作。

　　一是坚持创新驱动，把创新摆在制造业发展全局的核心位置。当前，我国制造业已由较长时期的两位数增长进入个位数增长阶段。在这个阶段，要突破自身发展瓶颈、解决深层次矛盾和问题，关键是要依靠科技创新转换发展动力。要加强关键核心技术研发，通过完善科技成果产业化的运行机制和激励机制，加快科技成果转化步伐。围绕制造业重大共性需求，加快建立以创新中心为核心载体、以公共服务平台和工程数据中心为重要支撑的制造业创新网络。深入推进制造业与互联网融合发展，打造制造企业互联网"双创"平台，推动互联网企业构建制造业"双创"服务体系，推动制造业焕发新活力。

二是坚持质量为先，把质量作为建设制造强国的关键内核。近年来，我国制造业质量水平的提高明显滞后于制造业规模的增长，既不能适应日益激烈的国际竞争的需要，也难以满足人民群众对高质量产品和服务的热切期盼。必须着力夯实质量发展基础，不断提升我国企业品牌价值和"中国制造"整体形象。以食品、药品等为重点，开展质量提升行动，加快国内质量安全标准与国际标准并轨，建立质量安全可追溯体系，倒逼企业提升产品质量。鼓励企业实施品牌战略，形成具有自主知识产权的名牌产品。着力培育一批具有国际影响力的品牌及一大批国内著名品牌。

三是坚持绿色发展，把可持续发展作为建设制造强国的重要着力点。绿色发展是破解资源、能源、环境瓶颈制约的关键所在，是实现制造业可持续发展的必由之路。建设制造强国，必须要全面推行绿色制造，走资源节约型和环境友好型发展道路。要强化企业的可持续发展理念和生态文明建设主体责任，引导企业加快绿色改造升级，积极推行低碳化、循环化和集约化生产，提高资源利用效率。通过政策、标准、法规倒逼企业加快淘汰落后产能，大幅降低能耗、物耗和水耗水平。构建绿色制造体系，开发绿色产品，建设绿色工厂，发展绿色园区，打造绿色供应链，壮大绿色企业，强化绿色监管，努力构建高效清洁、低碳循环的绿色制造体系。

四是坚持结构优化，把结构调整作为建设制造强国的突出重点。我国制造业大而不强的主要症结之一，就是结构性矛盾较为突出。要把调整优化产业结构作为推动制造业转型升级的主攻方向。聚焦制造业转型升级的关键环节，推广应用新技术、新工艺、新装备、新材料，提高传统产业发展的质量效益；加快发展3D打印、云计算、物联网、大数据等新兴产业，积极发展众包、众创、众筹等新业态新模式。支持有条件的企业"走出去"，通过多种途径培育一批具有跨国经营水平和品牌经营能力的大企业集团；完善中小微企业发展环境，促进大中小企业协调发展。综合考虑资源能源、环境容量、市场空间等因素，引导产业集聚发展，促进产业合理有序转移，调整优化产业空间布局。

五是坚持人才为本，把人才队伍作为建设制造强国的根本。新世纪以来，党和国家深入实施人才强国战略，制造业人才队伍建设取得了显著成绩。但也要看到，制造业人才结构性过剩与结构性短缺并存，高技能人才和领军人才紧缺，基础制造、高端制造技术领域人才不足等问题还很突出。必须把制造业人才发展摆在更加突出的战略位置，加大各类人才培养力度，建设制造业人才大军。以提高现代经营管理水平和企业竞争力为核心，造就一支职业素养好、市场意识强、熟悉国内外经济运行规则的经营管理人才队伍。组织实施先进制造卓越工程师培养计划和专业技术人才培养计划等，造就一支掌握先进制造技术的高素质的专业技术人才队伍。大力培育精益求精的工匠精神，造就一支技术精湛、爱岗敬业的高技能人才队伍。

"长风破浪会有时，直挂云帆济沧海"。2016 年是贯彻落实"十三五"规划的关键一年，也是实施《中国制造 2025》开局破题的关键一年。在错综复杂的经济形势面前，我们要坚定信念，砥砺前行，也要从国情出发，坚持分步实施、重点突破、务求实效，努力使中国制造攀上新的高峰！

工业和信息化部部长　苗圩

2016 年 6 月

前 言

2015年，是我国"十二五"规划收官之年，也是近年来工业经济形势较为严峻的一年，工业下行压力明显增大。不过，在党中央、国务院的坚强领导下，工业系统坚持稳中求进的工作总基调，积极推进传统产业改造升级，加快培育壮大新兴产业，扎实推进中国制造2025，我国工业保持了总体平稳的发展态势。

当前，我国工业发展正处在"三个转换"的关键时期，即工业增长动力机制从投资驱动向创新驱动转换、工业生产方式从生产型制造向服务型制造转换、工业发展模式从规模速度型向质量效益型转换。随着我国供给侧结构性改革的不断深入，通过逐步形成我国工业强大的制造能力、创新能力，还有培育构建属于我国自己的工业品牌能力，在追求提质增效的长期目标指引下，力图化解短期内产业结构调整升级带来的诸多矛盾。

"工业发展质量"，是指一定时期内一个国家或地区工业发展的优劣状态，综合反映了速度、结构、效益、创新、资源、环境及信息化等方面的关系的协调程度。本书通过研究"工业发展质量"，目的在于考量我国各省市工业经济，以及各工业行业在上述"三个转换"关键时期，反映出各自的工业发展进程。本书通篇贯彻党的十八届五中全会提出的"五大发展理念"，紧密结合"中国制造2025"的主要目标，充分吸纳"供给侧结构性改革"对工业经济发展的新要求，全面剖析了工业发展质量的内涵，明确了构建评价体系的基本原则和主要思路，在往年评价体系的基础上，对22项指标进行了适时的调整，对过去十年全国及地方省市的工业发展质量，以及工业主要行业发展质量进行了评价。

在研究过程中，我们深刻体会到，工业发展质量的内涵十分丰富，构建一套相对合理的评价体系并对全国、各省（区、市）以及工业行业进行评价，是一项极富挑战性和创造性的工作，具有现实意义。《中国工业发展质量蓝皮书》前三版问世以来，引发了学术界的广泛关注和热烈反响，《2015—2016年中国工业发展质量蓝皮书》

在认真吸收和采纳了行业内专家和学者具有建设性的建议和意见的基础上，对2015年我国工业发展质量相关热点、重点和难点问题进行了透析，期望能够引起更多国内外学术界有识之士共同关注。

　　囿于时间、精力、能力有限，虽谨思慎为、几经推敲，但不足之处实属难免，恳请业界同人不吝赐教。

目 录

综合篇

第一章 理论基础

第一节 研究背景和文献综述

改革开放 30 多年来，我国经济快速发展，取得了显著成绩。2015 年 GDP 达到 67.7 万亿元，稳居世界第二经济大国[1]。在经济高速增长过程中，工业对经济增长的贡献率长期处于较高水平。20 世纪 90 年代，始终保持在 60% 左右，21 世纪以来虽有所降低，但仍保持在 40% 以上。近两年，我国工业虽然增速放缓，但从全球角度来看增速依然处于高位，2015 年全部工业增加值达到 22.8 万亿元，同比增长 5.9%，规模以上工业比上年增长 6.1%。

当前，我国经济发展正逐步迈入新常态。经济增速转向中高速增长，经济发展方式转向质量效率型集约增长，经济结构转向调整存量、做优增量并存的深度调整，经济发展动力转向新的增长点。工业作为国民经济的支柱以及发展实体经济的主战场，是稳增长、转方式、调结构的主心骨，必然在新常态下呈现新的特征，并在宏观大背景下面临新的机遇和挑战。工业新常态是指当经济规模发展到一定阶段后，随着外部环境发生重大变化和内部要素结构出现重大调整，工业经济步入速度更加稳健、结构更加合理、动力更加多元、路径更加生态的符合新形势下我国经济发展内在需求的一种状态。这种状态并不是处于持续上升或下降的变化趋势，而是一种中长期相对稳定的状态，即在相对合理的区间内呈现周期性波动。从机遇看，一是各项改革逐步深化，不断激发市场活力，包括财税改革拓宽工业增长领域、金融改革加速工业结构调整、企业改革激发国企内在活力、价格改

---

[1] 根据世界银行统计数据，2010年中国GDP超越日本成为全球第二大经济体，2014年美国、中国和日本GDP分别为17.42万亿、10.35万亿和4.60万亿美元，中国GDP总量继续保持全球第二。

推动资源集约型发展；二是创新体系逐步完善，加速结构优化升级，包括产业创新加速工业国际化进程、企业创新增强工业核心竞争力、市场创新开辟更广阔的发展空间；三是经济增长动力显著提升，包括高铁出口助推装备及相关产业发展、城市消费成为扩大内需主要动力、智能装备投资显著提升工业化水平。从挑战看，一是经济减速大背景下各种隐性矛盾将逐渐显露，包括金融领域发生风险概率加大、产能过剩风险进一步加剧、国家经济新常态和地区诉求间的矛盾日益凸显；二是长期提质增效目标下短期内产业将面临阵痛，包括传统产业就业压力将持续增强、主要依靠传统资源类产业的地区将经历转型阵痛、创新能力不足成为工业发展"软肋"；三是供需双趋紧约束下企业经营压力将不断加剧，企业面临的市场竞争环境也将更趋恶劣。

我国仍处于工业化进程中，与先进国家相比还有较大差距。制造业仍然大而不强，在自主创新能力、资源利用效率、产业结构水平、信息化程度、质量效益等方面存在不同程度差距，有的方面差距依然明显，转型升级和跨越发展的任务紧迫而艰巨。为实现中国制造向中国创造转变，中国速度向中国质量转变，中国产品向中国品牌转变，国务院于2015年5月印发《中国制造2025》，提出了质量为先的基本方针，坚持把质量作为建设制造强国的生命线，强化企业质量主体责任，加强质量技术攻关、自主品牌培育。建设法规标准体系、质量监管体系、先进质量文化，营造诚信经营的市场环境，走以质取胜的发展道路。同时，提出了衡量质量效益的三个指标：制造业质量竞争力指数、制造业增加值率增幅和制造业全员劳动生产率增速。其中制造业质量竞争力指数是反映我国制造业质量整体水平的经济技术综合指标，由质量水平和发展能力两个方面共计12项具体指标计算得出。《中国制造2025》根据此指标制定了质量效益方面的战略目标，力争制造业质量竞争力指数到2020年达到84.5，2025年达到85.5；力争制造业增加值率2020年比2015年提高2个百分点，2025年比2015年提高4个百分点；力争制造业全员劳动生产率增速到2020年为7.5%左右，2025年为6.5%。《中国制造2025》为中国制造业未来10年设计顶层规划和路线图，推动中国到2025年迈入制造强国行列。

我国工业发展将更加注重质量和效益，关注产业结构调整与工业转型升级。党的十八届三中全会明确提出，要完善发展成果考核评价体系，纠正单纯以经济增长速度评定政绩的偏向，加大资源消耗、环境损害、生态效益、产能过剩、科技创新、安全生产、新增债务等指标的权重，更加重视劳动就业、居民收入、社会保障、人民健康状况。2015年10月，中国共产党第十八届中央委员会第五次全体会议审议通过了《中共中央关于制定国民经济和社会发展第十三个五年规划的建议》，明确指出今后五年实现经济保持中高速增长，投资效率和企业效率明显上升，工业化和信息化融合发展水平进一步提高，产业迈向中高端水平，先进制造业加快发展，新产业新业态不断成长。坚持创新发展，着力提高发展质量和效益。2015年12月，中央经济工作会议指出："引领经济发展新常态，要努力实现多方面工作重点转变。推动经济发展，要更加注重提高发展质量和效益。"全国工业和信息化工作会议指出："我国工业发展仍处于可以大有作为的重要战略机遇期，但战略机遇期的内涵已发生深刻变化。要加深对经济新常态的认识和理解，彻底抛弃用旧的逻辑思维和方式方法再现高增长的想法。要做打持久战的准备，敢于经历痛苦的磨难，适当提高换挡降速容忍度，坚定信心，锐意改革，强化体制动力和内生活力，实现工业更高质量、更有效率、更加公平、更可持续的发展。"在此背景下，我们认为工业是发展实体经济的主战场，提高工业经济发展质量和效益，对于中国宏观经济的持续稳定增长具有重要作用。

我国专家、学者对工业发展质量方面研究主要集中在工业运行质量和工业全要素生产率两个方面。在工业运行质量方面，王必香（2015）、陈卫灵（2010）等学者通过构建相应的工业运行质量评价体系，分别对云南省、广东省工业增长质量进行了总体测度。研究表明：工业发展注重的方向逐步由数量向质量转变，但还存在一些问题，如：资源利用效率不高、科技进步水平较低、创新意识不强等。中国社会科学院江飞涛、武鹏、李晓萍（2014）等学者在研究中国工业经济增长动力机制转换时指出由政府主导、投资驱动的工业经济增长方式才是工业增长效率恶化的根源，工业增长方式必须实现向创新驱动、效率驱动增长方式的转变。在工业生产效率方面，丁黄艳（2014）、吴海民（2008）等学者采用数据包络分析方法、Malmquist指数法等计量方法对我国工业经济运行效率进行了测度和研究，研究表明我国工业运行效率呈现不断提高的趋势，发达地区的工业运行效率通过技术进步实现，而欠发达地区更多的是通过提高组织管理水平来实现。同时，净莉（2014）、李玲（2012）、时春红（2011）等学者对我国工业全要素生产率进行了研究。研究表明，技术进步已经成为全要素生产率增长的核心动力，必须大力促进工业技术进步，有效提高生产要素组合质量与使用效率，由此提高我国工业全要素生产率，进一步实现我国工业经济向集约型增长方式转变。

工业绿色可持续发展广受国内外关注。工业绿色可持续发展始终受到很多工业化先行国家的重视，20世纪90年代，为了经济与环境的和谐发展，英美等国家提出的绿色GDP、绿色经济等，保障经济的可持续发展。联合国工业发展组织定期发布《工业发展报告》和《全球制造业增长报告》，旨在通过形势分析和竞争力评估，引导全球工业持续增长。我国学者和研究机构针对经济可持续发展也进行了大量研究，如中国社会科学院工业经济研究所课题组（2011）从剖析工业绿色转型升级面临的体制机制障碍入手，绘制了我国工业绿色转型升级的路线图，通过详细分析工业绿色转型的成本收益，提出了促进工业绿色转型升级的机制创新和政策支撑体系的相关对策建议。此外，王永瑜和郭立平（2010）、向书坚和郑瑞坤（2013）、王军和耿建（2014）、钱争鸣和刘晓晨（2014）等学者围绕绿色经济发展指数、绿色经济效率等问题进行了研究。面对近几年持续不断的雾霾天气，党中央国务院和各级地方党委政府都更加重视绿色发展。为贯彻落实党的十八届三中全会加快生态文明制度建设、完善发展成果考核评价体系的有关要求，2015年3月，国家统计局研究建立了循环经济综合评价指标体系，并据此对我国循环经济发展状况进行了测算。测算结果表明，以2005年为基期计算，2013年我国循环经济发展指数达到137.6，平均每年提高4个点，循环经济发展成效明显。其中，资源消耗减量化稳步推进、废物排放减量化效果明显、污染物处置水平大幅提高、废物回用进展较慢。党的十八届五中全会提出："坚持绿色发展，着力改善生态环境，支持绿色清洁生产，推进传统制造业绿色改造，推动建立绿色低碳循环发展产业体系，鼓励企业工艺技术装备更新改造。"

创新发展、循环发展等方面的研究成果不断问世，相关政策陆续出台。为落实贯彻党的十八大和十八届三中、四中、五中全会关于创新发展的相关的精神，国家统计局社科文司为了客观、科学反映我国经济发展过程中的创新能力，构建了中国创新指数（China Innovation Index，CII）。2015年12月，根据课题组公布的测算结果，2014年中国创新指数为158.2，比上年增长3.7%。分领域看，创新环境指数、创新投入指数、创新产出指数和创新成效指数分别为155.2、157.8、177.2和142.4，分别比上年增长3.3%、3%、5.2%和2.8%。其结果表明我国经济创新环境持续优化，国家和企业对创新投入力度继续加大，创新产出能力不断提高，创新成效进一步显现。在政策层面，国务院出台了多项政策措施，营造创新的环境氛围,培育新业态,推动我国经济创新发展。2015年1月,国务院发布《关于促进云计算创新发展培育信息产业新业态的意见》,发展云计算有利于分享信息知识和创新资源,培育形成新产业和新消费热点。2015年7月,国务院提出《关于积极推进"互联网+"行动的指导意见》,把互联网的创新成果与经济社会各领域深度融合,提升实体经济创新力。2015年6月和9月,为了加快实施创新驱动发展战略,国务院分别发布了《关于大力推进大众创业万众创新若干政策措施的意见》和《关于加快构建大众创业万众创新支撑平台的指导意见》。

综合上述,当前以及未来相当长的一段时期内,我国工业经济发展更加关注和重视工业发展质量和效益。就当前国内外复杂形势看,亟须构建一套合理、完善的评价体系,来客观、科学反映和评价我国工业发展质量,引导和推动工业产业结构向更加合理方向调整。

第二节　工业发展质量的概念及研究意义

一、概念及内涵

工业发展质量不仅仅涉及经济发展的生态效益,还要涉及结构、创新、民生等多个方面。赛迪智库工业经济研究所认为,广义上,工业发展质量是指一定时期内一个国家或地区工业发展的优劣状态;狭义上,工业发展质量是在保持合理增长速度的前提下,更加重视增长的效益,不仅包括规模扩张,还包括结构优化、技术创新、资源节约、环境改善、两化融合、惠及民生等诸多方面。现阶段其内涵主要体现在以下六个方面。

第一,速度和效益有机统一。工业发展要以一定的增长速度为基础,这对于尚处在工业化加速发展阶段的国家尤为重要。然而,片面追求增长速度,将导致资源难以支撑、环境难以承载、产业结构失衡等一系列严重问题,甚至影响到工业乃至国民经济整体的可持续发展。效益是工业实现良性循环和健康发展的关键。因此,实现速度和效益的有机统一,是提升工业发展质量的着力点和关键点。

第二,结构持续调整和优化。工业结构反映了生产要素在行业、企业、地区之间的配置状况和工业的总体发展水平。工业结构的优化升级是工业发展质量提升的重要体现。提高工业发展质量,必须要统筹处理好传统产业和新兴产业、劳动密集型产业和资本技术密集型产业、重化工业与轻工业、大企业大集团与中小企业、东部地区与中西部地区、国有经济与非国有经济等重要关系。

第三，技术创新能力不断提高。工业发展质量的一个重要方面是产业技术创新能力不断提高。提高产业技术创新能力，是走内涵式发展道路和推动工业转型升级的根本要求。当前，技术创新能力不强已成为制约我国工业发展的重要瓶颈。提高工业发展质量，要求加大科研投入、加快技术进步、加强科技成果产业化，不断提高产业技术创新能力。

第四，资源节约和环境友好。实现工业经济与资源环境的和谐发展，是缓解资源约束矛盾的根本出路，是减轻环境污染的有效途径，是提高经济效益的重要措施。提升工业发展质量，必须提高资源的集约和综合利用水平，有效控制污染物排放，在资源节约、环境友好的基础上，增强工业可持续发展能力。

第五，两化融合不断深化。以信息化带动工业化，以工业化促进信息化，是走新型工业化道路的内在要求。信息技术、信息产品、信息资源、信息化标准等信息化要素，在工业技术、工业产品、工业装备、工业管理、工业基础设施、市场环境等各个层面的渗透与融合，可以大大提升企业的生产、经营和管理水平，从而提升工业的效益和发展质量，加快推进工业经济发展方式转变。

第六，人力资源结构优化和待遇提升。我国是一个人口大国，拥有众多的高素质人才和丰富的劳动力资源。经济增长从主要依靠物质资源投入向主要依靠充分利用人力资源优势转变是走中国特色新型工业化道路的应有之义。提高工业发展的质量，既要充分依托我国在人才和劳动力资源方面的巨大优势，特别是要关注人均受教育水平的提高。同时，还要着眼于解决广大人民群众的就业问题，并不断提高我国工业从业人员的工资报酬水平，使企业职工能够分享工业发展的成果。

二、评价意义

党的十八大明确提出了关于全面深化改革的战略部署，为认真贯彻落实这一战略，党的十八届三中全会提出完善发展成果考核评价体系，纠正单纯以经济增长速度评定政绩的偏向，加大生态效益、化解产能过剩、科技创新等指标的权重。党的十八届五中全会指出"十三五"时期是全面建成小康社会决胜阶段，实现发展目标，必须牢固树立创新、协调、绿色、开放、共享的发展理念。结合实际情况来看，我们认为，未来我国工业发展不能也不应追求过高的增速，而应将重点放在优化产业结构，着力提高发展的质量和效益上。加强对工业发展质量的评价和研究，是推进工业转型升级的重要基础性工作之一，也是深入贯彻落实党的十八届三中、四中、五中全会及中央经济工作会议相关精神、实现《中国制造2025》发展目标的重要实践性工作之一，对经济新常态下我国工业实现健康平稳增长具有重要意义。

第一，研究和评价工业发展质量是科学衡量工业转型升级效果的迫切需要。加快工业转型升级已成为推进我国经济结构调整和发展方式转变的重大举措。工业转型升级主要体现在自主创新、结构优化、两化深度融合、绿色低碳等诸多方面，其核心目标就是要实现工业发展质量的不断提升。然而，单一的指标难以准确、客观衡量转型升级的效果，当前亟须构建一套能够全面准确衡量工业发展质量和效益的指标体系，引导各地政府和企业走内生增长、集约高效的发展道路。

第二，研究和评价工业发展质量是正确引导地方工业实现科学发展的有效手段。长期以来，规模、速度等指标多被用来考核某一行业或地区工业发展效果，不仅形成了普遍重视产值和增速的情况，还造成了资源浪费、环境污染、竞争力不强等深层次问题。加强对工业发展质量和效益的评价，有利于引导各级政府通过加大创新投入、优化产业结构、推进节能减排等措施，下更大功夫优化产业结构，改善工业整体素质，提高可持续发展能力，引导地方将工作重心转移到发展方式转变上来。

第三，研究和评价工业发展质量是准确把握工业经济运行规律的内在要求。加强对工业发展质量的评价，有利于我们全面分析工业经济运行的中长期特点、趋势和影响因素，有利于深刻剖析工业经济发展中的深层次问题和矛盾，准确把握工业经济运行的客观规律，进而研究提出各地工业发展的定位和目标任务，充分发挥政府的调控、规制、监管、服务职能，强化规划、标准、政策的引导作用，更加积极主动地开展工作，提高决策的科学性与合理性。

因此，了解和掌握2015年我国工业相关政策，构建我国工业发展质量的评价体系，分析全国及地方省区市的工业发展质量水平和工业细分行业的发展质量情况，探讨工业发展质量的热点和面临的问题，展望工业发展存在的机遇与挑战，对促进我国工业健康平稳发展具有重要意义。

第二章　政策分析

2015 年是"十二五"收官之年,也是我国工业经济重新布局未来的重要一年。随着《中国制造 2025》的颁布,国家出台了一系列相关落实政策,加速推动产业结构调整升级,本章主要针对创新投融资、财税体制、产业集群发展、"双创"等几个方面进行政策相关介绍和分析解读。

第一节　创新投融资机制引导社会资本进入工业领域

为了进一步加强薄弱领域建设,推进产业结构转型,在新常态下促进经济平稳健康发展,国务院出台《关于创新重点领域投融资机制鼓励社会投资的指导意见》(国发〔2014〕60 号,以下简称《创新投融资机制的指导意见》)。《创新投融资机制的指导意见》着重指出,今后将在公共服务、资源环境、生态建设、基础设施等重点部门加强投资建设,尤其要激发民间资本的积极性。

一、《创新投融资机制的指导意见》提出总体要求为创新投融资机制指明方向

在我国经济步入新常态后,在经济增速换挡期、结构调整阵痛期和前期刺激政策消化期的叠加下,各种深层次矛盾逐渐显现。在转变经济增长方式,释放改革红利的关键时期,激发市场主体活力和发展潜力,稳定部分薄弱环节的有效投资不但能够在一定程度上加快产业结构的调整,而且有利于增加公共物品供给,进一步惠及民生。为此,在深入贯彻落实党的十八大精神,着眼转变经济发展方式的长期目标下,《创新投融资机制的指导意见》制定了总体要求。

一方面，指导思想明确了以发挥市场在资源配置中的决定性作用和更好发挥政府作用为主要方向，并要求"盘活存量、用好增量"，在建立健全公开透明的市场规则基础上，降低市场准入门槛，为社会资本营造权利平等、机会平等、规则平等的竞争环境。另一方面，从市场准入、创新投资机制、政府投资方向以及价格形成机制几个方面规定了《创新投融资机制的指导意见》实施的基本原则，为创新投融资机制，合理引导社会资本进入不同领域提供了保障。

二、进一步放开市场准入、推进投资主体多元化

与以往不同，此次《创新投融资机制的指导意见》所涉及的领域均属于经济社会发展的薄弱环节。目前，此类部门吸引资金能力较差，民间资本缺乏进入动力，同时也存在一定政策和制度上的障碍。因此，党中央、国务院明确要求加快推进创新投融资机制，引导社会资金参与，而此次《创新投融资机制的指导意见》的创新体现在市场准入、投融资机制、政府的引导作用和价格形成机制等几个方面。

第一，加强薄弱环节建设是适应经济新常态、实施定向调控的重要措施。从经济发展态势来看，由于工业、制造业和房地产等行业投资增速放缓，为促进经济健康平稳发展，生态环保、农林和水利工程、市政基础设施、交通、能源、信息和民用空间基础设施以及社会事业领域成为未来国家投资的重点。

第二，《创新投融资机制的指导意见》强调了放开市场准入，为企业投资营造平等氛围。以往，大规模的投资都是以政府行为为主，忽略了民间资本的促进作用。此次《创新投融资机制的指导意见》着重支持和鼓励社会资本在市政基础设施、交通、能源等领域投资，但是同时要做好生态环境保护工作，逐步使民间投资成为促进经济发展、调整产业结构、提高市场活力、扩大社会就业的重要力量。

第三，进一步创新投融资机制，为社会资本投资提供更多途径。随着土地、劳动力和融资成本等生产要素价格的上涨，我国对外贸易优势逐渐减弱，各项成本不断上升。适时创新投资运营机制，鼓励民间资本进入基础设施建设和社会公共领域，能够缓解我国经济下行压力。《创新投融资机制的指导意见》提出，应当创新投资运营机制，可以在基础设施建设、环保、公共服务等领域推广政府与社会资本合作（PPP）模式，激发社会资本进入市场活力。目前，我国已经成功实践了一些PPP项目，并为后续进一步投资打下了基础。

第四，创新投融资方式，让投融资惠及实体经济。资金是现代经济的核心和"血液"，科学的投融资机制是优化资源配置、促进实体经济繁荣的基本保障。《创新投融资机制的指导意见》强调，在金融领域，股权债权融资、产业投资基金以及金融信贷等方面，开拓多元化的融资渠道，丰富社会资本进入各领域的方式。例如，通过信贷服务来支撑收费权、排污权以及购买服务等环保事项顺利进行；同时，利用发电、供热或工程供水等废、污水处理的预期收益作为抵押。此外，设立产业投资基金也是民间资本进入公共服务领域的重要渠道，政府可以通过部分出资或认购基金份额等方式引导社会资本流向，进一步激发市场活力。

第五，建立健全价格机制，发挥价格杠杆对经济的调控作用。价格体现了经济社会中商品或服务的价值，完善价格机制有利于正确发挥市场对资源配置的决定性作用。但是，价格改革并不是简单的完全放开政府对商品或服务市场价格的管控，而是要不断形成服务经济发展规律的价格机制，并与其他改革措施相得益彰。《创新投融资机制的指导意见》从开展排污权有偿使用和交易试点、完善水利工程水价形成机制、理顺能源价格机制、改进市政基础设施价格形成和补偿机制、改进社会事业价格管理政策等几方面出发，探讨了诸如非营利性机构收费政策应由所管辖政府按照当地市场情况确定、进一步推动天然气价格改革等措施。预计 2015 年在稳步推动资源税改革的基础上，不断完善各项资源、能源的价格，使其逐步合理化。

三、更加注重生态环保在经济发展中的作用

通常来讲，排污权交易和碳交易是一种新型治污手段，是可以运用市场手段来更好地进行生态环境保护的环境经济政策。与传统的政府行政手段相比，上述方式可以更好地利用市场安排来实现排污权的交易，继而降低经济运行中的环境成本。如此，既能有效管控经济发展中的环境污染问题，又能充分利用环境所带来的经济效益，使得生态保护和经济发展相协调，实现二者双赢的局面。对此，美国等西方发达国家已经实践了如何通过经济手段来实现环境治理，其中排污权交易和碳交易就是一种行之有效的激励措施。

为进一步发挥社会资本的积极作用，加快各项环保工程建设，《创新投融资机制的指导意见》对如何创新环保运营机制和创新投融资方式渠道等进行部署。一方面，推行第三方治污，鼓励社会资本参与排污权和碳配额交易。《创新投融

资机制的指导意见》）称可以通过第三方治理来缓解环境污染问题，同时将市政基础设施建设投资运用市场化，大力推动政府向社会购买环保服务。另一方面，支持社会资金以私募等方式设立环保产业投资基金，并通过企业债券、项目收益等方式将资金转化为环保措施。《创新投融资机制的指导意见》，可以通过特许经营权、排污权等新型担保贷款业务以及金融市场的发现价格功能等方式有效促进生态保护和节能减排工作的顺利进行。排污权交易的不断实践，能够以更小成本来解决更大的环境问题。

第二节　推进财税体制改革为工业发展提供保障

针对目前中央和地方财政转移支付制度中存在的主要问题，2014年12月27日，国务院印发《关于改革和完善中央对地方转移支付制度的意见》（国发〔2014〕45号，以下简称《完善转移支付制度的意见》）。《完善转移支付制度的意见》指出，改革和完善转移支付制度，应围绕建立现代财政制度，以推进地区间基本公共服务均等化为主要目标，加强转移支付管理，充分发挥中央和地方的积极性，促进经济社会持续健康发展。

一、《完善转移支付制度的意见》明确指出加快转移支付制度改革的必要性

分税制改革以来，我国逐步将转移支付制度作为解决财政失衡的重要手段。一方面，由于我国中西部地区经济发展速度相对滞后，中央财政集中部分财力，通过一定的形式和途径转移财政资金的活动来改善中西部地区的产业发展状况，提升经济发展水平。2015年，中央对地方税收返还和转移支付收入55181亿元，全国一般公共预算收入152216.65亿元，占比约36.25%，2014年中央一般公共预算收入总量为64490.01亿元，占比约85.57%。另一方面，转移支付有力地改善了各地区间公共服务差异，促进了公共服务均等化，增强了中西部地区的财政支出能力。以2014年为例，在转移支付前，我国东、中、西部地区的一般公共预算收入比例为54：25：21，而在完成转移支付后，三者的比例则比较接近。如此，根据转移支付制度设立的目的，其有利于推动国家政策的实施，在改善了地区财政状况的同时，又将民生领域也作为今后支出支持的重点，促进了经济社会

平稳健康发展。

但是，随着建立现代财政制度的要求不断提高，现行转移支付制度已经不能满足经济发展需要，一系列问题也逐渐凸显。由于中央、地方两级政府事权和财权界定不清，转移支付受此影响，结构也不尽合理；同时，转移支付种类繁多，名目复杂，各类功能被弱化；并且某些专项转移支付所涉及范围没有明显界定，财政资金在使用上存在信息不透明、监管缺失等问题，从而导致资金投向不明确、收益效果不佳。此外，目前的转移支付制度与简政放权不相匹配，地方政府配套压力较大，影响了财税政策实施效果和地方经济发展。因此，加快推进财政转移支付制度改革已经成为当前完善财税体制的重要环节。

二、《完善转移支付制度的意见》为转移支付制度改革提供了总体思路和关键措施

《完善转移支付制度的意见》指出，为建立现代财政制度，转移支付制度的改革要按照国家相关规定和新修订的《预算法》来实现，并以降低地区差距，尤其是实现公共服务均等化为目标。通过以一般性转移支付为主，不断完善一般性转移支付增长机制，清理、整合、规范专项转移支付。

首先，改革转移支付制度要遵循几项原则。一方面，从政府角度来看，要加强制度的顶层设计，明确中央和地方两级政府职责，及时清理整顿不规范的转移支付，增强统筹能力，提高资金使用效率；另一方面，从市场角度来看，《完善转移支付制度的意见》明确提出要以市场调节为主，使市场在资源配置中起决定性作用，减少对竞争性领域的专项转移支付投入，促进经济主体公平竞争。

其次，《完善转移支付制度的意见》指出了一般性转移支付的重要性。所谓一般性转移支付，即指中央政府对有财力缺口的地方政府，按照规范的办法给予的补助。其不同于专项转移支付的特点在于：一般性转移支付更倾向于居民公共服务建设，地方政府能够对转移支付款项进行统筹、合理的安排；而专项转移支付的资金接受者需按规定用途使用资金，缺乏因地制宜的灵活性。因此，《完善转移支付制度的意见》指出，要完善转移支付制度，关键是要将一般性转移支付和专项转移支付有机结合起来，以前者为主，后者为辅，科学合理地设置转移支付结构。

最后，《完善转移支付制度的意见》强调了对于专项转移支付的规范、强化转移支付预算管理以及加快转移支付立法和制度建设等内容。一是要规范转移支

付的分配主体、分配方法和分配要求。不但要明确各相关部门的职责，而且还应对关系到群众切身利益的项目采取社会评价和群众参与的专项监督机制。在分配转移支付资金时，可根据具体情况借助项目法等不同方面对资金进行分配，并取消地方资金配套要求。同时，专项转移支付除中央委托的事项外，要专款专用。二是要强化转移支付预算管理。随着新《预算法》的颁布实施，转移支付将更趋合理化。及时下达、信息公开、统筹力度、绩效评价等将是日后转移支付制度在预算管理上的重点内容。三是转移支付立法是保障各项措施顺利实施的关键因素。在我国建立法治社会的大背景下，增强转移支付制度的规范性和权威性是《完善转移支付制度的意见》明确指出的内容。因此，在未来一段时间内，相关部门会健康根据转移支付各项条例进行立法。

三、关于完善转移支付制度的几点思考

转移支付制度的改革与完善，离不开中央、地方两级政府的共同努力。首要的是要合理划分两级政府的事权与财权，并逐步实现相关财税制度法治化。

首先，要适度调整事权的划分，明确转移支付支出原则。根据公用事业收益原则和公共产品的属性，按照《完善转移支付制度的意见》要求，涉及国防、外交、国家安全、全国统一市场等领域的事权应划归中央政府范围；而地方政府则倾向于推进区域内基本公共服务均等化。但是从我国区域经济发展状况来看，由于基本公共服务关乎百姓的就业、医疗和最低生活保障等方面，可以适度由中央为基本公共服务最低限提供保障，减少地方政府的财政压力，使转移支付制度与事权和支出责任划分相衔接，增强改革的整体性和系统性。同时，由于资源环境保护通常与地方经济发展存在一定的冲突，因此，涉及资源环保领域的事权应部分上归中央。

其次，在财权分配方面，中央和地方政府要统筹兼顾，全面考量。由于通常情况下，一般性转移支付资金数额较小，灵活性强，对地方政府的使用限制少，因此被誉为"雪中送炭"；而专项转移支付则需专款专用，往往不能兼顾百姓需求和使用要求。因此，事权和财权的匹配不但关系到转移支付制度的完善，而且对建立现代财税制度至关重要。在减轻地方政府事权负担的同时，要赋予其适当财权，允许其依法设立地方税种，而中央则对地方税法进行相应的监督，以形成权力制约。

实践证明，中央与地方政府间合理的事权、财权分配是实现科学转移支付的

基础。这就需要在法律的框架下，对事权和支出责任进行划分，以防止任何一方单方面改变权责。因此，应加快推进财税体制立法和改革。

第三节　促进产业集群发展加快落实《中国制造 2025》

2015 年 7 月 23 日，工业和信息化部印发《关于进一步促进产业集群发展的指导意见》（以下简称《促进产业集群发展的指导意见》）。《促进产业集群发展的指导意见》从加强规划引导，促进产业集群科学发展；提升龙头骨干企业带动作用，强化专业化协作和配套能力；加强区域品牌建设，推动要素聚集和价值提升；提高产业集群信息化水平，建设智慧集群；提升创新能力，增强集群竞争优势；提升公共服务能力，支撑产业集群转型升级；加强指导和政策支持，优化产业集群发展环境七个方面提出了推动产业集群转型升级、促进产业集群发展的二十条意见。这是进一步贯彻落实《中国制造 2025》要求，推动"双创"的重要举措，同时也有利于我国经济稳增长、转方式、调结构、惠民生。

一、《促进产业集群发展的指导意见》颁布实施的背景和重要意义

21 世纪以来，全球范围内信息技术创新不断加快。一方面，发达国家积极推进信息技术与制造技术的深入融合，鼓励制造业回归，着力打造国家制造业竞争新优势。另一方面，我国经济发展进入新常态，亟待产业转型升级，国务院颁布《中国制造 2025》，从国家顶层设计描绘建设制造强国宏伟蓝图。《中国制造 2025》中明确提出"推动建设一批高水平的中小企业集群"。随后，工业和信息化部针对当前产业集群发展的情况和问题进行分析和调研，同时听取相关专家、协会和企业主管部门意见，在此基础上研究制定具体措施，颁布《促进产业集群发展的指导意见》，对促进我国产业集群发展，推动产业集群转型升级，打造我国发展新引擎，推动经济结构调整具有重要意义。

《促进产业集群发展的指导意见》符合产业集群发展的新态势和新变化。新型集群形态、业态及发展模式不断涌现，智能型、创新型和国际化逐渐成为产业集群发展方向。《促进产业集群发展的指导意见》重视全球化背景下的集群合作，从产业链紧密合作，提高创新能力和信息化水平，以及总体规划和功能设计方面具有针对性地对各地产业集群进行指导和推动，促进具有中国特色的产业集群转

型升级。

《促进产业集群发展的指导意见》符合中小企业发展需求。产业集群式发展能够节约社会资源、降低创业创新成本、有效配置生产要素、促进企业专业化分工，有利于中小企业发展壮大，是中小企业发展的重要形式和载体。《促进产业集群发展的指导意见》中鼓励支持小型微型企业创业创新基地、创客空间发展，同时要求落实中小企业发展融资服务政策，进一步发挥产业集群对中小企业及区域经济的支撑作用，凸显产业集群的集体效率和系统优势。

二、"一条主线""三个重点"护航产业集群转型升级

首先，加强规划引导，鼓励创新和转型升级是贯穿《促进产业集群发展的指导意见》的主线。在规划引导方面，产业集群的规划布局与定位要以布局合理、资源节约、产业协同、生态环保为原则，同时产业集群的发展规划要与本地区发展规划，城乡规划，以及土地利用总体规划有机衔接，高度统一。在创新能力方面，一是鼓励产业集群与高校、科研机构建立产学研用协同创新网络，建立研发中心、设计中心和工程技术中心。二是培育研发平台，利用产业集群进行新技术的研发和推广。三是支持企业间建立产业联盟或研发联盟等新合作模式，整合强化产业链和供应链。协同创新是产业集群的最大优势之一，通过资源共享和专业化合作交流，技术扩散和知识溢出效果明显，有利于促进新型产业和技术诞生，拉动地区经济增长。

其次，增强产业集群信息化水平，建设智慧集群。施行互联网＋产业集群建设行动是《促进产业集群发展的指导意见》的一大亮点。一是通过加快信息技术改造传统产业，提升企业设计、制造、销售、服务、管理等环节的信息化应用能力，发展网络制造等新型生产模式，施行网络实施诊断、云服务等新型服务。二是选择一批具有引导带动作用的重点产业集群，总结推广"智慧集群"发展经验。这种智慧互联型的产业生态系统，需要实现系统层面内的智慧互联，不仅要求少数大企业掌握智能制造技术，更要求广大中小企业实现智能化，通过互联网为媒介实现上下游企业、大中小企业的集成、协同和动态演进。另外，产业集群内企业间产业关联度较大，通过互联网手段有利于促进集群内部信息交流、技术扩散和技术融合发展。

再次，提高公共服务能力，支撑产业集群转型升级。一是提出建立产业集群

公共服务平台，集聚服务资源，通过政府购买服务、业务奖励、无偿资助的形式，鼓励各类服务机构提供服务。二是建立健全人才培养机制，加强集群内企业科技创新人才和高技能人才的培养；支持鼓励企业员工参加国内外职业技能比赛；引进国内外职业培训机构，提高职业教育水平。三是引导和推动产业集群依法组建行业协会、商会和联盟等，支持行业协会和联盟成员间实施集约化采购、共有品牌多种合作共享模式。

最后，加强区域品牌建设，鼓励有条件的产业集群"走出去"。一是组织行业协会、龙头企业和中小企业联合打造区域品牌；鼓励产业集群制定区域品牌发展规划，建立健全区域品牌评价制度。二是支持线上电子商务与线下专业市场融合发展；鼓励有条件的产业集群发展工业和产业旅游，扩大企业品牌和区域品牌的社会影响。三是建立产业集群国际合作交流机制。发挥产业集群在国际产能合作以及实现全球化发展的载体作用，是贯彻落实"一带一路"战略的具体行动。通过产业集群的交流机制，促进人才、技术、信息、资本、服务等创新要素的跨区域流动与共享，有利于实现国内企业与国际先进技术与理念相接轨，产业集群国际合作也将在全球范围内更深层次地展开。

由此可见，《促进产业集群发展的指导意见》的颁布体现了政府对建设中小企业集群和推动产业集群转型升级的决心。政策的制定和实施不仅有利于优化市场资源配置，提高创新和生产效率，也为下一步《中国制造2025》全面落地打下基础。

第四节　大力推进"双创"积蓄工业发展新动力

2015年6月11日，国务院出台《关于大力推进大众创业万众创新若干政策措施的意见》（国办〔2015〕32号，以下简称《推进双创的意见》）。该《推进双创的意见》由国务院统一部署，国家发展改革委会同财政部、科技部、人力资源社会保障部等20个部门起草，是推进"大众创业、万众创新"工作的系统性、普惠性顶层设计。《推进双创的意见》力求通过资金链引导创业创新链、创业创新链支持产业链、产业链带动就业链，从而实现稳增长、扩就业以及"双创"蓬勃发展。

一、"三放""四坚持"定调《推进双创的意见》总体思路

《推进双创的意见》按照"四个全面"战略布局，结合市场调节和政府宏观调控，突出市场在资源配置中的决定性作用，通过"放宽政策，放开市场，放活主体"的"三放"政策盘活创业创新体制机制。放开约束性政策，健全普惠性政策；放开市场准入，取消行业间限制；消除机制障碍，促进创新人才自由流动，形成创业创新良好氛围，推动经济社会发展。

《推进双创的意见》同时提出"四项坚持"。一是坚持深化改革，营造创业环境。二是坚持需求导向，释放创业活力。三是坚持政策协同，实现落地生根。四是坚持开放共享，推动模式创新。《推进双创的意见》在整体上以加快政策的执行传导进程为主线，从而确保政策措施具有可操作性、系统性和落地性。

二、八个领域提出创新政策措施

《推进双创的意见》立足全局，深化改革，从创新体制机制、搞活金融市场、优化财税政策、扩大创业投资、建设创业创新平台、发展创业服务、拓展城乡创业渠道、激发创造活力等八个领域提出 27 个方面、93 条具体措施。其中包括众多政策亮点。

首先，优化财税金融政策，加强创业扶持力度。一是鼓励各级财政统筹安排创业创新基金管理，强化资金使用的绩效评价体系；鼓励地方政府设立创业基金，对孵化机构用房用水等软硬件设施给予优惠。二是完善落实固定资产加速折旧、研发费用加计扣除等税收优惠政策；推广中关村试点中股权奖励分期缴纳个人所得税、科技企业转增股本、分期缴纳个人所得税等税收政策。三是发挥政府采购作用，加大对创新类产品和服务的采购力度，运用财政资金支持创业产业发展。四是完善众酬融资平台，鼓励银行等创新支持方式，开展公开、小额股权等众酬融资试点，并发展"互联网 +"创业。

其次，建立创新体制机制，助推创业便利化。一是通过商事制度改革，简化创业中执照办理流程。在工商注册领域，支持"一址多照"、集群注册等方式，方便登记注册；另外强调加快落实"先照后证"改革，推进电子营业执照的应用和电子化登记。二是通过建立市场准入负面清单，放宽行业准入限制，同时提出开展企业简易注销试点，构建便捷的市场退出机制。三是完善知识产权方面的维权援助机制，加大侵权处罚力度，探索实施惩罚赔偿制度，为创业创新人员营造

良好的市场环境和法律保护。四是完善教育制度，将创业精神和创业素质教育纳入教育体系，加强创业知识的普及，同时健全创业人才流动机制，取消妨碍人才流动的学历、户籍等限制，实现社会各方面人才的顺畅流动。

最后，发展创业服务新模式，建设创业创新平台。一是引导创业孵化器与高校、科研院所相结合，加快科研成果的应用转移；鼓励境内外合作，引进国外先进创业孵化模式。二是通过创业卷、创新卷等服务新模式，向创新企业提供管理咨询、研发设计、软件开发等方面的服务，并从探索中总结完善相关的管理制度和运行机制。三是打造公共服务平台，整合创新资源信息，提高信息透明度，通过公共平台发布创业创新信息；鼓励各类创业创新大赛，积极开展各类创新相关论坛和培训活动。增强企业和个人创业信心和活力。四是加大对中小企业的服务与扶持，盘活流动设备、闲置厂房等，为创业者提供较低成本的办公场所和居住条件。

三、三个方面保障政策落实

一是加强组织领导。从中央层面，由发改委牵头建立"双创"部际联席会议制度，不断完善顶层设计和统筹协调。从地方层面，各地区应坚持需求导向，积极面对和解决创业创新过程中出现的体制机制问题，共同实现大众创业、万众创新的蓬勃发展。

二是加强政策协调联动。《推进双创的意见》要求各地区、部门梳理已发布的支持创业创新发展的相关政策，将创业扶持方式从分配式、选拔式向普惠式、引领式转变。完善政策的协调审查制度，增强实施政策的普惠性、连贯性和协同性。

三是加强政策落实情况督查。通过建立推进"双创"工作政策落实情况的督查督导机制，以及完善政策执行通报制度和评估体系，确保各项政策尽快落实。

推进大众创业、万众创新是我国经济发展进入新常态后的重要改革，是从投资驱动、要素驱动转向创新驱动的积极探索，是扩大就业、实现富民之路的根本举措。贯彻落实《推进双创的意见》，打通政策"最后一公里"，对于我国打造发展新引擎，推动经济结构调整具有重要意义。

第三章　评价体系

第一节　研究思路

党的十八届三中全会指出，要完善发展成果考核评价体系，纠正单纯以经济增长速度评定政绩的偏向，加大资源消耗、环境损害、生态效益、产能过剩、科技创新、安全生产、新增债务等指标的权重。《国民经济和社会发展第十二个五年规划纲要》明确提出，要"弱化对经济增长速度的评价考核，强化对结构优化、民生改善、资源节约、环境保护、基本公共服务和社会管理等目标任务完成情况的综合评价考核"。《中国制造2025》将质量为先与创新驱动、绿色发展、结构优化和人才为本并列为其五大基本方针之一，提出实现制造强国的战略目标，必须加快制造业转型升级，全面提高发展质量和核心竞争力。党的十八届五中全会再次明确提出"十三五"时期仍要坚持发展是第一要务，以提高发展质量和效益为中心，加快形成引领经济发展新常态的体制机制和发展方式。为深入贯彻落实这些国家宏观经济政策，更好地落实《中国制造2025》发展规划的战略目标，我们以构建工业发展质量评价指标体系为途径，以科学监测我国工业经济的发展质量，准确分析工业经济运行实力与潜力为目标，实现工业发展方式转变，工业结构整体优化提升。

评价体系的构建需要认真研究、不断尝试和逐步完善，必须在明确工业发展质量内涵的基础上，选取能够反映现阶段我国工业发展水平和能力的指标，对数据进行处理，并对初步测算结果进行分析与验证，然后根据验证结果再对指标体系进行必要的修改和调整，确立适合我国国情和工业化发展阶段的评价指标体系，最终用于全国及地方省市的工业发展质量评价（见图3-1）。

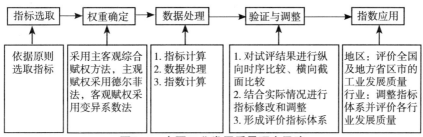

图3-1　中国工业发展质量研究思路

资料来源：赛迪智库整理，2016年1月。

指标选取。首先应根据工业发展质量的基本内涵，确定评价指标体系的基本框架和主要内容，并按内在逻辑要求选择重要而有代表性的指标组成初步的指标框架体系。在确立指标框架体系的基础上，按照系统性、可比性、可测度、可扩展的原则，选取具体指标。为保证评价结果的准确性和客观性，本书所需数据全部来源于国家统计局等权威机构发布的统计年鉴和研究报告。

权重确定。采用主客观综合赋权法，主观赋权法选用德尔菲法，客观赋权法选用变异系数法，这样不仅能够充分挖掘数据本身的统计意义，也能够充分利用数据指标的经济意义。主客观综合赋权法，能够客观、公正、科学地反映各指标所占权重，具有较高的可信度。为便于逐年之间的比较，采用2005—2014年主客观权重的平均值作为统一权重。

数据处理。首先计算无法直接获取的二级指标，如R&D经费投入强度、主要污染物排放强度、就业人员平均受教育年限等。对于截面指数，将所有指标进行无量纲化处理，利用无量纲化数据和确定的权重，得到地方省市的工业发展质量截面指数；对于时序指数，将所有指标换算为以2005年为基期的增长率指标，然后进行加权，得到全国及地方省市工业发展质量时序指数。

验证与调整。指标体系确定后，对全国及地方省市的工业发展质量进行试评。利用试评结果对工业发展质量进行纵向时序分析和横向截面比较，并结合全国及地方省市的实际情况，发现指标体系存在的问题，对指标体系进行修改和调试，直至形成科学、全面、准确的评价指标体系。

指数应用。利用调整后的指标体系，对全国及地方省市的工业发展质量进行评价。通过分析评价结果，发现我国及各省市工业发展过程中存在的问题，并据

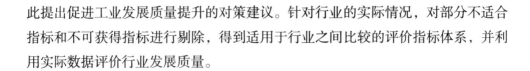

此提出促进工业发展质量提升的对策建议。针对行业的实际情况，对部分不适合指标和不可获得指标进行剔除，得到适用于行业之间比较的评价指标体系，并利用实际数据评价行业发展质量。

第二节　基本原则

一、研究的指导原则

以创新、协调、绿色、开放、共享的发展理念为指导，以提高发展质量和效益为中心，以推进供给侧结构性改革为主线，坚定不移地走好中国特色新型工业化道路。紧紧围绕新型工业化道路和供给侧结构性改革的内涵，聚焦《中国制造2025》规划的主要目标，在保证一定增长速度的前提下，工业应实现更具效益的增长，结构不断调整和优化，技术创新能力不断提升，资源环境不断改善，信息化与工业化融合不断加深，人力资源优势得到更充分发挥。

二、指标的选取原则

指标的选择，首先应根据工业发展质量的基本内涵，确定评价指标体系的基本框架和主要内容，并按内在逻辑要求选择具有代表性的指标。同时，以指标数据的可获得性为前提并保证评价结果的客观性，指标数据应全部来源于统计年鉴或权威机构发布的研究报告。

三、体系的构建原则

构建评价指标体系是开展工业发展质量评价工作的关键环节。针对工业发展质量的内涵和特征，在构建评价指标体系的过程中，要遵循以下四个原则。

第一，系统性原则。工业发展质量涉及经济、社会、生态等诸多方面，但评价指标体系不可能无所不包，只有那些真正能够直接反映工业发展质量内在要求的要素才能被纳入到指标体系之中。同时，评价指标体系不应是一些指标和数据的简单堆砌与组合，而应当是一个安排科学、结构合理、逻辑严谨的有机整体。

第二，可比性原则。指标的选择必须充分考虑到不同地区在产业结构、自然条件等方面的差异，尽可能选取具有共性的综合指标，并且代表不同经济含义、不同量纲的指标，在经过无量纲化处理后，可以相互比较。考虑到总量指标不具备可比性，指标选择尽量采用均量指标，兼顾采用总量指标；尽量采用普适性指标，兼顾采用特殊指标。

第三，可测度原则。要求所选择的指标应充分考虑到数据的可获得性和指标量化的难易程度，定量与定性相结合，既能全面反映工业发展质量的各种内涵，又能最大限度地利用统计资料和有关规范标准，采取各种直接的或间接的计算方法能够加以量化，否则就会失去指标本身的含义和使用价值。

第四，可扩展原则。指标的选取要突出现阶段工业发展的战略导向，构建出符合工业转型升级、两化深度融合等新形势新要求的指标体系。同时，由于受统计指标、资料来源等多种因素制约，建立评价指标体系不宜过分强调它的完备性。对于暂时无法纳入本评价体系的指标，要根据实际需要和可能，逐渐补充和完善。

第三节　评价体系

一、概念

工业发展质量评价指标，是指能够反映工业经济发展质量和效益等多方面的各项具体数据。这些数据按照一定的目的和方式进行组织而形成的指标集合，构成了工业发展质量评价指标体系，它能够比较科学、全面、客观地向人们提供工业发展质量的相关信息。

二、作用

工业发展质量评价体系，能够反映我国工业经济与社会发展的健康程度，能够指导我国走好新型工业化道路，有利于我国国民经济的持续稳定增长。

工业发展质量评价体系具有三大作用：

第一，描述与评价的功能，可以将工业经济的发展质量利用相关的指标进行具体描述，使工业经济可持续发展的现状一目了然。

第二，监测和预警的功能，可以监测战略目标的完成情况和政策实施的效果，为防止经济、社会和资源环境危害的产生，提供预警信息。

第三，引导和约束的功能，对于各地区的工业发展具有一定的导向作用，可以与周边类似省份互设标杆进行比较。

总之，工业发展质量评价体系提供了评价工业经济与社会、资源、环境等之间关系的量化工具。为了实现工业经济可持续发展的目标，我国有必要利用好这一工具，对工业发展的过程进行监测和评价、指导和监督、规范和约束。当然，工业发展阶段和水平是动态变化的，其评判标准并非一成不变，工业发展质量评价体系的内容也将与时俱进。

三、框架设计

1. 指标选取

评价指标体系的框架设计，必须建立在准确理解和把握工业发展质量内涵的基础上。根据对工业发展质量内涵的理解和指标选取的基本原则，本书初步建立了由速度效益、结构调整、技术创新、资源环境、两化融合、人力资源共6大类、22项具体指标组成的评价指标体系（见表3–1）。

表3–1　中国工业发展质量评价指标体系

总指标	一级指标	二级指标
工业发展质量	速度效益	工业增加值增速
		工业总资产贡献率
		工业成本费用利润率
		工业主营业务收入利润率
	结构调整	高技术产业占比
		500强企业占比
		规模以上工业小企业主营业务收入增速
		工业制成品出口占比
	技术创新	工业R&D经费投入强度
		工业R&D人员投入强度
		单位工业R&D经费支出发明专利数
		工业新产品占比
	资源环境	单位工业增加值能耗
		工业主要污染物排放强度
		工业固体废物综合利用率
		工业污染治理投资强度
	两化融合	工业应用信息化水平
		电子信息产业占比
		互联网普及率
	人力资源	工业职工平均工资增速
		第二产业全员劳动生产率
		就业人员平均受教育年限

资料来源：赛迪智库整理，2016年1月。

需要说明的是，由于工业发展质量的内涵十分丰富，涉及领域较多，并且关于工业发展质量的研究尚处在探索阶段，目前社会各界对如何评价工业发展质量也还没有形成统一的认识。因此，构建评价指标体系是一项需要不断探索和长期实践，且极富挑战性的工作。经过近几年的摸索和调整，目前指标体系已相对稳定，本版仍沿用上一版的评价指标体系，但仍不排除未来会根据经济发展需要和数据获取情况进行微调。

2. 指标阐释

根据评价体系的框架设计，主要分为 6 大类指标：

一是速度效益类。发展速度和经济效益是反映一个国家和地区工业发展质量的重要方面。这里主要选取了工业增加值增速、工业总资产贡献率、工业成本费用利润率和工业主营业务收入利润率 4 项指标。

表 3-2　速度效益类指标及说明

指标	计算公式	说明
工业增加值增速	$\left(\dfrac{\text{当年工业增加值}}{\text{上年工业增加值}}-1\right)\times100\%$	反映工业增长的速度
工业总资产贡献率	$\dfrac{\text{利润总额+税金总额+利息支出}}{\text{平均资产总额}}\times100\%$	是企业经营业绩和管理水平的集中体现，反映企业全部资产的获利能力
工业成本费用利润率	$\dfrac{\text{工业利润总额}}{\text{工业成本费用总额}}\times100\%$	反映企业投入的生产成本及费用的经济效益，同时也反映企业降低成本所取得的经济效益
工业主营业务收入利润率	$\dfrac{\text{工业利润总额}}{\text{工业主营业务收入}}\times100\%$	反映工业企业的获利能力

资料来源：赛迪智库整理，2016 年 1 月。

二是结构调整类。产业结构的优化和升级是走新型工业化道路的必然要求，对于工业经济的高质量增长具有重要意义。这里主要选取了高技术产业占比、500 强企业占比、规模以上工业小企业主营业务收入增速和工业制成品出口占比 4 项指标。

表 3-3　结构调整类指标及说明

指标	计算公式	说明
高技术产业占比	$\dfrac{高技术产业主营业务收入}{工业主营业务收入}\times100\%$	在一定程度上反映了我国产业结构的优化程度
500强企业占比	评价全国时为世界500强企业中的中国企业数量占比；评价地方省市时为各省市制造业企业500强占全国比重	反映具有国际竞争力的大中型工业企业发展状况以及产业组织结构
规模以上工业小企业主营业务收入增速	$\left(\dfrac{当年规模以上小企业主营业务收入}{上年规模以上小企业主营业务收入}-1\right)\times100\%$	反映小型工业企业的发展活力
工业制成品出口占比	全国：$\dfrac{工业制成品出口}{全球出口总额}\times100\%$ 地方：$\dfrac{地方工业出口交货值}{全国工业出口交货值}\times100\%$	反映一国/地区工业产品的出口竞争力

资料来源：赛迪智库整理，2016年1月。

三是技术创新类。增强技术创新能力，是走内涵式发展道路的根本要求，也是我国工业转型升级的关键环节。这里主要选取了工业 R&D 经费投入强度、工业 R&D 人员投入强度、单位工业 R&D 经费支出发明专利数和工业新产品占比 4 项指标。

表 3-4　技术创新类指标及说明

指标	计算公式	说明
工业R&D经费投入强度	$\dfrac{工业企业R\&D经费支出}{工业企业主营业务收入}\times100\%$	反映国家对工业企业研发的资金投入规模和重视程度
工业R&D人员投入强度	$\dfrac{工业企业R\&D人员数}{工业企业从业人员年平均人数}\times100\%$	反映科技人员对地区工业企业发展的支撑水平
单位工业R&D经费支出发明专利数	$\dfrac{工业企业发明专利申请数}{工业企业R\&D经费支出}$	反映工业企业单位研发经费投入所创造的科技成果的实力
工业新产品占比	$\dfrac{新产品主营业务收入}{工业企业主营业务收入}\times100\%$	反映工业自主创新成果转化能力以及产品结构

资料来源：赛迪智库整理，2016年1月。

四是资源环境类。加强资源节约和综合利用，积极应对气候变化，是加快转变经济发展方式的重要着力点，也是实现工业可持续发展的内在要求。这里主要选取了单位工业增加值能耗、工业主要污染物排放强度、工业废物综合利用率和工业污染治理投资强度 4 项指标。

表 3-5　资源环境类指标及说明

指标	计算公式	说明
单位工业增加值能耗	$\dfrac{工业能源消费总量}{工业增加值}$	反映工业生产节约能源情况和利用效率
工业主要污染物排放强度	指二氧化硫、氮氧化物、化学需氧量和氨氮排放量占工业增加值的比重	反映工业生产对环境产生的不利影响
工业废物综合利用率	$\dfrac{工业废物综合利用量}{工业废物产生量+贮存量} \times 100\%$	反映工业生产的资源再利用情况
工业污染治理投资强度	$\dfrac{工业污染治理投资}{工业增加值} \times 100\%$	反映工业生产过程中对环境改善的投入力度

资料来源：赛迪智库整理，2016 年 1 月。

　　五是两化融合类。信息化与工业化融合是我国走新型工业化道路的必然要求，也是提高工业发展质量的重要支撑。目前，工信部赛迪研究院已经连续三年发布《中国信息化与工业化融合发展水平评估报告》，企业数据采集量由首次评估的 2300 多家扩大到当前的 6000 多家，两化融合评价指标体系包括基础环境、工业应用、应用效益三类，其中工业应用指数涵盖重点行业典型企业 ERP 普及率、重点行业典型企业 MES 普及率、重点行业典型企业 PLM 普及率、重点行业典型企业 SCM 普及率、重点行业典型企业采购环节电子商务应用、重点行业典型企业销售环节电子商务应用、重点行业典型企业装备数控化率、国家新型工业化产业示范基地两化融合发展水平八个方面，很好地反映了工业企业的两化融合水平。根据数据可获得性原则，本研究还选取了电子信息产业占比和互联网普及率来辅助衡量两化融合水平。我们认为，电子信息产业发展的好坏，与地方产业结构轻量化、高级化有高度相关性，且一般来说电子信息产业发达地区信息化应用水平也较高。互联网普及率来源于中国互联网络信息中心（CNNIC）定期发布的《中国互联网络发展状况调查统计报告》。

表 3-6　两化融合类指标及说明

指指标	计算公式	说明
工业应用信息化水平	由重点行业典型企业 ERP\MES\PLM\SCM 普及率、装备数控化率以及采购、销售环节电子商务应用等合成	反映工业企业生产经营管理过程中应用信息化技术的程度，用以体现工业化进程中企业的可持续发展情况

（续表）

指标	计算公式	说明
电子信息产业占比	$\dfrac{电子信息制造业收入}{工业主营业务收入} \times 50\% + \dfrac{软件业收入}{GDP} \times 50\%$	反映地区电子信息制造业和软件业的发展程度和水平，体现工业化与信息化的发展水平
互联网普及率	$\dfrac{网民数}{当地年末常住人口数} \times 100\%$	指报告期行政区域总人口中网民数所占比重，反映互联网普及和应用水平的重要指标

资料来源：赛迪智库整理，2016年1月。

六是人力资源类。人力资源是知识经济时代经济增长的重要源泉，也是我国建设创新型国家的基础和加速推进我国工业转型升级的重要动力。这里主要选取了工业职工平均工资增速、第二产业全员劳动生产率和就业人员平均受教育年限3项指标来反映人力资源情况。

表3-7　人力资源类指标及说明

指标	计算公式	说明
工业职工平均工资增速	$\left(\dfrac{当年工业企业职工平均工资}{上年工业企业职工平均工资} - 1\right) \times 100\%$	体现一定时期内工业企业职工以货币形式得到的劳动报酬的增长水平，反映工业发展对改善民生方面的贡献
第二产业全员劳动生产率	$\dfrac{第二产业增加值}{第二产业就业人员数}$	综合反映第二产业的生产技术水平、经营管理水平、职工技术熟练程度和劳动积极性
就业人员平均受教育年限	就业人员小学占比×6+就业人员初中占比×9+就业人员高中占比×12+就业人员大专及以上占比×16	能够较好地反映出就业人员的总体素质

资料来源：赛迪智库整理，2016年1月。

第四节　评价方法

一、指数构建方法

统计指数是综合反映由多种因素组成的经济现象在不同时间和空间条件下平

均变动的相对数（徐国祥,2005）。从不同的角度,可以对统计指数进行不同的分类:按照所反映现象的特征不同,可以分为质量指标指数和数量指标指数;按照所反映现象的范围不同,可分为个体指数和总指数;按照所反映对象的对比性质不同,可分为动态指数和静态指数。

本书通过构建工业发展质量时序指数来反映全国及地方省市工业发展质量历年的时序变化情况,旨在进行自我评价;通过构建工业发展质量截面指数来反映地方省市工业发展质量在某一时点上的截面比较情况,旨在进行对比评价。在评价各行业时,我们拟采用截面指数来衡量各产业的发展质量,待数据库补充完整之后再构建时序指数。按照统计指数的分类,工业发展质量时序指数即为动态指数中的定基指数,工业发展质量截面指数即为静态指数,并在上述过程中计算了速度效益、结构调整等六个方面的分类指数,即个体指数。

1. 时序指数的构建

首先,计算2005—2014年30个省（区、市）各项指标的增速（已经是增速的指标不再计算）;然后,将增速调整为以2005年为基期;最后,加权求和得到各地区工业发展质量时序指数及分类指数。

2. 截面指数的构建

首先,按照公式（1）将2005—2014年30个省（区、市）的原始指标进行无量纲化处理;然后,按照公式（2）和（3）进行加权求和,分别得到各地区工业发展质量截面指数和分类指数。

$$X_{ijt}^{'} = \frac{X_{ijt} - \min\left\{X_{jt}\right\}}{\max\left\{X_{jt}\right\} - \min\left\{X_{jt}\right\}} \quad t = 2005, 2006, \cdots, 2014 \quad （1）$$

$$IDQI_{it} = \frac{\sum_{j=1}^{22} X_{ijt}^{'} W_j}{\sum_{j=1}^{22} W_j} \quad t = 2005, 2006, \cdots, 2014 \quad （2）$$

$$I_{it} = \frac{\sum X_{ijt}^{'} W_j}{\sum W_j} \quad t = 2005, 2006, \cdots, 2014 \quad （3）$$

公式（1）至（3）中,i代表30个省（区、市）,$i=1,2,\cdots,30$,j代表22项三级指标,$j=1,2,\cdots,22$,X_{ijt}代表t年i省j指标,$\max\left\{X_{jt}\right\}$和$\min\left\{X_{jt}\right\}$分别代表$t$年$j$指标的最大值和最小值,$X_{ijt}^{'}$代表$t$年$i$省$j$指标的无量纲化指标值,$I_{it}$

代表 t 年 i 省的分类指数，$IDQI_{it}$ 代表 t 年 i 省的工业发展质量截面指数，W_j 代表 j 指标的权重。

需要说明的是，因为全国工业发展质量无须做截面比较，因此全国工业发展质量指数是时序指数。

二、权重确定方法

在指标体系的评价过程中，权重的确定是一项十分重要的内容，因为权重直接关系到评价结果的准确性与可靠性。从统计学上来看，权重确定一般分为主观赋权法和客观赋权法，前者一般包括德尔菲法（Delphi Method）、层次分析法（The Analytic Hierarchy Process，AHP）等，后者一般包括主成分分析法、变异系数法、离差及均方差法等。主观赋权法的优点在于能够充分利用专家对于各指标的内涵及其相互之间关系的经验判断，并且简便易行，但存在因评价主体偏好不同有时会有较大差异这一缺陷；客观赋权法的优点在于不受人的主观因素的影响，能够充分挖掘指标数据本身所蕴含的信息，但存在有时会弱化指标的内涵及其现实意义这一缺陷。为避免主观赋权法的经验性较强以及客观赋权法的数据依赖性较强，本书利用德尔菲法和变异系数法进行主客观综合赋权的方法。选择变异系数法的原因在于，从评价体系中的各项指标来看，差异越大的指标越重要，因为它更能反映出各地区工业发展质量的差异，如果全国各省市的某个指标没有多大差别，则没有必要再将其作为一项衡量的指标，所以对差异越大的指标要赋予更大的权重（曾五一和庄赟，2003）。

权重的测算过程如下，首先按照公式（4）计算各项指标的变异系数，然后按照公式（5）和（6）计算各项指标的客观权重，最后利用由德尔菲法得到的主观权重和由变异系数法得到的客观权重进行平均，得到各项指标的最终权重。

$$V_{jt} = \frac{\sigma_{jt}}{\overline{X}_{jt}} \quad t = 2005, 2006, \cdots, 2014 \qquad （4）$$

$$W_{jt} = \frac{V_{jt}}{\sum_{j=1}^{22} V_{jt}} \quad t = 2005, 2006, \cdots, 2014 \qquad （5）$$

$$W_j = \sum_{t=2005}^{2014} W_{jt} \Big/ 6 \quad t = 2005, 2006, \cdots, 2014 \qquad （6）$$

V_{jt} 代表 t 年 j 指标的变异系数，σ_{jt} 代表 t 年 j 指标的标准差，$\overline{X}_{jt}$ 代表 t 年 j

指标的均值，W_{jt} 代表 t 年 j 指标的权重，W_j 代表 j 指标的最终权重。

第五节　资料来源

一、资料来源

本书所使用的数据主要来源于国家统计局发布的历年《中国统计年鉴》《中国科技统计年鉴》、《中国高技术产业统计年鉴》、《中国工业统计年鉴》（2013 年以前为《中国工业经济统计年鉴》）、《工业企业科技活动统计年鉴》（2012 年以前为《工业企业科技活动统计资料》）、《中国劳动统计年鉴》《中国环境年鉴》，各省市统计局发布的历年地方省市统计年鉴，工信部发布的《中国电子信息产业统计年鉴》，工信部赛迪研究院发布的《中国信息化与工业化融合发展水平评估报告》和中国互联网络信息中心（CNNIC）定期发布的《中国互联网络发展状况调查统计报告》。

二、数据说明

1. 对象

由于西藏缺失指标较多，故不参与本评价；加之港澳台地区的资料来源有限；因此，本书的最终研究对象为全国及 30 个省（区、市）。

2. 指标说明

由于历年统计年鉴没有直接公布全国及各地区 2010—2014 年的单位工业增加值能耗数据，为保证工业发展质量时序指数在时间维度上的可比性，我们利用各地历年统计年鉴中的工业增加值、工业增加值指数和工业能耗数据，计算得到 2005—2014 年 30 个省（区、市）以 2005 年为不变价的单位工业增加值能耗。

本书在计算第二产业全员劳动生产率和工业主要污染物排放强度这 2 项指标时，第二产业增加值和工业增加值数据都调整为 2005 年不变价，以保证时序指数能够真实反映走势情况；单位工业 R&D 经费支出采用 R&D 价格指数进行平减，该指数由固定资产投资价格指数和消费者价格指数等权合成。500 强企业占比这一指标，在衡量全国工业发展质量时是指世界 500 强企业中的中国企业数量所占比重，在衡量地方省市工业发展质量时是指中国企业联合会和中国企业家协会联合发布的历年中国制造业企业 500 强各省数量所占比重。

此外，由于单位工业增加值能耗和工业主要污染物排放强度均为逆向指标，在计算过程中我们对其进行取倒数处理以便于统一分析。

第四章 全国工业发展质量分析

第一节 全国工业发展质量指数走势分析

　　利用本书所构建的评价体系，根据主客观综合赋权法，按照时序指数计算方法，得到 2005—2014 年全国工业发展质量指数及分类指数，结果见表 4-1。根据表 4-1 中最后一行绘制全国工业发展质量指数走势图，结果见图 4-1。需要说明的是，由于全国工业发展质量无须作截面比较，因此该指数即为时序指数。

　　结合表 4-1 和图 4-1，2005—2014 年，全国工业发展质量指数呈上升趋势，从 2005 年的 100.0 上升至 2014 年的 214.0，年均增速为 8.8%，表明自 2005 年以来，我国工业发展质量有较明显的提升。

　　从走势看，自 2005 年以来，我国工业生产虽有一定起伏，但总体保持较快增长。2006 年和 2007 年规模以上工业延续了前几年的高速增长态势，随后，受国际金融危机的巨大冲击，2008 年规模以上工业增加值增速明显下滑。党中央国务院通过采取保增长、扩内需和调结构等一系列卓有成效的宏观经济政策，工业经济增长速度有所恢复，2010 年规模以上工业增速反弹至 15.7%。2011 年以来我国工业增速持续下滑，2012—2015 年我国规模以上工业增速分别为 10.0%、9.7%、8.3% 和 6.1%，整体看增速依然领跑全球。

　　从行业看，2015 年，我国新产业增长较快，其中航空、航天器及设备制造业增长 26.2%，电子及通信设备制造业增长 12.7%，信息化学品制造业增长 10.6%，医药制造业增长 9.9%，增速分别高出规模以上工业 20.1 个、6.6 个、4.5 个和 3.8 个百分点。特别是高技术产业增加值增长 10.2%，增速高出规模以上工业 4.1 个百分点，占规模以上工业比重为 11.8%，比上年提高 1.2 个百分点。

从国际看，经过"十一五"时期的大发展，我国工业国际竞争力显著增强。2010年我国制造业产出占全球19.8%，首次超过美国，跃居世界第一；2013年，占比达到20.8%，连续4年保持世界第一。2015年，我国共有106家企业入选"财富世界500强"，比2010年增加52家，连续3年成为世界500强企业数仅次于美国（128家）的第二大国。毫无疑问，占国民经济近40%的工业，为我国在全球经济中地位的不断提升起到重要的支撑作用。

表4-1　2005—2014年全国工业发展质量指数及分类指数

	2005	2006	2007	2008	2009	2010	2011	2012	2013	2014	2005—2014年年均增速
速度效益	100.0	107.4	119.4	115.8	120.3	140.6	142.1	138.6	141.0	138.9	3.7
结构调整	100.0	115.2	134.1	149.1	168.8	198.0	224.1	250.7	292.3	310.5	13.4
技术创新	100.0	106.4	116.2	121.0	137.4	136.0	147.8	160.9	164.8	170.2	6.1
资源环境	100.0	104.0	109.9	115.0	118.6	116.7	114.2	124.0	142.0	155.4	5.0
两化融合	100.0	105.8	119.4	137.2	156.4	175.2	191.6	206.5	221.1	232.4	9.8
人力资源	100.0	108.2	118.7	131.9	140.6	155.7	175.0	188.7	205.0	220.3	9.2
工业发展质量指数	100.0	108.5	121.0	130.0	142.9	157.2	170.1	184.1	203.0	214.0	8.8

资料来源：赛迪智库整理，2016年1月。

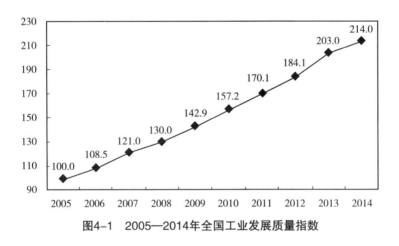

图4-1　2005—2014年全国工业发展质量指数

资料来源：赛迪智库整理，2016年1月。

从出口看，我国工业产品出口竞争力不断提升。近些年来，我国工业产品的出口结构不断优化，中高端工业品的国际竞争力持续增强。2014年，我国工业制成品出口额达到 2.2 万亿美元，占全球出口总额的 11.7%，比重比上年提高 0.6 个百分点。2015 年，我国规模以上工业出口交货值达到 11.9 万亿元，比 2005 年增加 7.1 万亿元，增长了 148.4%。部分领域中，电工电器、高精密机床、工程机械等行业的部分成套设备以及高附加值的产品已经占有较高比重，并呈现较快的增长态势。

综合来看，2005 年至今，我国工业发展成就显著，工业经济总量不断攀升，发展质量同步提升。

第二节　全国工业发展质量分类指数分析

第一节分析了 2005—2014 年全国工业发展质量总指数，本节着重分析各分类指数的走势及其影响因素。

一、分类指数走势及其对总指数的影响

1. 评价结果分析

2005—2014 年，全国工业发展质量的六个分类指数整体呈上升趋势，其中，结构调整指数、两化融合指数和人力资源指数快速增长，年均增速分别高达 13.4%、9.8% 和 9.2%，增速均快于工业发展质量指数；技术创新指数较快增长，年均增速为 6.1%，增速略低于工业发展质量；资源环境指数和速度效益指数增长相对较慢，年均增速仅为 5.0% 和 3.7%。

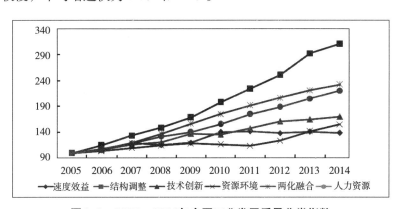

图4-2　2005—2014年全国工业发展质量分类指数

资料来源：赛迪智库整理，2016 年 1 月。

从分类指数对总指数的影响看，与 2005 年相比，2014 年六个分类指数对工业发展质量指数增长的贡献率和拉动作用差异较大（见表 4-2）。其中，结构调整指数对工业发展质量指数增长的贡献率最高，达到 48.8%，拉动 55.6 个百分点；两化融合指数、人力资源指数和技术创新指数对工业发展质量指数增长的贡献率较高，分别为 16.3%、10.8% 和 10.6%，分别拉动 18.6 个、12.3 个和 12.1 个百分点；资源环境指数和速度效益指数对工业发展质量指数增长的贡献率相对较低，仅为 8.6% 和 4.9%，仅拉动 9.8 个和 5.6 个百分点。

表 4-2　六个分类指数对总指数增长的贡献率和拉动

	速度效益指数	结构调整指数	技术创新指数	资源环境指数	两化融合指数	人力资源指数	合计
贡献率（%）	4.9	48.8	10.6	8.6	16.3	10.8	100.0
拉动（百分点）	5.6	55.6	12.1	9.8	18.6	12.3	114.0

资料来源：赛迪智库整理，2016 年 1 月。

2. 原因分析

（1）结构调整

近几年，我国工业在结构调整方面取得显著成效。

首先，高技术制造业规模不断扩大。2014 年，我国高技术制造业主营业务收入 12.7 万亿元，占规模以上工业主营业务收入的 11.5%，比 2013 年提高 0.33 个百分点。2015 年，我国高技术产业增加值占规模以上工业比重为 11.8%，比上年提高 1.2 个百分点。

其次，装备制造业整体实力明显增强。近些年来，国家相继出台了一系列加快振兴装备制造业的政策，推动装备制造业规模不断提升，综合实力显著提升。2015 年，装备制造业增加值占规模以上工业比重为 31.8%，比 2008 年提高 3.8 个百分点，对工业经济的支撑力度显著提高。2015 年 5 月 19 日，国务院印发《中国制造 2025》，要求大力推动十大重点领域突破性发展，分别是：新一代信息技术产业、高档数控机床和机器人、航空航天装备、海洋工程装备及高技术船舶、先进轨道交通装备、节能与新能源汽车、电力装备、农机装备、新材料、生物医药及高性能医疗器械；并将高端装备创新列为五大工程之一。2015 年 11 月 2 日，我国自主研制的首款新一代喷气式干线客机 C919 总装下线，这进一步提升我国的装备制造能力。

最后，工业企业组织结构不断优化。自 2005 年以来，国家大力推进兼并重组，鼓励企业之间实现强强联合，有条件的地区正加快实现上下游一体化经营。从兼并重组情况来看，截至 2015 年底，国资委监管中央企业减至 106 家，比 2007 年初减少了 50 家。从企业数量和就业来看，2014 年末，我国规模以上小型企业 312587 家，平均吸纳就业 3542 万人，在规模以上工业企业占比分别为 82.7% 和 35.5%。当前，中小企业已经成为支撑我国国民经济和社会发展的重要力量，在促进经济增长、保障就业稳定等方面发挥着不可替代的重要作用。可以预见，随着国家经济发展环境的逐步完善，大众创业、万众创新将成为我国经济增长的新引擎，中小企业特别是小微企业的发展活力将对宏观经济增长起到重要作用。

（2）两化融合

近几年，我国在两化融合方面取得较大进展，互联网基础设施、电子信息产业等都有明显突破。

第一，从互联网基础设施方面来看，截至 2015 年底，我国 IPv4 地址数量为 3.37 亿个，拥有 IPv6 地址 20594 块 /32。我国域名总数为 3102 万个，其中 ".CN" 域名总数年增长为 47.6%，达到 1636 万个，在中国域名总数中占比达 52.8%。我国网站总数为 423 万个，年增长 26.3%；".CN" 下网站数为 213 万个。国际出口带宽为 5392116Mbps，年增长 30.9%。从网民规模来看，2008 年我国网民规模已跃升为全球第一，到 2015 年末，我国网民规模达 6.88 亿，全年共计新增网民 3951 万人；互联网普及率也逐年提高，2015 年 50.3%，较 2014 年底提升了 2.4 个百分点，是 2005 年的 5.9 倍。

第二，从电子信息产业的发展来看，2015 年，我国规模以上电子信息制造业增加值同比增长 10.5%，高出工业平均水平 4.4 个百分点；电子信息制造业实现主营业务收入 11.1 万亿元，同比增长 7.6%；电子信息产品出口 7811 亿美元，同比下降 1.1%；软件和信息技术服务业完成软件业务收入 4.3 万亿元，同比增长 16.6%；软件业实现出口 545 亿美元，同比增长 5.3%。

（3）技术创新

第一，从创新产出来看，近些年来我国工业企业专利数量不断攀升，2014 年，规模以上工业企业专利申请数达到 630561 件，其中发明专利数 239925 件，规模以上工业企业有效发明专利数为 448885 件。2015 年，国家知识产权局共受理《专利合作条约》（PCT）国际专利申请 30548 件，较上年增长 16.7%；其中，来自国内的有 28399 件，占 93%，同比增长 18.3%。专利数量的持续增长，反映出我国工业自主创新能力和水平日益提高。目前，我国在载人航天、探月工程、载人深潜、新支线飞机、大型液化天然气船（LNG）、高速轨道交通等领域取得突破性进展并进入世界先进行列。信息通信行业中，TD-LTE 技术、产品、组网性能和产业链服务支撑能力等均得到提升，涵盖系统、终端、芯片、仪表的完整产业链已基本完成。

第二，从创新投入来看，2014 年，我国规模以上工业企业研究与试验发展（R&D）经费支出 9254.3 亿元，与主营业务收入之比达到 0.84%，比 2004 年提升了 0.28 个百分点；新产品开发经费支出为 10123.2 亿元，是 2004 年的 10.5 倍。从技术获取和技术改造情况来看，2014 年，规模以上工业企业的引进技术经费支出、消化吸收经费支出、购买国内技术经费支出和技术改造经费支出分别为387.5 亿元、143.2 亿元、213.5 亿元和 3798.0 亿元。

（4）人力资源

近些年来，我国工业在科技人力资源方面保持稳定增长，科技人力投入不断增加，科技队伍进一步壮大。2014 年，我国规模以上工业企业 R&D 人员全时当量为 264.2 万人年，比 2004 年增加了 210 万人年。2014 年，规模以上工业企业科技机构人员数达到 246.4 万人，比 2004 年增加了 182 万人。

（5）资源环境和速度效益

从本书的评价结果看，虽然资源环境和速度效益自 2005 年以来增速相对较慢，贡献率相对较低，但自身仍取得较大进展。

资源环境方面，自 2005 年以来，我国主要工业行业能耗显著下降，污染物排放明显下降，环境明显改善。首先，单位增加值能耗明显下降。2005 年以来，我国单位 GDP 能耗持续下降，2012 年以来降幅持续扩大；2012—2015 年我国单位 GDP 能耗分别下降 3.4%、3.7%、4.8% 和 5.6%。从工业来看，2014 年，工业能源消费总量达到 297827 万吨标准煤，以 2005 年为不变价的单位工业增加值能耗为 1.61 吨标准煤 / 万元。其次，环境污染治理投资力度不断增大。2014 年，工业污染治理完成投资 997.7 亿元，占工业增加值的比重为 0.44%，较上年提高 0.05个百分点。再次，主要污染物排放总量得到控制。2014 年工业废水中化学需氧量排放量 311.3 万吨，占全部排放量的 13.6%；工业废水中氨氮排放量 23.2 万吨，占全部排放量的 9.7%；工业废气中二氧化硫排放量 1740.4 万吨，占全部排放量的 88.1%；工业废气中氮氧化物排放量 1404.8 万吨，占全部排放量的 67.6%。最后，工业废物综合利用率提高。2014 年工业固体废物综合利用率为 55.1%，比 2005 年提高 7.7 个百分点。

速度效益方面，从规模和速度来看，2015 年，全部工业增加值 228974 亿元，比上年增长 5.9%；规模以上工业增加值增长 6.1%，整体仍处于中高速增长水平。从经济效益来看，2014 年，我国规模以上工业企业总资产贡献率 13.69%、资产负债率 57.17%、流动资产周转次数 2.53 次 / 年、工业成本费用利润率 6.52%、人均主营业务收入 110.96 万元 / 人。

综合来看，近些年来，我国工业发展取得了较大成绩，结构持续调整和优化，两化融合不断深化，技术创新能力明显提升，人力资源素质和待遇明显改善，资源环境束缚压力有所缓解，速度效益有一定提升。

二、分类指数影响因素分析

为清楚地看到影响全国工业发展质量分类指数的内部因素，本书计算了 22 项指标对各自所属分类指数的贡献率和拉动，计算结果见表 4–3。

从 2005 年到 2014 年，全国工业发展质量的六个分类中，结构调整指数、两化融合指数和人力资源指数快速增长，结构调整指数主要是由 500 强企业占比和规模以上工业小企业主营业务收入的强劲增长推动，贡献率分别为 56.2% 和 32.8%，分别拉动 7.5 个和 4.4 个百分点。两化融合指数主要是由互联网普及率的快速提升推动，贡献率高达 89.7%，拉动 8.8 个百分点。人力资源指数主要是由工业职工平均工资的快速增长推动，贡献率高达 67.4%，拉动 6.2 个百分点。

技术创新指数较快增长，主要是由工业 R&D 人员投入强度和单位工业 R&D 经费支出发明专利数较快增长推动，对技术创新指数增长的贡献率分别为 42.7 和 35.3%，分别拉动 2.6 个和 2.1 个百分点。资源环境指数和速度效益指数增长相对较慢，前者的提升主要源于工业主要污染物排放强度和单位工业增加值能耗的显著下降，但工业固体废物综合利用率提升速度较慢，且工业污染治理投资强度出现下滑，对资源环境指数的贡献率为 –12.9%，向下拉动 0.6 个百分点，抑制了资源环境指数的增长。后者的提升主要源于工业增加值的快速增长，但工业成本费用利润率和工业主营业务收入利润率增长相对较慢，对速度效益指数的贡献率相对较低，均不足 3%，仅拉动 0.1 个百分点。

表4-3 22项指标对分类指数的贡献率和拉动

二级指标	三级指标	贡献率（%）	拉动（百分点）
速度效益	工业增加值增速	87.8	3.3
	工业总资产贡献率	8.8	0.3
	工业成本费用利润率	1.1	0.0
	工业主营业务收入利润率	2.4	0.1
	合计	100.0	3.7
结构调整	高技术产业占比	−1.7	−0.2
	500强企业占比	56.2	7.5
	规模以上工业小企业主营业务收入增速	32.8	4.4
	工业制成品出口占比	12.6	1.7
	合计	100.0	13.4
技术创新	工业R&D经费投入强度	13.0	0.8
	工业R&D人员投入强度	42.7	2.6
	单位工业R&D经费支出的发明专利数	35.3	2.1
	工业新产品占比	9.0	0.6
	合计	100.0	6.1
资源环境	单位工业增加值能耗	16.2	0.8
	工业主要污染物排放强度	91.1	4.6
	工业固体废物综合利用率	5.6	0.3
	工业污染治理投资强度	−12.9	−0.6
	合计	100.0	5.0
两化融合	工业应用信息化水平	8.8	0.9
	电子信息产业占比	1.4	0.1
	互联网普及率	89.7	8.8
	合计	100.0	9.8
人力资源	工业职工平均工资增速	67.4	6.2
	第二产业全员劳动生产率	28.9	2.7
	就业人员平均受教育年限	3.7	0.3
	合计	100.0	9.2

资料来源：赛迪智库整理，2016年1月。

第五章　全国工业发展质量热点专题

从前面的分析我们可以看到，当前我国工业发展质量呈较快增长态势，但内部结构仍然存在一些问题和矛盾。本章通过对重大政策的解读和重点专题的研究，透析工业发展过程中的一些重大问题，以期从中获取工业发展质量稳定增长的启示。[1]

第一节　"一带一路"给我国制造业带来新机遇

"一带一路"建设已成为我国的国家战略。随着中巴经济走廊等重大工程逐步落实，"一带一路"已由战略构想进入全面实施阶段，目前我国已与哈萨克斯坦、塔吉克斯坦、卡塔尔等部分沿线国家签署了合作备忘录。那么，"一带一路"建设将为我国制造业带来哪些新机遇？有哪些政策可以促进制造业在"一带一路"中发挥更大的作用？值得深入研究。

一、"一带一路"的内涵及实现路径

（一）"一带一路"的内涵

我国建设丝绸之路经济带和 21 世纪海上丝绸之路的战略构想，旨在借用古代"丝绸之路"历史符号，主动发展与沿线国家的经济合作伙伴关系，共同打造政治互信、经济融合、文化包容的利益共同体、命运共同体和责任共同体。目前，"一带一路"已成为我国广泛开展对外经贸往来，推进国际合作，形成全方位开放新

---

[1] 本部分为赛迪智库工业经济研究所近期的部分研究成果。

格局的国家战略。

（二）"一带一路"的实现路径

一是成立推进机构，明确建设思路。中央已多次召开推进"一带一路"建设工作会议，并成立建设工作领导小组，明确了推进"一带一路"的重点方向，"陆上依托国际大通道，以重点经贸产业园区为合作平台，共同打造若干国际经济合作走廊；海上依托重点港口城市，共同打造通畅安全高效的运输大通道"。

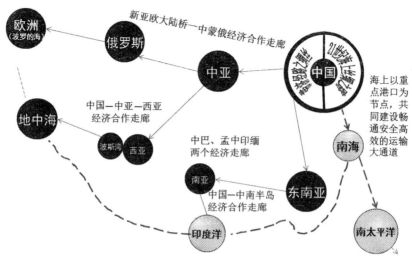

图5-1 "一带一路"合作方向示意图

资料来源：赛迪智库整理，2016年1月。

二是通过国家外交，达成战略共识。我国国家领导人已先后出访了哈萨克斯坦、印度尼西亚、巴基斯坦等20多个国家，出席加强互联互通伙伴关系对话会、中阿合作论坛第六届部长级会议，就双边关系和地区发展问题，多次与有关国家元首和政府首脑进行会晤，深入阐释"一带一路"的深刻内涵和积极意义，达成了广泛共识。目前我国已与哈萨克斯坦、塔吉克斯坦、卡塔尔签署了共建"一带一路"合作备忘录，与科威特签署了共同推进"丝绸之路经济带"与"丝绸城"有关合作的备忘录，与俄罗斯签署了地区合作和边境合作的备忘录，并提出了中（国）哈（萨克斯坦）、中（国）吉（尔吉斯斯坦）毗邻地区合作规划纲要。

三是构建支撑体系，开发重点项目。政府统筹各种资源，强化对"一带一路"建设的政策支持，如推动亚洲基础设施投资银行的筹建工作，发起和设立了

400 亿美元规模的丝路基金，强化中国—欧亚经济合作基金投资功能，推动银行卡清算机构开展跨境清算业务，以及支付机构开展跨境支付业务等。在基础设施互联互通、投资贸易合作、金融、人文、生态环境保护等领域，我国正在加快与"一带一路"沿线国家的交流与磋商，推进了一批条件成熟的重点合作项目建设，2015 年中塔公路二期、喀喇昆仑公路、瓜达尔港项目等一批重点项目将集中开工。2015 年第一季度，我国企业承接"一带一路"沿线国家服务外包合同金额和执行金额分别为 33.3 亿美元和 20.1 亿美元，同比增长分别为 30% 和 8.1%。

二、"一带一路"战略有助于重构我国制造业发展新格局

（一）扩大我国优势制造业，提供多重市场机遇

目前，"一带一路"沿线国家以发展中国家为主，总人口达 44 亿，占全球的 63%，而经济总量仅占全球的 29%，普遍面临发展工业经济和建设基础设施的任务，"一带一路"将给我国带来多重市场机遇。第一，交通运输是"一带一路"建设中的优先发展领域，我国交通基础设施建设和运营"走出去"，将带动铁路建设与相关设备，航空服务、设备及整机生产等产业增长。第二，基础设施建设是"一带一路"战略的基础，我国建筑业（建筑及基础设施工程）、装备制造业（设备及配套类装备制造）、基建材料（钢铁、建材、有色等产能过剩行业）将迎来更为广阔的市场空间。第三，拓展稳定的油气资源进口途径是我国"一带一路"的重要战略目标，随着我国海陆能源通道的建设，能源管道建设的相关产业，电站建设、电力设备等都迎来重大的市场机遇。第四，"互联互通"是加强全方位基础设施建设的关键，"一带一路"国家之间的深度互通，将为我国通信行业特别是像华为、中兴和信威等通信基础设施提供商带来重大利好。

（二）促进我国产业转型升级，抢占全球制造制高点

当前，在新一轮工业革命的推动下，美国加速"再工业化"和"制造业回流"，德国推出"工业 4.0"，我国提出"制造强国"战略，人工智能、数字技术、"互联网 +"等新兴技术和智能制造成为各国争夺的制高点。"一带一路"战略与我国"制造强国"战略相得益彰。从区域上看，"一带一路"战略向东连接日本和韩国，向西通过俄罗斯延伸到欧洲地区。其中，日本和德国正是新一轮技术革新的关键国家。日本的优势在于掌握电子信息、汽车、智能机器人等产业高端技术，而且在核心技术及零配件、原材料方面占有绝对优势；德国计划利用物联信息系

统筹方式提高制造业智能化水平。在"一带一路"战略指引下，我国高端制造业将积极参与国际合作，利用海上丝绸之路的优势加大出口，通过上海、福建和广州等重要自贸区走出国门，与日本、德国企业同台竞技。"一带一路"在迫使国内生产企业深化创新、促进产业结构转型升级的同时，也有利于我国企业吸收周边国家的新兴技术，为产业转型升级和新的优势产业提供技术支撑。

（三）扩大制造业参与国际投资和金融合作的空间

"一带一路"战略的提出，进一步打开了我国制造业参与国际投资的空间，在资金、技术以及人才等领域，为相关企业与周边国家展开深度合作创造了契机。此外，人民币国际化进程加快，也将为我国企业海外投资、并购带来更多的融资途径。从资本市场看，有投资者和私募基金参与的海外并购交易活动规模不断扩大，以产业投资基金等形式聚合了大量的政策性资金和民间资本，支持企业跨国投资，有利于实现国家海外投资战略。未来，我国企业将充分利用陆上、海上丝绸之路的优势，通过合作投资沿线国家基础设施建设，鼓励企业进行海外兼并重组，特别是具有自主知识产权的轨道交通、核电等行业的跨国投资。同时，还要采取市场化方式，拓宽外汇储备使用渠道，推进闲置资本流向资源富集区域，从而形成由中国—沿线发展中国家—发达国家组成的制造、资源、科技、资金的新格局。

三、政策建议

（一）构建"一带一路"支撑平台

一是加快"一带一路"的合作机制平台建设。"一带一路"沿线国家与我国有着悠久的经贸文化交流历史，经济结构互补性高，在能源、资源、设备、技术等方面均有广阔的合作空间。"一带一路"也是我国开拓对外开放新模式、实现全方位开放新格局的战略要求，我国政府已建立了上海合作组织、中国与东盟"10+1"、亚太经合组织等合作平台，在此基础上，还应充分发挥已有的双边、区域、多边合作机制，共同谋划和推动"一带一路"建设。二是完善"一带一路"金融扶持平台。我国已成立"丝路基金"和亚投行等融资平台，目前还应强化项目开发和融资方案的研究工作，在试点工作中抓出样本，明确资金供需双方的责权利、项目运营人的权利和义务，从而提高资金的使用效率，尽快形成可推广的实施范例，以提高金融机构在基础设施建设、资源开发、产业合作等领域的运营效益。三是加快互联互通平台建设。积极推进亚欧大陆桥、新亚欧大陆桥、孟中印缅经济走廊、中巴经济走廊等骨干通道建设。具体地，要加快国际公路、铁路等交通设施建设，完善"一带一路"的交通路网；加快互联网、通信等领域建设，实现国际信息高速公路的畅通；加快跨国的输电、输油、输气等能源运输设施建设，贯通能源大通道。

（二）借力"一带一路"建设，加快培育我国制造业新优势

一是加快为我国制造业打造更加广阔的贸易空间。把握我国推进"一带一路"基础设施建设的难得机遇，加快推进我国与基础设施相关产品的出口；积极推进我国与东盟、印度、巴基斯坦、斯里兰卡、海合会、欧盟、欧亚经济联盟等沿线国家和地区的自贸区谈判与升级，尽早启动亚太自贸协定谈判，提高贸易、投资、人员往来的便利化水平，为优势产品提供更为广阔的出口空间；发挥我国在大型设备、工程建造等方面的技术优势，推动装备等资本密集型产品出口，培育新的优势产业。二是借力"一带一路"战略，加快对外投资，合理构建我国产业链布局。应推进国际产能合作，将钢铁、水泥、平板玻璃等行业的富余产能转移与沿线国家的建设需求相结合，形成政府指导、企业主导的商业开发输出模式，将过剩产能输出到中亚、东南亚等地区。三是从"一带一路"区域角度出发，借助周边国家和地区资源、资本和地缘等优势，重构我国制造业布局，积极融入全球产业链，并向中高端环节延伸。

（三）建设境内外双边合作产业园区

通过建设境外经济合作园区和国内示范园区，构建跨国产业链，形成"一带一路"大区域合作的供应链、产业链和价值链。一是加快与周边国家自贸区建设合作，建立境外经济合作园区。参照我国与新加坡共建的苏州工业园区建设模式，创新对外投资和合作方式，鼓励我国产业园区"走出去"，依托"一带一路"沿线国家产业园区开展项目合作。在政策层面，加快与"一带一路"周边国家自贸区建设的合作，鼓励我国地方政府及产业园区与沿线国家建立对等产业园区试点，依托园区输出我国具有竞争力的产品和产业。二是根据对等原则，允许相关国家入园投资，在国家和省级的产业园区中进行试点，引导该国优势产业落户我国生产，形成产业示范区和特色产业园，打造我国与沿线国家的姊妹产业园发展模式，推动我国产业园区的转型升级。

第二节　TPP协议达成对我国产业影响几何？

2015年10月5日，跨太平洋伙伴关系协定（TPP）12个谈判方在美国亚特兰大举行的部长级会议上达成基本协议，标志着一个基于全新贸易规则、规模占全球四成的巨大经济圈即将形成。此后，美国贸易代表办公室公布了TPP协议文本概要，就相关议题进行了概括性总结。那么，TPP协议的主要特点是什么？将对我国产业产生怎样的不利影响？我国应如何应对？深入研究这些问题，对我国产业发展及相关政策制定具有重要意义。

一、TPP协议涵盖范围广，自由化水平高

（一）货物贸易自由化水平非常高

一是农产品和工业品大部分产品实现零关税。大部分工业产品和农产品的关税将在协议生效后立即降税为零，部分产品关税消除可有较长的过渡期，同时不允许采取与WTO规则相违背的进出口措施。

二是纺织服装原产地规则约束性较高。TPP将制定统一的棉纱和织物原产地规则，以确保区域内成员享受零关税待遇。同时会通过加强海关合作、打击税收侵蚀、走私和诈骗，包括特定纺织品的保障措施。

（二）服务贸易和投资开放度较大

一是跨境服务和金融服务贸易高度开放。不允许参加方实施任何服务限制，或采取特殊法律准入或必须在当地设立合资企业等要求。服务开放采用负面清单形式。在金融服务方面，允许各方跨境提供金融服务，允许开展保险、债券业务、电子支付卡服务和电子数据信息交易。

二是电信服务开放度较高。允许其他方电信服务提供商在本国领土内提供互联网接入、线路租用、主机代管（co-location）、电塔电杆和其他设施的使用等服务。如果需要牌照管理，应确保管理程序的透明性和非歧视性。对于稀缺电信资源的分配和使用，应承诺客观、及时、透明和非歧视。如果一方就国际移动漫游批发服务实行价格管制，应允许其他参加方运营商享受低价优势。

三是投资采用负面清单模式，自由化水平高。TPP参加方同意在投资领域采用非歧视性和最惠国待遇原则，禁止采用当地成分、技术当地化等绩效要求。投资开放采用负面清单模式，除例外领域，各方将充分对外商开放。

（三）新议题框架逐步清晰，规则标准较高

除自由化水平较高之外，TPP协议最大的亮点在于初步构建了"21世纪新议题"的框架，包括国有企业、环境、劳动等。

一是电子商务和数据流动更为自由。一方在另一方经营时无须建立数据中心，无须提供软件源代码，禁止对电子交易征税。

二是对国有企业严格监管。确保其国有企业从事商业买卖，国有企业或指定的垄断集团不应对其他方企业形成歧视。各方对国有企业提供非商业援助时，不应对其他方产生负面影响。各方同意共享国有企业名单，对其政府所有权和政府提供的非商业性援助提供相关信息。

三是环境承诺标准较高。各方同意不以鼓励贸易或投资为由削弱环保法律的力度，承诺采取措施打击并联手遏制野生动植物非法贸易，保护濒危野生动植物，同意实施可持续的渔业管理，打击非法捕捞，禁止危害的渔业补贴，保护臭氧层等。

四是劳工标准较为严格。各方同意在其法律中采用和维持基本的劳工权利，如组织和参与工会的自由和集体议价权利、消灭强迫劳动、消灭童工现象、消除雇用歧视。限制进口强制劳工或童工生产的产品或中间品。此外，还就最低工资、工作时间、职业安全和健康问题制定了相关法律。

二、TPP协议的达成将给我国产业带来一定影响

（一）部分产品出口将受到冲击

在TPP 12个成员国中，仅有美国、日本、加拿大和墨西哥四国未与我国达成自贸协议。由于这四个国家纺织服装等产品关税较高，TPP协议达成生效后，我国向北美、日本出口的纺织服装、电子产品等低端制造品面临越南、马来西亚、墨西哥的竞争。同时，我国的半导体、计算机、机械设备、移动电话等中高端机械电子产品将面临日本、美国等国的竞争。同时，也应看到，TPP严格的环境和劳工标准规定，也将影响我国劳动密集型成本的出口。我国国有企业产品向TPP国家出口将受到更为严格的监管。在我国制造业整体经济不景气的情况下，我国工业产品的出口将雪上加霜。

（二）部分敏感产业开放压力加大，亟待加快转型升级

TPP协议货物贸易自由化水平非常高，工业品原则上全部开放。在我国已有的自贸协定中，工业品均未能实现全面对外开放，其中化工制品、汽车、机床、部分电子和机械等敏感产品的关税水平基本保持不变。在我国加快推进自贸区战略过程中，这些产业的关税减让问题进一步凸显。尤其是面对美欧日等发达国家和地区，这些产业是否应取消关税，以及关税减让后产业如何设计未来的发展路径，是我国关税减让谈判中一直纠结的难题。在我国"逐步打造覆盖全球的高水平自贸区"的过程中，必须进一步加快这些产业的转型升级步伐。

（三）我国对外投资战略及全球价值链布局将受到深远影响

2014年我国对外直接投资1231.2亿美元，成为世界第一大资本输出国，其中东南亚国家是我国劳动密集型产业转移的主要地区。TPP协议对我国影响最为深远的，是其高水平的投资开放带来的投资转移效应，将直接影响我国企业对外投资战略和全球价值链的布局，进而影响各国进出口流向。目前，美国、日本等企业正加速其在东南亚的产业布局，TPP协议无疑为其产业转移和全球价值链布局提供了更为有利的投资环境，东盟国家也急于借助TPP获得美日等国的投资、先进技术和产品，以促进自身的发展，这将使我国企业在亚洲地区的投资受到长期而深远的影响。此外，TPP协议服务、电子商务和数字贸易等领域开放性较高，为美日等国家工业与服务、信息化的融合创造了更为有利的条件，也对我国相关产业及信息安全等提出了更为严峻的挑战。因此，投资及相关服务的开放给我国产业带来的影响将比货物贸易转移更为深远。

（四）将给我国现有自贸区战略带来一定不利影响

TPP协议自启动以来，我国就开始制定应对策略，如启动中日韩自贸区谈判、参与区域全面经济伙伴关系（RCEP）谈判、启动中国—东盟自贸区"升级版"谈判、提倡建立亚太自贸区等。但目前来看，我国自贸区整体市场准入门槛较高，在国有企业、劳工等新议题领域停滞不前，与TPP协议存在较大差距，这将直接制约我国参与制定国际贸易新规则的能力，也将导致我国现有的自贸区战略难以抗衡TPP协议新议题带来的负面影响。

总体看，TPP协议的达成对我国产业产生的短期和直接影响有限：一方面，目前我国已与或正在与大部分TPP参加方达成自贸区协定，关税削减产生的影

响有所稀释；另一方面，我国产业正在转型升级，产业将从单一要素成本优势转向综合比较优势，在短期内，我国完善的基础设施和巨大的市场仍具有显著优势。但 TPP 投资开放和新议题领域的标准值得关注，因为这将给我国产业和自贸区战略带来长久而深远的影响。

三、应对建议

（一）落实已有的自贸区协议，稳步推进自贸区战略

TPP 本身是自贸谈判，是产业利益驱动的结果。我国自贸区建设不应受到其干扰，而应结合产业特点，稳步推进我国特色的自贸战略。一是加快推进现有自贸区谈判。大力推进 RCEP、中日韩自贸区、中国—东盟自贸区"升级版"等谈判，降低 TPP 对我国产业的影响。二是加快研究下一代贸易投资、环境、劳动等领域议题。积极参与规则制定，强化谈判能力建设，以便更好地应对高水平自贸区带来的挑战。三是充分落实已有的自贸协定。在推进我国自贸区战略的同时，注重跟踪评估已有的自贸区效果，总结我国自贸区建设经验，使企业真正从自贸区建设中获益。

（二）加快产业转型升级步伐，积极应对 TPP 带来的挑战

国际贸易格局的演变，归根到底是由国际产业结构的调整和各国产品的国际竞争力决定的。加快产业转型升级、培育我国新的竞争优势，是我国应对一切挑战的根本。一是夯实国内产业基础，加快促进制造业转型升级。集中资源、完善政策，加快战略性新兴产业发展；探索资金利用方式，稳步发展优势产业。加快国际产能合作，有序转移我国过剩产能，在全球范围内合理布局我国优势产能。二是甄别不同产业特点，有选择、有策略性地开放。深入研究工业、技术、服务等领域的市场开放承压能力。对于个别弱势产业，强化扶持政策，通过设置门槛逐次开放，给予其成长的空间。积极探索化工、电子、高端机械、汽车等敏感产品未来发展路径，以更高的水平应对开放。

（三）加快探索对外投资开放模式，为企业"走出去"创造有利的国际环境

如果说 WTO 主导的是边境贸易开放，关税减让是核心，那么 TPP 主导的将是全球价值链的开放，投资开放是其核心。今后，我国应高度重视投资战略。一

是探索投资"负面清单"模式。对内，在上海自贸区等基础上，评估负面清单模式效果，探索进一步开放的范围和内容。对外，借助中美、中欧投资协定谈判，探索国内产业承受能力，为我国企业"走出去"创造有利的国际环境。二是积极布局海外投资。通过产业投资基金形式，协助企业开拓国际市场，重点加强适用性先进技术的引进、消化和吸收，加快培育新的比较优势。同时，借助"一带一路"及亚投行建设契机，推动区域内贸易机制建设，消除 TPP 对我国的不利影响。

（四）探索部分领域改革，为构建高水平的自贸区奠定基础

TPP 协议旨在制定国际贸易新规则，而目前的进展离新规则的确立仍有较大差距，但国有企业、环境、劳工等议题已有雏形，我国开展的自贸区谈判也迟早将涉及这些议题。因此，我们必须加紧准备：一是认真研究发达国家自贸协定中这些新议题的规则，对比我国存在的差距及困难，探索可否将这些议题纳入我国自贸协定框架中。二是探索国有企业、环境和劳工等领域的国内改革，逐步缩小与发达国家的差距，为构建高水平的自贸区奠定基础。

第三节　推进国际产能合作须做好风险防控

"一带一路"战略是我国经济新常态下对外开放和国际经济合作的总纲领。推进国际产能合作是"一带一路"建设的重点内容，不仅有利于促进我国重大装备"走出去"，而且有利于促进国内产业转型升级和培育新的外需增长点。推进国际产能合作，相关机构和企业必须坚持互利共赢原则，统筹谋划，尤其是要对国际产能合作地的地缘政治、主权信用、货币金融等风险，提前做好充分评估和防范准备。

一、推进国际产能合作的重大意义和主要路径

开展国际产能合作，是中国经济转型升级的必然需求。目前我国已经进入后重化工业化阶段，重化工业产品需求大多已经进入峰值阶段，加上人口老化加速，我国城市化的速度将放缓，城市化对工业化的推动力也将随之减弱。我国工业领域尤其是重化工业的产能过剩不是简单的周期性现象，而是产业结构性矛盾的体现，化解产能过剩的压力将持续相当长的时间。因此，推进国际产能合作，加快中国装备尤其是重化工业的产能和装备"走出去"，是解决我国产能过剩压力的

有效途径，也有利于我国工业经济转型升级和提质增效。

以资本输出带动产能输出，进而带动装备、技术、管理和标准输出，是推进国际产能合作的主要路径。目前我国的对外投资中，制造业投资的比重不足7%，一半左右是商务和租赁方面的投资。而"一带一路"沿线的许多国家，尚处于工业化和城市化的早期阶段，对基础设施建设和重化工业产品潜在需求大，推进国际产能合作，推动我国企业"走出去"，引导企业参与境外基础设施建设和产能合作，有利于推动铁路、电力、通信、工程机械等装备走向世界，可以主动创造外需，从而拉动我国的出口和经济发展。在这一过程中，需要从产品输出型模式转变为产品输出和资本输出并重模式，并以资本输出带动产能输出，进而带动装备输出，并在这两个过程中推动人民币国际化战略。在国际产能合作中，除了产能转移外，还应包括产品质量、技术、标准和管理等方面的合作。

二、推进国际产能合作面临的主要风险

地缘政治风险。"一带一路"战略设想，纳入的主要是中亚、东南亚、南亚等许多正处于社会转型的国家。"一带一路"沿线是世界上几大文明和宗教冲撞最激烈的地区之一，特别是中东、中亚以及南亚这一线被称为世界"不稳定战略弧"。当前的亚洲体制更像19世纪的欧洲，其复杂性不是任何一个世界大国能够单独把控的。同时，美国、俄国在"一带一路"内都拥有特殊影响，如美国在东盟的影响力、俄罗斯在中亚国家的影响力，对我国的"一带一路"战略实施将形成制约。此外，由于我国大规模对外投资缺少强有力的经济政治理论支持，同时还没有构建一套国际经济合作和治理的话语体系，在"一带一路"的产能输出、基础设施建设、资源获取，很容易被别人戴上"新殖民主义"的帽子。因此，"一带一路"既是一条机遇之路，也是一条风险之路，我国在"一带一路"的对外投资和国际产能合作中面临严峻的地缘政治风险。

主权信用风险。"一带一路"国家政治、社会、法律之间差别较大，经济发展水平、政府管治方式不一。一些国家面临领导代际交接，内部政治不稳定；一些国家产业结构单一，产业转型前景不明；不少国家中央政府的债务偿还能力不容乐观。这些国家自身存在的弱点导致其抵御外部环境变化的能力差，容易积累风险，导致主权信用恶化的可能性也更大。由于"一带一路"的国际产能合作或将包含向海外政府贷款以资助所选项目，因此必须高度关注一些国家信用违约的

风险。

金融货币风险。从国际金融秩序看，现行的国际经济体系缺陷之一是缺乏稳定和可靠的国际货币体系。美元作为国际货币，近年来波动频率加大，同时石油等大宗商品价格也反复震荡，国际金融秩序的结构性重组在缓慢而艰难地推进。此外，从资本流动风险来看，全球金融危机后，债务规模的膨胀速度大大高于全球 GDP 的增速，一些新兴市场国家面临货币贬值、资本大幅流出的风险。因此，我国在推进"一带一路"战略国际产能合作的过程中，使用投资目的地的货币经营的中国企业，应当注意当地货币大幅贬值的风险，预先防范汇率波动和金融风险冲击。

投资项目风险。从国际产能合作项目的财务角度来看，由于"一带一路"的许多国家人口稀少、经济水平落后，重化工业的投资项目投入大、周期长，盈利前景难以保证。从投资目的地的产业环境来看，由于环保政策、技术标准与我国不同，通过国际产能合作转移出去的产能，可能遭遇到政府治理不透明、环保问题、违反民意、NGO 阻挠问题等多种因素的挑战。事实上，目前我国已有一些对外投资项目已经因此类问题陷入困境。

三、几点建议

做好"一带一路"战略的理论构建工作。我国已经成为全球第二大经济体，我国富余产能在大规模"走出去"的时候，势必对目的地国家的一些产业和利益团体构成冲击，投资接受国也难免会有疑虑。如何构建一套理论体系来支撑战略的落实就显得十分重要。例如，日本经济学家提出的"雁行模式"理论，为日本在 20 世纪八九十年代向中国台湾地区、韩国、东南亚以及中国大陆转移产能提供了有力的话语体系，帮助日本在亚洲推广其经济模式，确立了其 20 世纪八九十年代在亚洲经济的领导地位。因此，我们不仅需要清晰地阐述"一带一路"战略的目标和内涵，给沿线相关国家一个明确的预期，更为重要的是应资助官方和民间智库，构建支撑"一带一路"战略的政治经济理论体系，阐明我们不是搞新殖民主义，而是作为负责任的大国，向沿线相关国家提供国际公共产品和工业化的成功经验，促进经济的共同发展。

建立健全海外投资风险评估体系和突发事件应急机制。要求参与国际产能合作的相关机构和企业对投资目的地国家的法律和监管、主权信用风险、劳动力市场、环保风险和货币金融风险等做好充分评估和准备。可实时委托专业机构对"一带一路"沿线国家的风险进行科学评估，并发布"'一带一路'投资安全指数"，以建立健全海外投资风险评估体系和突发事件应对机制。

注重产融合作，发挥金融的引领作用和风险管理功能。在国际产能合作中，应充分发挥中投公司、丝路基金等金融资本的纽带和支持功能，积极探索产业资本与金融资本联合开展国际产能合作的商业新模式。

第四节　如何看待我国制造业部分外资撤离？

2015 年初，关于西铁城、诺基亚、松下、夏普、优衣库、三星等外资企业加速撤离我国的消息充斥各大媒体。毋庸置疑，外资的撤离会带走资金与市场，也可能使我国制造业陷入倒闭潮和失业潮"双夹击"的困局。然而，这真的意味着我国制造业将步入寒冬吗？这一现象背后的原因是什么？其他国家是否也遇到过同样的问题，如何应对？这些问题值得我们深入思考和研究。

一、部分外资撤离的深层次原因解析

（一）从宏观层面看，全球经济正处于后危机时代的缓慢复苏期，市场需求明显放缓

国际金融危机之后，全球经济处于深度调整期。从贸易增长看，2003 年以来全球商品和服务出口增速保持在两位数以上，受 2008 年金融危机影响，2009 年全球商品和服务出口出现了负增长，随后两年受到较低基数因素影响增速重回两位数，但 2012 年随即保持在 1.5% 的低增速区间，进口增速仅为 1.3%[1]。此外，最新一期《全球投资趋势监测报告》显示，受全球经济疲软、政策不确定性和地缘政治风险等多种因素影响，2014 年全球 FDI 较 2013 年下降 8%，且全球部分发展中国家也面临市场需求不足导致外资撤离的严峻挑战。

---

[1]　数据来自世界银行。同时，WTO的统计数据也显示出同样的走势，全球商品贸易出口总额和制造业出口在2009年出现负增长，随后两年仍维持了两位数的高增长，但2012年和2013年均保持在0.4%—2.3%的低速增长水平。

（二）从微观层面看，部分企业自身竞争力明显减弱，导致企业收缩生产规模

当前，大数据、云计算等信息技术加速普及，制造业网络化、智能化、服务化、绿色化的趋势逐渐显现。在本轮工业革命浪潮中，不少制造业昔日巨头由于未能及时跟进，已经在市场竞争中处于劣势，例如诺基亚、摩托罗拉的手机业务就被出售。与此同时，松下、夏普等企业撤离中国的生产能力绝大多数属于低端制造领域，而我国本土企业竞争能力已经较强，这种情况下外企的盈利空间和市场竞争能力都明显下降，受利益驱动的企业必然要转移生产能力，重新配置资源。

（三）从战略角度看，部分发达国家通过制定各项政策来鼓励先进制造业回流

2008年的经济危机促使不少发达国家更加意识到实体经济的重要基础性作用，美、英、日等国家纷纷推出制造业回归战略，以求其制造业重振。值得关注的是，这些发达国家计划将先进制造业转移至本国进行生产，不仅保证了较高的产业附加值，而且也维持了较强的研发创新实力，同时还带动了本地就业。当前，全球正处于以信息技术为主导的新一轮工业革命浪潮中，发达国家制定的制造业回归战略意图在更加激烈的市场竞争中抢夺战略制高点，树立长远的竞争优势。

（四）从发展规律看，在经济发展到一定阶段后，土地、劳动、资金等要素成本刚性上涨，加速了产业梯度转移

从经济学的一般规律出发，随着经济发展水平的不断提高，土地、劳动、资金等要素成本不断攀升，产业将从成本较高的发达地区逐渐转移至相对较低的欠发达地区。例如，当前我国东部沿海地区的部分产业就逐步向我国中西部地区和东南亚部分国家转移，这既符合资本的逐利性，也实现了资源效用的最大化。从地区发展阶段看，一般会经历生产要素驱动、投资驱动、创新驱动和财富驱动四个阶段，即随着产业结构的不断优化升级，部分地区在享受到后发优势实现快速发展后，必然会经历低端产业向外转移的过程，从而步入创新和财富驱动的高级阶段。

此外，当前我国经济发展存在的一些问题也不能回避。从发展方式看，以重化工和房地产为代表的投资拉动经济增长方式难以为继，特别是低效益的增长模式导致结构性问题不断显现。从发展环境看，我国已经走过了简单的扩大再生产

环节，而保护技术创新成果和维护市场竞争秩序的各项体制机制仍不完善，与结构优化的要求和产业层次水平不相匹配。综合来看，本轮外资的部分撤离，主因是在于外部环境变化和发展阶段转换，辅因则是内部发展方式的不合理和发展环境的不完善。

二、东亚国家[1]的FDI历史走势与相关举措

（一）整体对FDI的吸引力不减，但受国际政治经济形势等多种因素影响，流入规模及占全球比重也曾出现暂时性下降

从规模看，2000年以前，东亚FDI流入量基本呈稳步提高态势；受世界经济形势恶化和恐怖事件影响，从2001年开始连续两年大幅下降，降幅高达25%以上，直到2006年才恢复并超过2000年的水平；受国际金融危机拖累，2009年和2012年又出现暂时性下降，分别下降16.82%和7.17%，降幅比上次明显放缓。

从占比看，1994年东亚FDI流入量在全球占比达到峰值为17.11%，随着亚洲金融危机的爆发，1999年占比比峰值下降近10个百分点；此后随着东亚各国外资政策的逐步调整，占比基本逐年提高，但在2005—2007年占比出现回落，2008年以来占比在波动中有所恢复，近四年一直维持在15%左右。

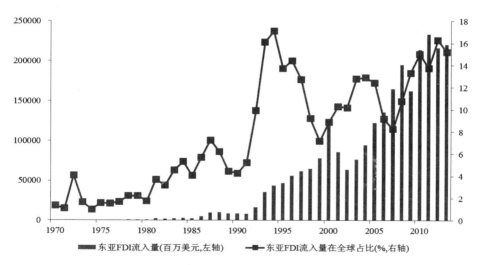

图5-2 东亚FDI流入规模及占全球比重

资料来源：联合国贸易和发展会议，赛迪智库整理，2016年1月。

---

[1] 东亚数据包括中国大陆、中国香港、中国澳门、朝鲜、日本、蒙古和韩国。

（二）主要国家 FDI 流入和流出情况表现各异，但随着发展水平的提高，会逐渐由 FDI 净流入国转变为净流出国

从发展阶段看，日本和韩国分别在 1973 年和 1995 年进入后工业化时期，中国到 2020 年基本实现工业化。从 FDI 流向看，1970 年以来，日本一直是 FDI 净流出国，且 FDI 净流出量不断扩大；1990 年以来，韩国主要是 FDI 净流出国，只在部分年份（1998—2001 年、2004 年）是 FDI 净流入国；中国一直是 FDI 净流入国，但规模明显缩小，2013 年净流入量不足峰值的 40%。

（三）主要国家 FDI 流入与人均 GDP 之间的关系表明，在人均 GDP 达到 3 万美元之前，FDI 流入量不会出现趋势性下滑

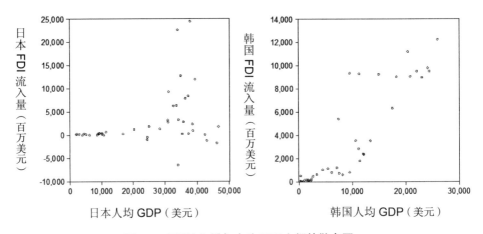

图5-3　FDI流入量与人均GDP之间的散点图

资料来源：联合国贸易和发展会议，赛迪智库整理，2016 年 1 月。

从散点图看，日本人均 GDP 在 3 万—4 万美元时，FDI 流入量达到峰值；随着人均 GDP 水平的继续提高，FDI 流入量有所下降。目前韩国的人均 GDP 还不到 3 万美元，韩国 FDI 流入量基本还呈上升趋势。从日本和韩国的经验看，对于人均 GDP 还不足 1 万美元的我国来说，FDI 流入量还有很大提升空间。

（四）东亚国家通过调整外资政策改善投资环境以吸引 FDI 流入

1994 年日本成立"对日投资会议"专门研究如何扩大外商对日投资；1997 年再次修订《外汇及外国贸易管理法》；通过税收、金融和信贷政策促进外资流入；建立中央和地方统一的引资体制，设立 5 个"促进对日投资地区"；通过减政放权提高行政效率，改善外国投资者在日生活环境等优化投资环境。

1997 年亚洲金融危机后，韩国通过大幅调整相关政策来吸引外资：1998 年实施新的《外国人投资促进法》，2002 年公布新的税收优惠政策，2013 年调整外国人投资支援制度中的相关投资促进政策，2014 年公布《促进外国人投资方案》，吸引更多跨国企业在韩国设立企业总部，提高韩国对外商投资的吸引力。

三、几点思考

（一）从短期看，应密切跟踪动向，规避大规模撤资风险

首先，要密切跟踪本轮外资撤离进展，建议分行业、分区域监测外资企业运行情况和供应链异动情况，实时汇总，并对可能产生的工业经济运行风险进行预判。其次，要针对重点地区展开专项调研工作，了解外资撤资的深层次原因，协助提供针对转股、资产处置、就业安置等问题的决策参考。最后，建议完善外资企业破产清算的相关法律法规，避免由撤资尤其是非正常撤资带来的风险，以及可能给供应商和员工带来的连带风险。

（二）从长远看，应加快产业升级，振兴制造业

首先，要加快国家层面制造业发展战略的出台和落实，从国家战略的高度重视制造业的发展，并做好相应的政策、资金和技术储备，以提振实体经济的信心。其次，针对国内产业转移趋势，给予中西部地区交通、信息等基础设施建设支持，通过投资硬环境的打造，将资金向中西部地区引导。最后，针对经历了"腾笼换鸟"的广东、江苏、浙江等东部地区，要依托自贸区、港口、欧洲干线等区位交通优势，加快高端制造业的生产布局，加大产品设计能力建设，加强数字化工厂改造，通过技术、产品和生产方式的转变提振制造业。

（三）从外部考虑，应改善投资环境，提高外资利用效益

首先，逐步放开一般制造业，放宽对投资领域的限制，通过新市场吸引新的海外投资进入，实现 FDI 的基本平衡。其次，探索除投资建厂之外的其他投资渠道和方式，降低外资参与基础设施建设、服务行业等领域的投资门槛，并鼓励外资企业技术入股本土企业或与本土企业共建研发中心，提供满足本土需求的高质量产品，实现外资的高效利用。最后，要加紧完善和出台新《外商投资法》，同时加快有关知识产权保护和维护市场竞争秩序的体制机制建设，为外资营造好的

环境。

（四）从内在考虑，应多措并举，提升本土企业实力

首先，支持本土企业做强。要充分利用好外资撤离的市场真空，梳理产业链，掌握重点领域的话语权，并解决遗留问题，建议政府对于有效衔接原有供应链、解决就业等问题的企业或项目，给予税收等优惠支持。其次，支持本土企业走出去。一方面是参与全球市场的竞争，抢占因外资撤离带来的海外市场缺失；另一方面，鼓励制造型企业在海外建厂，寻找生产要素的相对洼地。建议政府在法律保障、配套金融政策、海外投资保险政策等方面给予支持，并鼓励有关国际政策和法律研究、海外投资咨询等相关服务业的发展。

第五节　工业生产指数应成为我国重要经济指标

近年来，统计界对我国现行工业发展速度计算方法争议较大。国家统计局2014年1月16日下发的《全面深化统计改革总体方案》中提出，加快研究以工业生产指数替代工业增加值增长速度的方法。工业生产指数是国际上分析工业发展速度的重要指标，也是西方国家景气分析的首选指标。编制和推行工业生产指数，使其既符合我国国情又能更好地与国际接轨，对于完善我国工业统计指标体系具有重要意义。

一、工业生产指数已成为各国重要经济指标

工业生产指数历经近百年发展已趋成熟。工业生产指数最早由美国联邦储备局于1922年12月首次编制，英、法、德等国也在随后几年陆续编制。20世纪50年代，联合国统计委员会提出工业生产指数编制方法，并大力推动统计部门规范化编制该指数。伴随全球经济形势发展，工业生产发生巨大变化，联合国统计司工业统计专家组于2007年进一步确定工业生产指数修订办法，并于2010年发布具有国际权威性的《编制工业生产指数的国际建议》。经过近百年的动态改进和持续优化，工业生产指数编制方法日趋成熟。

工业生产指数已成为发达国家反映经济发展状况的强有力指标。工业生产指数是反映经济周期波动的重要标志，也是分析判断投资市场的主要参考指标，目前应用较成熟的有美国、英国、日本、德国等。2001—2007年，美国工业生

产指数年均增长 1.9%，2008—2009 年年均降低 7.4%，2010—2014 年年均增长 10.2%，这与美国 GDP 和工业总产值增速走势高度一致。英国工业生产指数月度数据在 2000—2007 年基本保持在 110 以上，受 2008 年金融危机影响，工业生产指数开始走低，而近几年指数回升趋势明显，表明英国经济复苏势头较为强劲。此外，加拿大、韩国、非洲国家、中国港澳台地区等也都发布了适用于本国或本地区的工业生产指数。G7 国家、欧盟、经合组织等也编制和发布了具有较强影响力的工业生产指数。可见，工业生产指数在国际上的地位举足轻重。

二、我国迫切需要推行工业生产指数

现行工业发展速度计算方法存在局限性。2002 年以来，国家统计局采用价格指数缩减法计算工业发展速度，即用报告期现行价格工业总产值乘以工业增加值率得到现行价格工业增加值，再除以报告期工业品出厂价格指数以剔除价格变动因素，得到可比价格工业增加值，并据此计算工业发展速度。从国际比较和实际效果来看，该方法存在一定局限性：第一，价格指数缩减法的核算标准和计算方法与国际上有很大差异，大大降低了我国与国际的可比性。第二，价格指数缩减法不能有效解决总量指标统计不准确的问题，严重影响工业发展速度统计的准确性。第三，工业品价格指数统计基于代表产品，总量统计基于全部工业品，统计对象的差异导致该方法存在很大误差，且影响时效性。可见，改革工业发展速度计算方法已迫在眉睫。

推行工业生产指数具有重要意义。工业生产指数法是我国工业发展速度计算方法中最主要的试行方法，是根据报告期各种代表产品产量与基期相比计算出个体指数，用衡量各种产品在工业经济中重要性不同的权数，加权计算出工业发展速度。工业生产指数法是工业产品产量的综合发展速度，其计算是基于实物量指标，而非总量指标，可有效突破价格指数缩减法的局限性。第一，工业生产指数是国际通用指标，多数国家用其反映工业发展速度，以进行国际间工业发展能力和综合国力的比较，我国推行工业生产指数有利于与国际接轨。第二，工业生产指数可以真实反映我国工业发展情况。工业生产指数可免受企业拆并、专业化生产等非生产性因素影响，并降低乡镇企业和小企业统计工作难度，有利于提高数据真实性和抗干扰性。另外，工业生产指数法时效性强，可大大节省统计工作量。因此，加快推行工业生产指数是当务之急。

我国编制工业生产指数具备坚实基础。第一，我国工业生产指数已具备一定研究基础。我国自 1994 年开始对工业生产指数法进行试算研究。1995 年，各地根据国家统计局发布的《关于改革工业发展速度计算方法的通知》开展工业生产指数试算工作。1997 年，各省市全面进入工业生产指数试编阶段。当前，工业生产指数已成为中国经济景气监测中心编制景气指数的重要构成指标。第二，我国工业生产指数编制原理与国际趋同。从代表产品物量指数看，我国采用固定样本法计算物量指数，再用间接指标法、代表系数法等进行调整，以有效反映我国产品结构变动，这与国际通用方法相似。从权数确定来看，国际上主要采用工业增加值、工业总产值等作为权数。我国工业增加值与国民经济核算体系相协调，能客观反映产品在工业经济中重要程度，因此，以工业增加值作为确定权数的依据，能切实反映我国工业发展趋势，也符合国际通用做法。

三、编制和推行工业生产指数的几点建议

促使工业生产指数与其他经济指标相融合，是指数编制的前提条件。一方面，工业生产指数是相对指标，衡量工业发展速度时较为抽象，必须引入绝对指标，将工业生产指数与 GDP、工业增加值等综合分析，才能切实反映工业经济发展情况。另一方面，工业生产指数的行业划分要切实满足国民经济核算分类体系，保证分行业工业生产指数与其他分行业指标相衔接，以全面、客观地判断行业发展趋势。

做到工业产品实物量和价值量核算相统一，是指数编制的基本要求。我国工业生产指数的计算依据是工业产品产量和产品价格或增加值，而二者统计对象的不一致增加了分行业指数编制难度。要做到实物量和价值量统计相一致，一方面，要保证各统计部门相统一，避免多部门统计，从而降低指数编制难度，提高时效性。另一方面，要保证工业产品统计分类和工业品价格和增加值统计分类相一致，以提高指数合理性。

解决好政府层级间衔接问题，是指数顺利推行的重要保障。工业生产指数必须推行到省、市、县级，一方面便于对指数进行横向和纵向对比，另一方面能加强基层单位对指数的重视程度。在指数编制原理方面，各级政府的编制依据要相一致。指数编制方法方面，要做到工业统计超级汇总和逐级汇总相结合，国家统计局直接依据企业上报的数据实行超级汇总，省、市、县级按自身需要制定产品

结构调查目录，实行逐级汇总。在指数效果评估方面，要保证工业生产指数横向和纵向均可比，实现各级指数的良好衔接。

第六节　警惕工业企业陷入"增收不增利"困境

2015年8月，我国规模以上工业企业实现利润总额4481.1亿元，同比下降8.8%，降幅比7月份扩大5.9个百分点。我国工业经济持续不景气，企业盈利能力减弱。目前，石油、煤炭、铁矿等原材料行业利润减半，国有企业经营出现了一定的困难，工业企业利润持续下滑。如何破解当前我国工业企业利润负增长困局，已经成为当前社会各界关注的焦点问题。

一、基本情况

（一）全国工业企业利润持续负增长

进入2015年，我国工业陷入"增收不增利"困境。2015年1—8月，我国规模以上工业企业主营业务收入699743.4亿元，同比增长1.3%；主营业务成本602670.7亿元，同比增长1.4%，成本上升幅度快于销售收入。核算后，每百元主营业务收入中成本为86.13元，较2015年初增加0.58元。规模以上工业企业实现利润总额37662.7亿元，同比下降1.9%（见图5-4）。我国工业企业陷入无利润增长困局。

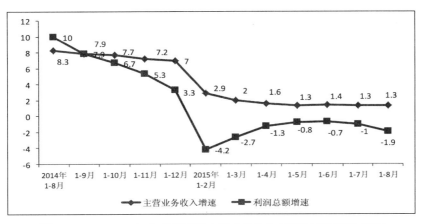

图5-4　2014—2015年各月累计主营业务收入与利润总额同比增速

资料来源：国家统计局，赛迪智库整理，2016年1月。

（二）高耗能、高污染和资源性行业盈利较差，民生消费行业保持较快增长

总体看，轻工业的企业盈利情况好于重工业。重工业中的加工行业利润情况好于采掘行业和原材料行业，其中"两高一资"重化工业的利润下滑最为明显。

原材料行业利润剧烈下降。矿产行情普遍低迷，油气、煤炭、铁矿石、有色金属等行业遭受重创。2015年1—8月，石油和天然气开采业、煤炭开采和洗选业、黑色金属冶炼和压延加工业、黑色金属矿采选业、有色金属矿采选业，五大行业利润总额同比分别下降67.3%、64.9%、51.6%、44.4%和19.9%。汽车相关行业利润低迷。汽车市场销售不景气，汽车、橡胶和塑料制品业遭受打击。2015年1—8月，汽车制造业的利润额同比下降4.5%，与上年同期22.6%的增速相比，降幅明显；橡胶和塑料制品业的利润额同比增长6.3%，增速较上年同期放缓3.3个百分点。机械行业利润不振。2015年1—8月，专用设备制造业的利润额同比下降3%，较上年同期回落5.4个百分点；电气机械和器材制造业、通用设备制造业的利润额同比分别增长12.1%和0.6%，增速较上年同期回落8.9和12.6个百分点。生活消费行业利润增幅有所加大。2015年1—8月，医药制造业、农副食品加工业、酒饮料和精制茶制造业的企业利润额分别增长13.2%、11.7%和10.9%，增速较上年同期加快0.4、7.5和10.6个百分点。

（三）私营企业保持稳定增长，国有企业利润降幅最大

在宏观经济由高速增长转入中高速增长后，我国经济进入"三期叠加"的调整阵痛期，不同所有制企业的表现差异较大。其中，私营企业利润情况表现较好，外商投资企业利润保持小幅增长，集体企业利润微幅下降，国有控股企业利润降幅最大。

2015年1—8月，私营企业实现利润总额13319.4亿元，同比增长7.3%，该类企业经营效率较高，债务风险控制较好。同期，产成品存货周转天数12天，资产负债率为52.5%，均在各类企业中表现最好；外商及港澳台商投资企业实现利润总额9313.4亿元，同比增长0.7%；集体企业实现利润总额299.2亿元，同比下降0.3%，资产负债率为62%，为各类企业的最高值；股份制企业实现利润总额25282.6亿元，同比下降1.7%；国有控股企业降幅最大，实现利润总额7564.2亿元，同比下降24.7%，同期主营业务收入利润率为4.94%，应收账款平均回收期达39.5天，均在各类企业中表现较差。

二、原因分析

（一）大宗商品价格暴跌拖累国内原材料行业

受全球经济持续低迷、美元走强、能源供给能力持续增强等因素影响，原油价格下跌直接带动全球大宗商品价格走弱，拖累了国内原材料行业。我国经济增长放缓，大宗矿产品需求增长有限。据海关统计，2015年1—8月，原油、铁矿砂、煤炭进口价格分别下跌45.3%、43%、20.5%，国际大宗商品价格已跌破国内企业生产成本线，煤炭、铁矿石等企业停产，压制了原材料行业的利润空间。

（二）外贸下降导致企业利润下滑

全球经济增长动力减弱，我国外需短期内难以复苏，工业企业订单减少、利润下滑。据海关统计，2015年1—8月，我国进出口总值15.67万亿元（人民币），同比下降7.7%。其中，出口8.95万亿元，下降1.6%；进口6.72万亿元，下降14.6%。同时，汇兑损失使财务费用增长较快。受人民币汇率波动影响，部分外向型企业汇兑损失明显增加，对传统出口产品贸易冲击更大，使其财务费用明显上升，2015年8月份，规模以上工业企业财务费用同比增长23.9%。

（三）工业投资边际效应加速递减

长期以来，我国粗放的经济发展方式导致了高端产业发展不足，低端产业相对过剩。随着国内要素成本上升，以及全球其他新兴经济体所形成的替代效应，国内投资收益率日益下降。同时，多年来地方政府以土地要素的垄断供给来引导投资，土地财政和抵押借债的财政方式使得地方政府债务风险加大，从而抑制了新增投资，工业企业的投资回报率下降。比如，湖北省"十二五"期间，前四年全省的工业投资回报率分别为56.3%、48.6%、48.8%、42%，呈现逐年下降态势。

（四）产能过剩影响工业盈利增长

一是新兴产业领域存在大量重复建设。近年来，地方在工业项目选择和建设方面重复率较高，产业雷同情况严重，比如风电、多晶硅、光伏等产业。二是低端产品产能过剩，导致企业产成品存货增加，传统产业产能闲置问题严重，主要表现为过度投资和层次过低的投资所导致的产能过剩，比如，煤炭、水泥、电解铝等行业产能闲置超过了30%。

（五）人力成本上升限制工业利润增长

一是人工工资保持增长。劳动力成本的持续上升已经成为长期趋势。自2005年以来，我国工业行业工资总额年平均增速为21%，高于销售收入和现价工业增加值增速；2014年工业行业工资总额约为3.7万亿元，占整个主营业务成本的4%左右，高于2013年3.5%的水平。二是社保支出扩大，加重了企业缴费负担。随着各地社保缴费基数不断上涨，企业为职工缴纳的"五险一金"已超过平均工资40%，个人缴纳部分超过20%。

三、对策措施

（一）减税、降费、降低社保费用支出等多项财税政策并举，扶持企业渡过难关

一是对经营出现一定困难的原料行业进行税收扶持。2015年1—8月，全国煤炭开采和洗选业、黑色金属冶炼和压延加工业的主营收入利润率仅为1.5%和0.8%，大幅低于社会融资成本。建议采取暂时扶持政策，研究煤炭、钢铁、原油等资源税减征和企业所得税优惠政策，出台具体执行政策，开展减量计征；考虑将部分原材料行业纳入到固定资产加速折旧优惠范围，允许缩短折旧年限或采取加速折旧方法，促进企业技术改造。二是进一步落实结构性减税和普遍性降费。继续深化"营改增"，推进增值税转型，促进产业结构升级优化，加强对生产性服务业的扶持力度，促进企业加强研发和技术引进。进一步落实普遍性降费和费改税工作，降低企业费用负担，进一步为企业尤其是小微企业减负添力。三是适当降低社保费用支出。现阶段"五险一金"已占到工资总额的40%左右，建议临时性调低企业社保征缴费率或者基数，降低企业负担。

（二）适度放宽货币政策，降低企业资金使用成本

一是降低企业融资成本。2015年8月，全国居民消费价格指数（CPI）同比上涨2%，建议继续宽松货币政策，采取降息和下调存款准备金等形式，降低企业融资成本，鼓励金融企业放贷。二是保持人民币币值基本稳定。相关部门应研究汇率政策，将人民币汇率波动保持在一个稳定区间内，避免人民币汇率大幅波动。

（三）推进基金等金融创新，扩大企业融资渠道

一是设立扶持工业企业转型升级的产业投资基金。尝试采用风险投资模式，

增强重大关键性项目和具有良好发展前景企业的孵化培育能力，重点关注智能制造、"互联网＋"等前沿领域，以工业云、大数据等互联网思维，投资和改造制造业，投资科技创新、技术改造、产业转移等项目。二是鼓励银行业金融创新，提供差异化服务，支持重点领域重大工程建设。三是提出加快发展融资租赁和金融租赁，为中小微企业提供融资服务，更好地服务实体经济。四是扩大人民币跨境结算规模，加强银行、企业间合作，加快推出避险产品，帮助中小企业减少汇兑损失。

（四）加快落后产能淘汰，加速技术升级改造

一是强化政策约束机制。制定和完善相关行业落后产能界定标准，加强对企业能耗限额标准和安全生产规定的监督检查，发挥差别电价、资源性产品价格改革等价格机制，提高落后产能企业的能源、资源、环境、土地使用成本。二是支持产能国际输出。借助"一带一路"战略，向境外转移产能，放宽产能过剩类别的境外投资项目的外汇、税收管理，研究提高境外利润留成比例等政策，境外收益不缴纳企业所得税。三是完善政策激励机制。中央财政利用现有资金渠道，统筹支持各地区开展淘汰落后产能工作，支持企业升级改造，统筹安排技术改造资金，支持符合国家产业政策和规划布局的企业，运用高新技术和先进适用技术，对落后产能进行改造。

（五）发展混合所有制经济，提高国有经济活力

结合国企改革，推进企业兼并重组，发展混合所有制经济。针对不同类型企业，综合施策，分类、分层推进国企混合所有制改革，加快推进非公有资本投资主体可通过出资入股、收购股权、认购可转债、股权置换等多种方式，参与国有企业改制重组或国有控股上市公司增资扩股，以及企业经营管理。

第七节　如何走出工业物流"短板"困境？

在我国全社会物流总额中，工业品物流始终是构成主体且占比不断上升。有关数据显示，20世纪90年代初工业品占物流总额比例为70%，至2013年该比例已上涨至91.8%，可以说，工业物流的发展决定了物流业的整体水平。与此同时，工业物流在工业生产中扮演的角色也日益重要，与工业生产各环节紧密相连，甚至已成为推动工业发展方式转变和产业结构升级的重要突破口。我国如何加快走

出工业物流"短板"困境，以充分保障生产要素在各领域实现高效配置，值得我们深入思考与积极探索。

一、当前工业物流领域存在的主要问题

（一）物流成本高企且效率偏低

受人工成本上涨和流通领域各项费用高企的影响，我国工业物流成本居高不下。首先，物流行业属于劳动密集型行业，人工成本上涨必然会显著推高物流成本。数据显示，2013年我国物流从业人员劳动报酬同比增长10.9%，提高了3.8个百分点；在物流业务收入中，物流从业人员劳动报酬占比也呈逐年上升趋势，2013年该比值达到9.0%，比2012年提高了0.8个百分点。其次，不合理的超前布局也在一定程度上推高了物流成本。前些年，为了拉动经济增长而将大量资金投资于各种基建项目，但这种超前性的基建布局未能与经济发展相适应。为了尽快消化前期不合理的基建布局，保持投资收益率，流通领域中的各种费用必然不断上涨。自2010年以来，保管费用和管理费用增速始终高于运输费用增速。快速增长的成本背后并非服务质量的提升，而是超前投资带来的高建安成本[1]。最后，物流信息技术相对落后、企业管理费用过高也是推高物流成本的原因之一。目前，我国多数物流企业主要采用条码技术等低端技术，2011年约80%的工商企业拥有此项技术，运用其他技术如ASS（自动分拣系统）和RFID（无线射频识别）的工商企业比重仅占15%左右。由于物流信息技术相对落后，我国物流企业管理费用占比远高于美日等发达国家。

（二）物流服务专业化能力不足

首先，物流外包比例整体偏低且行业间存在较大差距。工业物流正在由"小而全，大而全"向"主辅分离，服务外包"的方向发展。有关数据显示，2013年工商企业外包物流运输量同比增长11.6%，运输业务委托第三方已占到企业运输业务的79.6%。但制造业的外包物流比例依然较低，约为60%左右，美、日等发达国家这一比例均超过了70%。从不同行业看，各行业物流外包发展程度也有明显差异。在几个重点行业，除了汽车、造纸印刷行业的外包率超过70%外，其他如钢铁、医药、农副食品等行业的物流外包率均处于较低水平，电气机械行

---

[1] 建安成本是建筑安装工程成本的简称，包括建材费、人工成本、机器使用费、水电线路安装费等。

业仅为40%多[1]。其次，低端物流服务环节仍是主流。目前，我国大多数物流企业仍是从事低端物流服务的中小物流企业，组织规模较小，综合效益低，服务同质化严重，低成本和价格竞争仍是这类企业的主要关注点。由于企业在低端、粗放、高耗、离散的物流功能上消耗了过多精力，其专业化和服务化水平偏低，也难以满足制造企业对"采购—生产—销售"一体化的要求。在我国2013年物流业的收入结构中，占比最大的为运输收入（约为60%），而一体化物流业务收入占比仅在10%左右，信息及相关服务收入占比仅为1%。这表明，提供简单运输服务和仓储服务的辅助性生产活动依然是多数物流企业的主体业务，而物流信息服务、成本控制、流通加工等物流增值服务环节依然缺失。

（三）工业物流生态圈尚未形成

首先，物流基础依然薄弱。我国物流能力与工业产能匹配度不够，两者协同发展能力较弱。一直以来奉行的"重生产，轻流通"理念致使工业物流生态明显失衡。部分地区由于工业布局缺乏合理的配套物流服务，工业企业在原材料和成品运输上需要支付高额的物流成本，压力巨大。其次，缺少成熟高效的物流服务平台。物流服务平台是工业物流生态圈的重要组成部分，在降低社会物流成本、为制造业提供优质服务方面发挥着重要作用。但目前我国物流平台发展混乱、质量参差不齐。对于有物流需求的工业企业，找到信用度高、性价比合理的平台依然比较困难。最后，物流商业模式发展相对滞后。我国只有少数物流公司加强了业务集群和商业模式创新，但多数却依然沿用传统、单一的发展模式，不利于工业物流生态圈的形成。

二、工业物流"短板"对工业发展的不利影响

（一）从宏观层面看，工业物流成本高企将削弱工业经济发展效率

中国物流与采购联合会发布的《中国采购发展报告（2014）》显示，2014年我国社会物流总费用已高达10.3万亿元，物流成本明显偏高。长期以来，我国物流成本占GDP的比重基本保持在20%，约为美、日等发达国家水平的两倍。2012年，我国GDP中物流总成本占比18%，美国仅为8.5%。其中，运输成本为9.4%，美国仅为5.4%。当前发达国家制造业回流潮的兴起，除了受劳动力成本

---

[1] 行业物流外包比率部分年度数据缺失，因此该值并非特定年份之值，为2008年以来各行业非空数据的均值。

明显上涨的影响外，与我国不断高企的物流成本也有很大关系。综合考虑油价、过路费以及运输网络等基础设施的配备情况，美国某些地区的物流成本已经低于我国。例如，位于美国南部的印第安纳州，凭借其天然的区位优势和完备的基础设施，已成为此次美国制造业回流主要的受益地区之一。工业物流成本长期居高不下，势必会弱化我国工业的软实力，并在一定程度上制约我国工业经济发展。

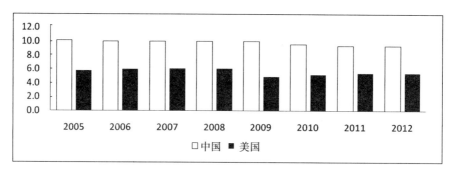

图5-5　中美运输成本GDP占比对比（%）

资料来源：Wind 数据库，赛迪智库整理，2016 年 1 月。

（二）从产业层面看，物流专业化能力不足导致行业间发展不均衡

随着专业化分工的发展与深化，物流业与制造业的有效融合，以及这一趋势下所产生的专业化经济[1]，将有助于工业企业降低成本，提高生产效率与竞争力。数据显示，在几个主要行业中，汽车行业的服务外包比率高达 82%，其运输成本为 48%；农副食品行业服务外包比率为 57%，运输成本高达 58%。在这两组数据中，农副食品行业的服务外包比率低于汽车行业 25 个百分点，其运输成本则高出汽车行业 10 个百分点，即物流外包比率与运输成本在一定程度上成反比关系。这表明，当前物流外包程度水平偏低不利于专业化经济的形成，同时也成为行业发展不平衡的原因之一。

---

[1]　专业化经济：指劳动生产率随专业化水平的上升而提高的规律现象。

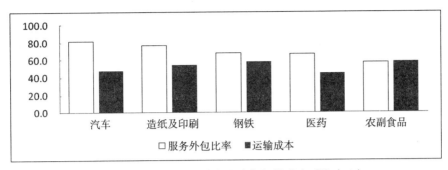

图5-6　不同行业服务外包比率与运输成本对比（%）

资料来源：Wind 数据库，赛迪智库整理，2016 年 1 月。

（三）从企业层面看，低端物流服务模式会引发企业综合竞争力的恶化

低端、粗放式的物流服务模式对工业企业有着不利影响。信息化管理滞后、物流数据信息的缺失或传递不及时，会导致工业大宗商品物流周转速度慢、资金占用多且库存比例过高。以钢铁行业为例，2014 年，黑色金属矿采选业的企业平均流动资产周转次数仅 2.2 次，钢铁企业铁矿石与产成品库存量明显上升，黑色金属矿采选业产成品存货同比平均增长 14%，显著高于 2013 年 7% 左右的增长水平。资金周转速度和产成品库存是判断企业盈利能力的重要指标，周转速度缓慢与库存占用比例高企，会导致企业流动资金出现严重沉淀，企业不得不进一步补充流动资金实现周转，这在客观上就造成了资金浪费，弱化了企业的盈利能力和综合竞争力。因此，物流增值服务特别是物流方案设计及一体化物流服务的缺失，将影响工业企业获取超额利润的能力，给企业生产经营带来较大压力。

三、走出工业物流"短板"困境的几点思考

（一）强化政府科学规划引导作用

建立促进物流业发展的政府管理机制，强化组织保障。支持有关各方加强跨行业与跨区域合作，打破不同地区、行业之间的割据，实现资源整合。重视物流产业的统筹规划，加强有利于物流产业发展的政策研究。与工业物流发展特点相结合，建立科学的工业物流产业体系，提高物流产业供应链的运行效率，降低不断上涨的工业物流成本。将工业结构调整与物流管理水平提升相结合，实现物流业与工业的联动、融合发展。

（二）促进工业企业物流的社会化

鼓励工业企业剥离重组物流业务，加速推进工业物流外包进程，促进工业企业物流的社会化和专业化。物流企业要加大物流设备的投入，提高专业性，使第三方物流发挥更加充分的作用。通过兼并重组，培育一批技术先进、业务突出、竞争力强的现代物流企业，淘汰规模小、服务功能单一、经济效益低下、分散的小型物流企业，推动产业集群加快发展，打造有利于物流企业发展的市场竞争环境。

（三）推进第四方物流等高端服务发展

首先，工业企业要加强供应链管理，并在此基础上建立公共信息服务平台，有效促进工业企业和物流企业之间的信息、资源共享。其次，物流企业要加强技术改造，利用规模不断扩大的制造业外包趋势，切实融入工业企业生产的前期采购、订单环节，从取送货阶段融入至生产阶段，为工业企业提供流程优化、周转灵活、物流费用率低的高质量物流服务。再次，积极推进第四方物流发展，为制造业和物流业双方提供物流规划、咨询、物流信息系统、供应链管理等高端增值服务。借助第四方物流的专业化服务，物流企业在保持运输、仓储、联运等传统业务的基础上，向上延伸业务链，实现由传统物流企业向现代物流企业的转型。最后，应发展物流金融服务，将丰富的金融工具引入到供应链业务活动中，实现物流服务与金融服务相互融合，通过金融服务模式创新有效缓解企业资金压力。

（四）培养本土物流产业所需人才

在物流人才培养上，采取订单式人才培养模式。通过加强"产学研"之间的合作，重点培养与我国本土物流产业和市场需求相适应的物流人才。同时，应积极开展国际交流与合作，利用多种方式打造沟通平台，借鉴先进的国际物流专业技术和物流经营理念，促进我国物流产业发展。

第八节　IT企业能否引发汽车领域的"鲶鱼效应"？

近期，苹果公司要生产汽车的消息受到各界广泛关注，有人认为这将带来汽车行业的"鲶鱼效应"，因为以往苹果公司每次创新，都会颠覆相关产业的既有格局。近年来谷歌、腾讯等国内外IT企业纷纷进入汽车领域，试图颠覆传统的汽车业商业模式，寻求新的盈利点，并以此建立其生态系统。目前，各界对IT

企业进入汽车领域的看法不尽相同,IT企业能否成为颠覆传统汽车发展模式的"鲶鱼"？面临哪些机遇和挑战？这些问题值得思考。

一、IT企业进军汽车行业的主要模式

一是依托信息及通信优势,通过实时收集、处理大量数据,创新商业模式。如微软以 8.1 车载系统为基础开发 Windows in the Car,以期实现车载系统、手机和人互联；华为与东风、长安等企业开展合作,为汽车提供触摸屏和操作系统；百度"Car Net"车联网与奔驰、宝马、沃尔沃、丰田等企业合作开发语音系统,优化路线规划、导航等功能；腾讯路宝通过将汽车和腾讯云服务互联,为用户提供车辆诊断、油耗分析等用车检查服务。

二是联合传统汽车企业,切入智能交通领域,借助强大的信息平台,打造互联网生态系统。如腾讯、富士康、和谐汽车签订战略合作框架协议,三方将开展"互联网＋智能电动车"领域的创新合作；易到用车、奇瑞、上海博泰集团合作搭建共享平台,共同开展基于互联网思维的纯电动汽车制造、销售和租赁；乐视与北京汽车联合推出"SEE 计划",并宣称将垂直整合汽车互联网生态系统；阿里巴巴与上汽集团在"互联网汽车"及相关应用服务领域开展合作,共同打造"互联网汽车"及其生态圈；谷歌联合全球多家传统和非传统供应商,计划在 2020 年前推出无人驾驶汽车。

多数 IT 企业进入汽车领域是以为汽车企业提供信息技术服务为主,部分进入智能汽车生产环节的 IT 企业也是通过联合传统汽车制造企业实现其"互联网＋汽车"战略。对于未来 IT 企业在汽车领域如何发力,是自行制造汽车,还是以互联网平台为基础进行研发设计,制造过程交给传统供应和制造商,IT 企业都在做出不同的选择。

二、IT企业进军汽车领域面临的机遇和挑战

机遇一：汽车业转型升级,"智能化"成为新方向。随着技术不断成熟、增值服务不断创新、消费者对智能汽车的认知提高,汽车行业将迎来新一轮产业升级。智能化将实现人车互联,汽车不再是普通的交通工具,而且能够借助辅助、自动等智能驾驶技术解决疲劳驾驶、行驶中通信以及残疾人驾驶等问题,减少交通事故。在麦肯锡发布的《展望 2025：决定未来经济的 12 大颠覆技术》中,智能汽车位于第 6 位,并预计其在 2025 年的潜在经济影响将达到 0.2 万亿—1.9 万亿

美元。

机遇二：产业融合加快，"互联网＋"催生新业态。当前信息技术日新月异，互联网、云计算、物联网、大数据等与众多产业相互融合渗透，"互联网＋"将成为创新驱动的新动力。"互联网＋汽车"能够将汽车所产生的数据实时传输到数据库平台，利用大数据分析进行整合利用，带动汽车业和相关产业融合，并衍生出新的产业和模式。虽然对于 IT 企业能否主导汽车的研发制造，各界有不同看法，但 IT 企业涉足汽车业的大趋势已经到来，未来"互联网＋汽车"将给汽车业带来新的变革。

挑战一：投资规模巨大，产业配套要求高。汽车的生产成本较高，一个具有规模效益的制造工厂就需投资多达数十亿元，制造、销售等环节也都要投入大量资金，投资回收期较长，智能汽车更是难以在短期内见到效益。此外，汽车的产业配套要求远较 IT 产品复杂，配套企业要提供超过 1 万个零部件，而且供应链管理要求也较高。特斯拉 CEO 埃隆·马斯克也宣称制造汽车非常困难。

挑战二：制造过程复杂，标准严格。汽车工业非常复杂，产业的整合难度较大，而且 IT 企业缺乏汽车领域的设计、制造经验，需要多长时间才能完成汽车业所需的技术、硬件和产业链整合是 IT 企业必须面对的问题。此外，汽车制造还必须满足许多硬性规定和标准，能否快速全面地了解并适应汽车行业的标准和规则，也是 IT 企业必须要面对的问题。

可见，IT 企业进军汽车领域，一定会带来行业颠覆性的改变，尤其是在安全性能提升和智能化驾驶方面会带来革命性的突破。但是要想成为"鲶鱼"，IT 企业还任重道远，传统车企尤其是大的车企并不是"沙丁鱼"，甚至可能是"鲨鱼"。如何走向融合，将成为一段时期内两大行业共同面对的问题。

三、思考和建议

构建智能汽车生态产业链。在我国传统汽车领域优势不太明显的情况下，要依靠 IT 企业的平台优势，再搭配传统汽车企业在生产、销售上的布局，抢先构建智能汽车的生态产业链，联合互联网、硬件、软件、汽车、服务等领域的企业，结合自身优势，按照产业发展规律，并强化符合发展趋势的产业分工定位。建议由政府主导搭建以鼓励模式创新为主的技术和融资平台，并以专项资金形式给予联合创新模式支持。

倒逼传统汽车企业创新发展。IT 行业的创新快于汽车，许多创新甚至是颠覆性的，而"互联网＋汽车"也是当下全球创新的重要方面。汽车企业如果不加大创新力度，抢占新技术革命的制高点，将会被 IT 企业主导，最终成了一个代工企业。建议车企加强"互联网＋"领域的管理培训、加强创新投入，加速"互联网＋汽车"的融合。

加快"互联网＋汽车"示范应用。在政策扶持和技术进步的助推下，"互联网＋汽车"发展迎来重大机遇，建议政府尽快出台支持智能汽车发展的政策，开展示范应用工作，鼓励企业积极探索互联网与汽车相互融合、制造与服务过程相互渗透的发展模式与路径，营造良好的产业发展环境，引导企业共同将智能汽车市场做大做强。

第九节　对日本发展服务型机器人的思考

人口老龄化、劳动力不足现已成为全球面临的共同问题。在这一背景下，机器人制造大国纷纷将目标市场锁定在服务型机器人领域。2015 年 1 月 23 日，日本政府公布的《机器人新战略》提出，未来将在制造业、服务业、医疗护理、公共建设和农业领域大力推广机器人的应用。日本机器人产业的未来发展目标不仅在工业机器人领域，而且更注重服务型机器人的生产和应用，将发展服务型机器人产业视为经济增长的推动力，更加注重营造有利于推广应用的创新环境，并通过制定标准争夺该领域的控制权。

一、日本《机器人新战略》的出台

（一）出台背景

一是全球人口老龄化问题凸显。联合国经济和社会理事会发布的预测数据显示，到 2050 年，全球 60 岁以上老年人的数量将在 2013 年 8.41 亿的基础上再翻一番。2014 年 9 月，国际评级机构穆迪发布报告称，到 2020 年，将有 13 个国家和地区进入超老龄化阶段。许多国家正在步入出生率低、老龄化严重的社会，共同特征是出现了劳动人口减少、劳动力不足、社会保障费用支出过大等问题。在这一背景下，亟须以机器人来代替价格越来越高的劳动力。不难看出，机器人产业将得到前所未有的发展空间，在"服务业"与"医疗护理"中应用的机器人将占据相当大的市场份额。

二是发达国家纷纷致力于研究服务型机器人。一方面，欧美等国家和地区已经将互联网、物联网应用到传统机器人产业，使得机器人更加智能化、自律化、网络化和信息终端化。另一方面，机器人的研究也从工业机器人向服务型机器人转移。比如，美国已致力于将为军队伤病员开发的机器人假肢和小型无人侦察直升机等技术转为民用；欧盟则启动了全球最大的民用机器人研发项目，到2020年将投入28亿欧元用于医疗、护理、家务、农业和运输等领域机器人的研发。

三是发展中国家机器人领域发展迅速。我国在"智能制造装备产业发展规划"中，制定了2020年工业机器人销售额增长10倍的目标。为了推动我国工业机器人产业的发展，并促进工业机器人的广泛应用，2014年12月，中国机器人产业推进大会暨首届中国工业机器人峰会在广州成功举办，国际机器人联盟主席Arturo Baroncelli在峰会上表示，中国、东南亚和印度将成为未来工业机器人增长最显著的区域。

（二）面临的国内形势

在主要零部件供给和研究、生产与应用等环节，日本机器人产业在全世界处于领先位置，并一直保持"机器人大国"的地位，主要应用领域集中于汽车与电子制造产业。但近年来，日本也面临着人口老龄化、自然灾害频繁发生等社会及环境问题，以及工业领域国际竞争力下降等经济问题。

一是人口老龄化严重。日本属于高速步入出生率低、老龄化严重的国家，也是最早出现劳动人口减少，劳动力不足、社会保障费用支出过大等社会问题的发达国家。相关数据显示，截至2013年10月1日，日本65岁以上老年人口超过3190万人，占到人口总数的25.1%（老龄化率），创下了历史最高纪录。与之相对应，劳动人口持续减少，已从8000万减少到7901万。社会保障费用支出在2012年度曾高达108.5568万亿日元，接近国民收入的30%。

二是自然灾害频繁发生。近年来，由于日本地理位置的关系，地壳比较活跃，导致地震、火山等自然灾害频发。同时，日本的社会基础设施老化严重、社会系统整体亟待完善等社会问题也十分突出。

三是国际竞争力下降。在工业领域，以制造业为例，日本的国际竞争力不断下降，附加值也在不断降低，在过去20年间至少损失了20万亿日元。为了追求低成本运营，不少行业过度依赖于海外生产转移。尽管从长远角度看，保持经济的国际竞争力需要扩大海外市场。但提升国内招商引资的吸引力，也是日本面临的一项重要课题。

综合目前内外部的困境，日本政府已经意识到，如果不推出战略规划对机器人技术加以积极推动，将直接威胁到日本作为机器人大国的地位，同时国内市场也可能被欧美企业抢占。

（三）出台经过

一是"经济成长战略"的提出。2014年6月，日本政府的"经济成长战略"提出，到2020年，制造业领域的机器人市场规模翻一番，非制造业领域要扩大至20倍。同时，日本政府还设立了由专家学者组成的"机器人革命实现会议"，制定五年发展计划，并定于在东京举办奥运会的2020年举行机器人奥运会，届时向世界展示日本最先进的机器人技术。

二是"机器人革命实现会议"的举行。2014年9月，日本"机器人革命实现会议"的首次会议在首相官邸举行。会议提出了放宽限制，以促进机器人在医疗、看护、农业及建筑工地等领域的应用，将发展机器人产业作为经济增长的新引擎。会议决定于年内制定出2020年五年发展计划，力争解决劳动力不足、提高生产效率和实现机器人普及等问题。会议提出，到2020年，日本官民联合将向机器人关联项目投资1000亿日元，把机器人市场规模扩大至2.4万亿日元，相当于现在的4倍。

三是《机器人新战略》（下称"战略"）的发布。2015年1月23日，日本政府公布了《机器人新战略》，提出了日本机器人发展的三大核心目标，即"世界机器人创新基地""世界第一的机器人应用国家""迈向世界领先的机器人新时代"。该战略还指出，在制造、基础设施、服务、工程建设、医疗护理、自然灾害应对和农业等领域，都将确定2020年的战略目标与行动计划，并逐项落实。此外，机器人的应用潜力还很大，比如，机器人在娱乐领域的应用，可以创造出新的价值；机器人在航空航天领域的应用，将完成以往人类难以完成的在极限状态下的工作。该战略还指出，应当进一步扩大机器人技术应用，向更多领域推广其技术开发成果。

二、日本发展机器人的经验

（一）从大型机器人向"易用性"机器人转变

在过去几年，日本机器人产业主要集中于汽车和电子制造领域，生产能够嵌入到大规模生产线中的工业机器人，以大型的、用于焊接与喷漆的生产线专用机器人为主。在《机器人新战略》中，机器人将被更多地应用于食品、化妆品、医药等行业，以及更广泛的制造领域、适合各种各样应用环境的服务领域。日本还计划大力研发更小的、应用广泛的服务型机器人，尤其注重发展能适用于中小企业、家庭、服务领域的高性价比"易用性"机器人。机器人的发展领域将实现从工厂到日常生活的转变。

（二）通过标准控制服务型机器人话语权

从工业机器人时代开始，日本就一直注重通过标准国际化来掌握产业的话语权，通过专利申请来抢占和主导市场，而且多数都是企业行为。在服务型机器人领域，日本也在坚持标准的国际化，2013年9月，国际标准化组织（ISO）在医疗机器人领域采用的标准就是由日本主导，在《机器人新战略》中，日本依然将积极推进标准的国际化作为重要任务。下一步，日本还计划在部分领域推进与欧洲标准的统一。

（三）注重营造有利于推广应用的创新环境

日本成立"机器人革命促进会"，协调各相关机构明确各自职责，共享进展情况，共同推进机器人新战略。同时，不断建设具有开创性和前沿性的新机器人技术应用的实验环境，既能保障机器人实验所需的充分空间，又能保证不受现有制度约束，吸引国内外机器人领域的优秀人才。同时通过专项支持服务型机器人的应用，比如护理机器人，2013年5月，日本经济产业省确定"机器人护理器械开发与引进促进事业"的第一批共24个项目，2013年度的预算额达到23.9亿日元。

三、我国如何发展服务型机器人

（一）加大对服务型机器人产业技术研发的支持力度

近年来，我国在机器人领域发展迅速，不管是机器人的生产还是应用都有了长足的提升，但相对集中在低端领域，而且绝大多数都是工业机器人，在服务型机器人细分领域发展动力不足。相比于工业机器人，未来服务型机器人的创新空间和应用空间更大，在服务型机器人起步阶段，我国就应重视这一市场，加大对服务型机器人在技术研发、产业孵化、应用推广领域的支持力度，以争夺服务型机器人发展的主动权。

一是设立服务型机器人产业研发投入补贴专项资金，鼓励龙头企业加强技术研发，对于医疗、护理、运输、生活服务等市场需求大的领域，给予研发资金支持。二是设立技术攻关目录，鼓励在中文语言识别和提取、多模式人机交互、传感器、远程精准控制系统、信息安全等领域的研发突破，抢占技术高点。三是加强政策扶持，出台优惠的财税政策，对服务型机器人技术孵化项目给予相应税收减免；搭建融资平台，做好技术、项目、资金方面的对接，给予有相关专利或技术突破的企业以资金保障。

（二）通过试点示范项目引导服务型机器人应用

一是研究出台关于服务型机器人产业的试点示范专项行动和实施方案，通过专项行动降低服务型机器人的试用门槛，让更多人尤其是机构，能够以低成本体验服务型机器人，进而带动服务型机器人在特定行业的应用。二是要通过专项抓好一批效果突出、带动性强、关联度高的典型应用示范工程，壮大一批实力强的服务型机器人企业，带动企业的品牌建设。

（三）营造有利于服务型机器人产业发展的创新环境

一是以政府引导、龙头企业主导的形式，加快服务型机器人细分领域标准的建设，为创新和市场推广打下基础。二是建立健全有助于服务型机器人创新激励、推广应用、有序竞争的政策体系。建立产需对接的长效机制，通过发布供需信息、供需现场对接、工艺技术培训等工作，促进服务型机器人产业发展。三是研究制定服务型机器人产品推荐目录，鼓励需求者采用自主品牌机器人，提升自主品牌的市场认知度。

第十节 "工业4.0"的根基：德国技术创新战略及启示

目前，世界主要发达国家纷纷将发展战略重心转移至制造业，德国提出"工业4.0"战略，美国提出先进制造业计划，我国推出"中国制造2025"，制造业重新成为各国竞争的主战场。与其他国家不同的是，德国的"工业4.0"计划建立在其完善的技术创新战略基础上，这使"工业4.0"具备了更为坚实的基础。在当前我国产业转型升级的关键时期，充分借鉴德国技术创新战略的成功经验，对我国建设制造业强国具有重要意义。

一、德国制造业技术创新战略概况

加强顶层设计，促进产业集群发展。一是制定创新战略，明确创新路线。2010年德国政府推出《高科技战略2020》，旨在加强科技与产业间的协作能力，同时为基础和应用研究制定框架，"工业4.0"正是其中十大未来项目之一。该战略为交叉领域的科技研发提供150亿欧元资金支持，提高了科技在制造业的广泛适用性。二是促进产业集群发展，提高创新积极性。由于意识到创新通常发生在研究机构、企业和大学聚集的地方，德国教育部曾于2007年举办了"尖端集群竞赛"，每18个月选拔出5个产业集群，并提供4000万欧元的资金用于鼓励足以影响整个供应链的核心科技。集群的溢出效应大大调动了各部门研发积极性。研究表明，参与这项竞赛的中小企业致力于研发的概率大大提高。此外，中央政府鼓励创新的举措也会带来地方政府的研发资金支持。例如，参与尖端集群竞赛的两个集群也曾得到巴伐利亚州经济、基础设施、交通和技术部的资金支持。

政产学研用协同合作，夯实技术创新基础。一是加强基础研究，积极打造创新平台。德国有大量的基础研究机构为产业创新提供基础支撑。这些机构包括综合、理工类大学及霍兹联合会、莱布尼茨协会等国家级研究中心，研究内容遍及能源、航空、医疗科学、新材料等方面。相关研究不仅为工业新技术的研发提供了坚实的理论基础，同时也为政府的补助政策提供前瞻参考。二是高度重视应用研究，注重将科研成果转化为商业生产。德国的技术创新体系最大的特点就是非常重视应用研究，并涌现了一些著名的应用研究机构。例如，作为欧洲最大的应用科学研究机构，弗劳恩霍夫研究所每年承接6000—8000个产业项目，研究成果遍及集成电路、微电子、新材料等领域，MP3等众多发明都是其研究的成果。此外，德国工业联合会还联合政府部门为企业和研究中心"牵线搭桥"，通过宣传和咨询服务帮助企业与基础或应用研究机构及时有效对接，提高企业的研发效率。

制定创新激励政策，助推技术创新。一是中央政府着力扶持中小企业创新，降低企业创新风险。联邦政府通过中小企业创新核心项目（ZIM）为中小企业研发提供直接资金补贴。对落后地区和雇员少于250人的企业提供高额补贴，单笔补贴上限高达35万欧元。整个项目资金可支撑中小企业约55%的研发活动以及50%的咨询服务。二是地方政府不断创新鼓励研发的政策工具。地方政府层面的资金主要用于促进大学、研究机构和企业的联合创新。巴伐利亚州经济、基础设施、交通和技术部就通过新能源发展项目、微系统技术项目、信息和通信技术项目等为联合创新提供资金支持。此外，一些州政府为雇员少于 50 人的公司提供创新券（Innovation Vouchers），可用于抵消企业向公共研发中心或私营研发部门支付的研发费用。每张创新券面值 2500 至 6000 欧元不等。截至 2013 年 3 月，有约 2600 家小企业向州政府申请创新券，其中 2000 家获批。

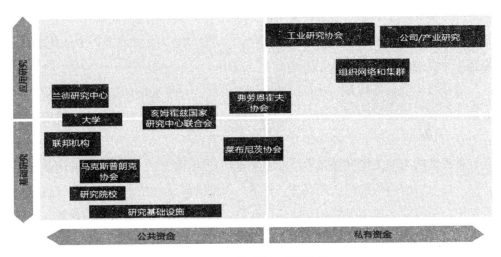

图5-7　德国研发体系概览图

资料来源：赛迪智库整理，2016 年 1 月。

"双元制"人才培养计划，增强高技能劳动力储备。"双元制"教育是一种学校与企业密切结合的特殊人才培养模式。主要有三个特点：一是理论与实践结合，培养学生综合能力。"双元制"模式下，理论知识与实际操作能力、技能训练和职业培训并重，学生能够综合掌握专业技能、团队合作等职业素养，更具市场适应性和竞争力。二是培训具有针对性，企业与学生共同获益。企业根据需要提供培训项目，学生在培训结束后即可入职，减少了公司在劳动力市场的选择时间和成本。学生在真实的生产环境中学习技能，更接近工作需求，有利于激发学习积极性。三是具有灵活性。"双元制"教育与公司、协会、研究机构和政府部门等密切联系，可根据产业内职业需求的改变做出迅速调整。

二、借鉴及启示

加强技术创新引导，引发企业创新动力。一是完善技术创新引导政策。参考德国经验，贯彻落实"中国制造2025"规划中的"创新驱动"方针，完善中央政府、地方政府鼓励技术创新的政策体系和制度环境。二是加强政府研发投入。目前我国研发支出占GDP比重为2.09%，在加大研发投入的同时，要注重提质增效，同时吸引地方政府资金和社会资本投入，根据地区特点培育具有核心竞争力的产业集群，提高研发效率。三是构建协同创新服务平台。通过公共服务平台，规范服务标准，开展技术研发、评价、标准制定、质量认证、人才培养等专业化服务，为企业研发提供基础服务。

健全技术和创新体系，扶持制造业创新发展。一是支持自然科学、社会科学等基础研究。基础研究具有探索性、创造性、继承性、微利性等特点，政府资金应更多向基础研究倾斜，鼓励研究机构投身于基础研究，攻克对产业竞争力提高具有重要影响力的关键共性技术。二是注重产业应用研究，加快技术的商业成果转化。加大对应用研究的资金支持，打造一批商业转化和技术应用能力较强的科研机构，引导社会成本参与和支持应用研究，鼓励企业与应用机构的合作，共同促进创新技术的成果应用。三是完善创新成果信息共享平台。整合企业、大学及行业协会资源，提高信息和资源的普及度及便利化，及时分享交流新技术及新成果；加强国际间交流与合作，吸收国外先进的技术及管理理念。

提高职业教育水平，加大高端制造领域人才培养力度。一是改革职业教育，加强校企合作。借鉴德国"双元制"教育经验，改革职业教育理念，建立企业与学校定期沟通机制，企业传达最新技术应用及需求信息，为职业教育课程设置提供方向和指导；学校加强教学与企业技能的紧密对接，推动"订单式"培养，增加学生的实习机会。二是加快职业教育人才培养。针对目前我国用工热点，加强对职业教师的培养，注重引进高级研发人员以及技术人员，增加我国制造业"高、精、专"人才的储备。

行 业 篇

第六章　全国工业发展面临的问题

　　2008 年金融危机之后，美欧日等发达国家深陷危机，中国成为新的世界经济增长"引擎"。在持续多年快速发展后，中国经济发展步入新常态，全国工业发展面临的问题和挑战逐渐增多。2015 年，从国际环境来看，全球经济呈现深度调整，欧美制造业回流，发达经济体整体上呈缓慢复苏，新兴经济体呈现两极分化格局，总体上全球需求疲软态势短期内难以扭转，我国依靠外需提振工业增长的空间有限。从国内环境来看，我国面临经济下行和人民币贬值的双重压力，国内有效需求不足，隐形矛盾将逐渐显露，表现在传统产业转型难、产能过剩加剧、企业杠杆率高企、企业盈利能力减弱、僵尸企业众多等问题。总体来看，产能过剩是我国工业发展目前面临的主要挑战，工业对经济的拉动作用递减，服务业将成为经济发展的新引擎。

第一节　工业经济增长内生动力不足

一、有效需求对经济增长贡献不足

　　从消费规模来看，2015 年我国社会消费品零售总额 300931 亿元，扣除价格因素后实际增长 10.70%，比 2014 年同期低 1.3 个百分点。2016 年 1—2 月份，社会消费品零售总额 52910 亿元，实际增长 9.6%，增速进一步下降。

　　从工业增速来看，2011 年以来，我国全部工业增加值增速不断下降，持续低位运行，由 2012 年的 7.9% 降至 2014 年的 7.0%，且在 2015 年首次跌破 7.0%。2015 年 12 月，规模以上工业增加值同比实际增长 5.9%，增速较 11 月份回落 0.3 个百分点。总体来看，2015 年仍然面临着工业产品市场需求不足的问题，制约了我国工业经济增长。

二、民间资本投向工业动力不足

从工业民间投资增速来看，2015 年 1—12 月我国工业民间固定资产投资增长 10.1%，增速较 1—11 月份降低了 0.15 个百分点，分别比 2012 年、2013 年和 2014 年低 14.7 个、13 个和 8 个百分点。

从工业占民间投资比重来看，民间固定资产投资中，工业占比 50.1%，较 2014 年有所改观，上升了 0.3 个百分点，但仍然比 2012 年、2013 年分别下降 1.2 个和 0.3 个百分点。

随着我国工业企业盈利能力减弱，部分投向工业的民间资本转向金融、互联网等领域，中小工业企业融资问题更加困难，严重延缓了工业企业技术升级和结构调整进度。

三、工业出口持续低迷，人民币贬值对出口的改善作用有限

2015 年，以美元计，我国外贸出口比 2014 年下降 2.8%，六年来首次出现负增长，出口对我国经济的拉动作用明显乏力。

2015 年以来，人民币对美元持续贬值。尽管人民币贬值对我国一般贸易出口有一定推动作用，然而在全球需求疲软之际，大幅贬值反而会带来大量资本出逃，使金融风险大幅上升并引起消费萎缩。

随着美国制造业回流，德国提出"工业 4.0"战略目标，发达国家正不断对先进制造业加大投入，我国制造业面临激烈的竞争局面。要素成本攀升不断推高我国制造业生产成本，产能和出口订单逐渐向东南亚、南亚等地区转移，外需对我国工业经济的拉动作用呈现逐渐减弱趋势。

第二节　区域产业结构调整步伐缓慢

一、区域产业结构雷同

受到历史因素、行政划区和地方利益等影响，我国东部地区存在比较严重的产业结构同质化问题，很多省市的发展战略定位严重趋同，工业转型升级路径十分接近。以长三角地区为例，江苏和上海在地区产业结构的相似系数达到 0.82，上海与浙江的相似系数为 0.76，浙江与江苏的相似系数高达 0.97，产业结构高度

趋同。以珠三角为例，深圳、广州、珠海、肇庆、佛山、江门、惠州7市排名靠前的产业大都是电器、电子、服装、纺织、非金属制品、食品加工等。在城市产业战略规划方面，许多城市追求全产业链发展和"大而全"的产业布局，城市间缺乏应具有的整体配合与体系化分工协作关系。总体来看，区域工业结构同质化导致的产能过剩等问题已成为产业转型升级的难题。

二、产业结构层次不高

我国多年来重工业化的主导产业倾向导致许多省市产业层次不高，大多都以传统劳动密集型产业和资源型产业为主，高新技术产业整体规模不大。山西、河北、河南、内蒙古等地区产业结构水平相对落后，主要仍以原盐、原油、煤炭、钢铁、玻璃等资源型产业为主导，产品附加值低，技术含量不高。总体来看，随着我国工业的不断开放，产业逐渐融入全球价值链，但产业层次总体仍然偏低，处于价值链的低端，产品附加值不高，工业结构"小而散"的问题明显，市场竞争力不强，距工业强国的目标仍有较大差距。

第三节　部分行业产能过剩问题突出

一、重点领域去产能成效不甚显著

近年来，国家化解产能过剩的决心和力度日益增大，已经成为工业结构调整的常态化机制。从实际结果来看，化解产能过剩的成效不甚显著，尤其是在钢铁、水泥、LED、化工、光伏、风电设备等领域，依然面临巨大的化解产能过剩压力。主要原因有：一是在国内经济面临较大的下行压力背景下，部分地方政府为了完成经济增长目标和保证市场份额，给予个别产能过剩企业政策优惠，影响化解产能过剩的步伐。二是面对经济下行压力，个别地方政府仍然盲目地以鼓励投资来拉动经济增长，导致大量资金继续流入产能过剩行业。三是近年来我国部分新兴产业出现一拥而上的重复建设，使产业出现低端产品严重过剩，高端产品依赖进口的局面。

二、清退"僵尸企业"面临巨大挑战

受到我国既有体制性因素影响和周期轮回影响，我国"僵尸企业"问题严重。数据显示，目前我国存在266家"僵尸"上市公司，其中以钢铁、有色、纺织、船舶、石化、机械、水泥、煤炭等为代表的传统制造业公司有 197 家。这些"僵尸企业"仅能依靠银行支持和政府照顾勉强生存，不仅经济效益较差，还浪费了大量的土地、资源、劳动力等优质资源。"僵尸企业"是国企改革环节中的重点攻坚领域，然而其清退工作面临重重困难。一是僵尸企业的资产变现较难，难以覆盖改革成本。二是僵尸企业负债较高，资金缺口巨大。三是企业清算过程面临较多历史遗留问题的阻碍。四是清退僵尸企业带来的失业和增长放缓使得经济面临较大的通缩风险。

第四节　工业企业经营形势依然严峻

一、企业销售疲软，盈利能力减弱

从销售情况来看，2015 年 11 月份，工业企业产品销售率为 97.4%，比上年同期下降 0.2 个百分点，产销率连续三个月回落，工业企业产品销售困难。

从盈利情况来看，2015 年全国规模以上工业企业实现利润总额 63554 亿元，比上年下降 2.3%；实现主营活动利润 58640.2 亿元，比上年下降 4.5%。2015 年规模以上工业企业实现主营业务收入同比增长 0.8%，比上年同期降低了 6.2 个百分点。2015 年，我国工业企业利润持续负增长，企业陷入"增收不增利"的困境。

二、企业杠杆率上升，债务风险攀高

从 2008 年至 2015 年，中国的非金融企业债务占 GDP 的比重从当年的 98.7% 上升至 2015 年的 163.1%，上升的幅度十分迅速。在盈利下降的状况下，我国工业企业面临着债务率继续上升的压力，企业债务带来的风险也愈加显著。

从资产和负债情况来看，2015 年工业企业负债总额比 2014 年增长 5.6%，资产负债率为 56.2%，已经逼近 60% 的警戒线，企业面临的资金问题更加严峻。

从亏损企业情况来看，2015 年全国亏损工业企业 49264 万家，比 2014 年多 6294 家；工业企业累计亏损额为 9115.5 亿元，同比增加 31.1%，企业债务违约风险扩大。

三、企业创新能力有所提高，但仍然较弱

从企业研发投入情况来看，2015 年，我国研发投入强度 2.09%，连续三年突破 2%，基本符合我国经济发展的要求，但与发达国家 3%—3.5% 的水平还有一

定差距。我国规模以上工业企业研发投入约占销售收入的 0.9%，而发达国家企业的这一比例平均为 2%。

从科研成果转化情况来看，2015 年我国发明专利申请受理量增速接近 20%，申请受理量达到 110.2 万件，发明专利申请在全部专利申请中的比例达到 39.4%，但这一比例仍然偏低。另外，我国当前科研成果转化率仅为 10%，与发达国家 40% 的水平相比相差甚远。另外，我国很多企业的创新主要集中在跟踪和模仿上，导致工业品的品质和附加值相对偏低。

第七章 工业细分行业发展质量整体评价与分析

第一节 指标体系的构建

由于行业和地区是衡量经济发展的不同维度，在 22 个地区工业发展质量评价指标中，有部分指标不适于行业评价，如地区工业发展质量评价指标体系中的结构调整类指标便不适合行业比较。同时，由于指标体系的构建具备可比性、可获取性等原则，而资源环境、两化融合和人力资源的大部分指标较难收集，加之受行业自身特点影响，这几类指标对于行业之间的比较意义有限。因此，为突出行业之间的特色性和差异性，本章选取地区发展质量评价指标体系中的速度效益和技术创新两大类共计八项指标，对 2014 年全国各工业行业发展质量进行评价。2011 年国家统计局将工业细分行业调整为 41 个，但开采辅助活动、其他采矿业和废弃资源综合利用业 3 个行业的部分指标缺失，故最终参与评价的行业共计38 个。具体评价指标如下表所示。

表 7-1　2014 年 38 个工业行业速度效益、技术创新类指标

	速度效益				技术创新			
	工业增加值增速（%）	工业总资产贡献率（%）	工业成本费用利润率（%）	工业主营业务收入利润率（%）	工业R&D经费投入强度（%）	工业R&D人员投入强度（%）	单位工业R&D经费发明专利数（件/亿元）	工业新产品占比（%）
总计	8.3	13.69	6.52	13.25	0.84	2.65	25.93	12.91
煤炭开采和洗选业	2.50	8.40	4.75	16.11	0.50	1.09	3.94	2.96
石油和天然气开采业	3.50	28.85	44.38	37.39	0.74	3.70	10.24	0.21
黑色金属矿采选业	10.60	15.73	10.04	98.45	0.10	0.42	40.72	0.57

（续表）

	速度效益				技术创新			
	工业增加值增速（%）	工业总资产贡献率（%）	工业成本费用利润率（%）	工业主营业务收入利润率（%）	工业R&D经费投入强度（%）	工业R&D人员投入强度（%）	单位工业R&D经费发明专利数（件/亿元）	工业新产品占比（%）
有色金属矿采选业	7.40	17.08	10.29	16.66	0.32	0.74	5.33	2.04
非金属矿采选业	7.80	20.67	8.60	17.40	0.19	0.66	22.72	1.27
农副食品加工业	7.70	16.66	5.39	10.35	0.31	0.98	18.54	3.87
食品制造业	8.60	20.22	9.24	19.45	0.55	1.39	24.43	5.68
酒、饮料和精制茶制造业	6.50	20.46	11.53	22.61	0.60	1.44	11.78	6.42
烟草制品业	8.20	84.28	28.81	19.34	0.23	1.69	43.93	16.98
纺织业	6.70	15.86	5.95	10.72	0.46	1.16	15.18	11.26
纺织服装、服饰业	7.20	18.01	6.76	14.18	0.35	0.62	16.14	8.11
皮革、毛皮、羽毛及其制品和制鞋业	6.20	21.56	7.37	13.68	0.29	0.52	14.19	5.86
木材加工及木、竹、藤、棕、草制品业	9.50	23.89	7.13	12.96	0.25	0.71	20.17	3.57
家具制造业	8.70	16.69	6.86	15.06	0.37	0.94	29.55	7.00
造纸和纸制品业	6.50	10.29	5.61	12.96	0.71	1.64	15.33	11.39
印刷和记录媒介复制业	10.00	17.12	8.76	15.93	0.51	1.28	24.89	7.59
文教、工美、体育和娱乐用品制造业	13.60	17.83	6.00	11.89	0.44	1.06	32.70	7.03
石油加工、炼焦和核燃料加工业	5.40	21.25	0.20	4.46	0.26	1.71	9.86	6.97
化学原料和化学制品制造业	10.30	12.22	5.58	12.80	0.90	3.65	22.69	12.24
医药制造业	12.30	17.73	11.29	28.25	1.67	6.02	32.33	18.42
化学纤维制造业	8.50	9.04	4.12	9.17	1.05	3.79	12.49	22.13
橡胶和塑料制品业	8.60	15.02	6.70	13.33	0.76	2.03	21.79	9.69
非金属矿物制品业	9.30	15.32	7.74	14.44	0.43	1.35	22.96	4.53
黑色金属冶炼和压延加工业	6.20	6.97	2.44	7.81	0.86	2.82	9.87	10.82
有色金属冶炼和压延加工业	12.40	9.54	3.29	7.69	0.64	2.84	11.54	11.58
金属制品业	11.60	13.93	6.27	12.40	0.69	2.24	23.05	8.81
通用设备制造业	9.10	12.97	7.05	15.32	1.32	4.35	25.34	16.25
专用设备制造业	6.90	11.19	6.90	15.34	1.55	4.89	33.07	17.55
汽车制造业	11.80	19.12	9.76	15.50	1.16	4.43	14.89	26.81

（续表）

	速度效益				技术创新			
	工业增加值增速（%）	工业总资产贡献率（%）	工业成本费用利润率（%）	工业主营业务收入利润率（%）	工业R&D经费投入强度（%）	工业R&D人员投入强度（%）	单位工业R&D经费发明专利数（件/亿元）	工业新产品占比（%）
铁路、船舶、航空航天和其他运输设备制造业	12.70	8.48	6.23	13.31	2.35	5.56	17.85	31.29
电气机械和器材制造业	9.40	13.06	6.51	14.58	1.38	4.31	33.96	24.12
计算机、通信和其他电子设备制造业	12.20	10.71	5.21	11.45	1.63	4.54	41.71	31.31
仪器仪表制造业	9.40	14.99	9.35	18.94	2.02	6.83	46.12	21.18
其他制造业	5.20	11.73	6.41	13.78	0.72	1.67	37.39	7.97
金属制品、机械和设备修理业	12.10	6.85	4.46	13.57	1.19	3.18	20.52	14.65
电力、热力生产和供应业	2.20	8.31	7.82	11.93	0.11	0.75	141.69	0.37
燃气生产和供应业	16.50	9.61	8.59	12.52	0.11	0.70	8.10	0.30
水的生产和供应业	7.40	3.60	8.68	23.98	0.30	0.46	24.26	0.65

资料来源：《中国统计年鉴2015》，赛迪智库整理，2016年1月。

第二节　38个行业发展质量评价

由于各个行业之间存在各自特性，因此权重的确定不宜有明显差距。不同于地区发展质量评价，行业发展质量评价的八个指标取相等权数，通过计算截面指数来综合判断各行业的速度效益和技术创新水平。

需要说明两点，一是由于行业发展特点不同，行业之间的部分指标并不具有绝对可比性。二是本书的行业发展质量比较旨在找出相对差距，最终目标并非排名。根据行业发展质量的评价指标体系，利用等权处理方式，计算2014年全国38个工业行业发展质量指数及分类指数，得到结果见表7-2。

表 7-2 2014 年 38 个工业行业发展质量截面指数、分类指数及排名

	指数			排名		
	速度效益	技术创新	发展质量	速度效益	技术创新	发展质量
煤炭开采和洗选业	3.84	4.65	8.50	38	31	38
石油和天然气开采业	21.93	10.54	32.47	3	20	10
黑色金属矿采选业	24.51	3.48	27.99	2	34	14
有色金属矿采选业	11.11	2.75	13.86	20	37	35
非金属矿采选业	11.64	3.13	14.76	16	36	32
农副食品加工业	9.08	5.07	14.15	29	30	33
食品制造业	12.72	8.50	21.22	10	24	20
酒、饮料和精制茶制造业	11.99	8.02	20.01	15	25	21
烟草制品业	27.82	13.62	41.44	1	13	5
纺织业	8.29	8.96	17.25	31	21	28
纺织服装、服饰业	9.75	6.11	15.87	26	29	31
皮革、毛皮、羽毛及其制品和制鞋业	9.53	4.48	14.01	28	32	34
木材加工和木、竹、藤、棕、草制品业	12.62	4.24	16.86	11	33	30
家具制造业	11.00	7.62	18.62	22	26	25
造纸和纸制品业	7.46	11.33	18.79	33	19	24
印刷和记录媒介复制业	12.86	8.83	21.69	8	22	19
文教、工美、体育和娱乐用品制造业	14.80	8.51	23.31	7	23	17
石油加工、炼焦和核燃料加工业	5.53	6.69	12.22	35	28	37
化学原料和化学制品制造业	11.05	17.30	28.34	21	11	13
医药制造业	17.32	29.58	46.90	4	4	3
化学纤维制造业	8.09	21.45	29.54	32	9	12
橡胶和塑料制品业	10.38	12.28	22.66	25	16	18
非金属矿物制品业	11.48	7.14	18.62	18	27	26
黑色金属冶炼和压延加工业	5.10	13.76	18.86	36	12	23
有色金属冶炼和压延加工业	11.14	13.03	24.17	19	15	16
金属制品业	12.59	12.05	24.64	12	18	15
通用设备制造业	10.87	22.87	33.73	24	8	9
专用设备制造业	8.63	26.44	35.07	30	6	8
汽车制造业	14.97	25.42	40.39	6	7	6
铁路、船舶、航空航天和其他运输设备制造业	12.82	36.29	49.11	9	1	1

（续表）

	指数			排名		
	速度效益	技术创新	发展质量	速度效益	技术创新	发展质量
电气机械和器材制造业	10.89	27.05	37.94	23	5	7
计算机、通信和其他电子设备制造业	12.19	32.49	44.68	14	3	4
仪器仪表制造业	12.57	35.47	48.04	13	2	2
其他制造业	6.88	12.07	18.95	34	17	22
金属制品、机械和设备修理业	11.57	18.78	30.35	17	10	11
电力、热力生产和供应业	3.88	13.28	17.16	37	14	29
燃气生产和供应业	16.88	1.02	17.89	5	38	27
水的生产和供应业	9.54	3.25	12.79	27	35	36

资料来源：《中国统计年鉴2015》，赛迪智库整理，2016年1月。

整体来看，2014年，全国38个工业行业中，工业发展质量排在前5位的分别是铁路/船舶/航空航天和其他运输设备制造业、仪器仪表制造业、医药制造业、计算机通信和其他电子设备制造业、烟草制品业，工业发展质量指数分别为49.11、48.04、46.90、44.68和41.44。除烟草制品业以外，其他4个行业发展质量较高主要是得益于较高的技术创新水平，技术创新指数均处于全国前4位。而烟草制品业由于具有较高的速度效益水平，其发展质量水平也相对较高。需要说明的是，医药制造业的综合实力较强，技术创新指数和速度效益指数均位于各行业第4位，也印证了其高技术产业的战略地位。

位于38个行业发展质量后5位的行业分别是煤炭开采和洗选业、石油加工炼焦和核燃料加工业、水的生产和供应业、有色金属矿采选业、皮革毛皮羽毛及其制品和制鞋业，工业发展质量指数分别为8.50、12.22、12.79、13.86和14.01。从分类指数来看，除有色金属矿采选业的速度效益指数位于第20位以外，其余各行业的速度效益指数和技术创新指数均位于各行业下游水平，排名在25位以后。

从行业分布特点看，运输设备、仪器仪表、医药、计算机等高端制造业的发展质量较好，而石化、矿采选等传统高耗能行表现较差，纺织服装等劳动密集型产业的发展质量也表现不佳，表明传统行业速度效益和技术创新依然面临着严峻的形势，工业转型升级任重道远。

第八章　重点行业发展情况[1]

第一节　钢铁

受宏观经济形势下滑，房地产和基础设施施工量下降影响，2015年我国钢材需求持续疲软，市场行情整体表现较差，由此导致钢铁企业大面积亏损，全行业投资额回落。目前，受新环保法的实施影响，环境成本大幅上升，整体看钢铁行业景气程度大幅下降，企业面临着需求萎缩与资金链紧张的双重压力。

一、行业运行情况

1. 钢铁行业减产，粗钢产量30多年来首降

随着中国城镇化高峰已过，全国钢材消耗增长量下降，钢材需求量以及粗钢产量都将持续下降，中国钢铁业将进入"减量发展"阶段。国家统计局公布数据，2015年中国粗钢产量8.03亿吨，同比下降2.3%。钢材需求和企业开工的双下降，中国钢铁产业的生产和消费告别了持续三十多年的高速增长，均将进入"十三五"峰值弧顶下行区间。

2. 钢材出口保持高速增长，进口持续回落

钢铁下游行业普遍低迷，出口成为缓解国内钢铁供需矛盾的重要渠道。2015年中国共出口钢材11240万吨，同比增长19.9%。但国外对中国钢材出口的"双反"调查案件越来越多，部分国家陆续启动保护性关税，对我国的钢材出口形成一定的压力。此外，随着中国钢铁企业竞争力增强，逐步实施进口替代战略，钢

---

[1] 本章全部数据来自国家统计局、工信部发布的行业运行报告以及各行业协会。

材进口量近年来一直保持回落态势，2015年，我国进口钢材1278万吨，同比下降11.4%。

3. 行业亏损幅度加大

目前，我国粗钢产量持续下降，钢铁行业产销已入峰值平台区，行业产能过剩，企业效益下滑。中国钢铁工业协会统计，2015年重点统计钢铁企业实现销售收入28890亿元，同比下降19.05%；实现利税 –13亿元、利润 –645亿元，由盈转亏。亏损面50.5%，同比上升33.67个百分点。

4. 社会库存大幅减少，钢厂库存处于高位

2015年钢材价格持续下降，经销商降低库存量，12月，全国22个城市5大类品种钢材社会库存环比继续下降，其中热卷库存下降幅度较大，线材库存上升幅度较大，钢材市场库存总量682.47万吨，比上月减少下降6.52%。下游经销企业存货意愿下降，钢铁企业库存量持续在高位运行，据中钢协统计，2015年12月份中钢协会员企业钢材库存量为1434万吨，同比增加19.6%。

5. 行业固定资产投资呈大幅下降趋势

受国家严控钢铁产能、清理过剩建设项目政策影响，钢铁行业固定资产投资项目审批严格，同时行业亏损降低了企业的投资意愿。据国家统计局数据，2015年黑色金属冶炼和压延加工业固定资产投资总额累计4257亿元，同比回落11%。

二、存在的问题

1. 房地产、汽车等行业产销疲软，用钢需求增长乏力

中国经济结构转型，由投资带动型转变为消费需求和服务驱动型，主要用钢行业中，房地产行业疲软，2015年全国房屋新开工面积154454万平方米，下降14.0%。目前，北京、上海、深圳、广州等一线城市土地和住房供给仍然偏紧，房价持续上涨，但三、四线城市房地产市场却呈现出土地供给和住房供给双松的局面，温州、鄂尔多斯等地的房价大幅回落，影响建设施工。汽车行业疲软，产销增长速度告别高速增长时期，2015年全国汽车产量2483.8万辆，同比增长2.7%。

2. 钢铁产能庞大，化解任务重

中钢协预测，2016年中国钢铁产量将下降至7.83亿吨，目前，现有钢铁产能12亿吨，化解过剩产能成为钢铁产业结构调整的重要任务。产能严重过剩成为我国经济运行中的突出矛盾和诸多问题的根源，加剧市场恶性竞争，造成行业亏损面扩大、企业职工失业、银行不良资产增加、能源资源瓶颈加剧、生态环境恶化等问题，直接危及产业健康发展，甚至影响到民生改善和社会稳定大局。目前，国家落实产能置换政策，严格执行环保标准，中小型钢企出现关停潮，但总体看钢铁产业供过于求的局面仍将维持相当长时间，化解过剩产能推进工作难度大。

3. 钢材出口遭遇国际贸易诉讼，形势不乐观

近年，我国钢材产品出口量保持平稳增长，出口单价持续走低，遭遇反倾销案件逐渐增多。2015年上半年中国钢材产品涉及58起反倾销、反补贴和贸易保障措施，同比增加12起，其中美国对中国发起贸易摩擦最多，达11起，澳大利亚、欧盟位列第2、第3位，分别为9起、7起，欧美等国家频繁对中国钢材产品实行反倾销。

4. 企业停产情况频现，行业亏损面扩大

由于钢铁行业需求低迷，产能过剩严重，钢企面临着持续亏损的局面。2015年，中小钢铁企业陆续停产甚至关闭工厂成为行业普遍现象，如7月无锡锡兴特钢宣布停产；11月河北唐山淞汀钢铁厂正式宣布停产；12月杭州钢铁宣布该公司位于半山生产基地的400万吨钢铁工厂关停。

5. 环保形势严峻，要求企业加大节能减排力度

"十三五"期间，我国将继续推进工业化进程，同时更加重视生态文明建设，要求我国摆脱高耗能、高排放的粗放模式，随着新修订《环保法》已于2015年实施，执法严格程度前所未有，超标排放等环境违法行为将受到"按日计罚、上不封顶""治安拘留、刑事责任"等处罚，提高企业违法成本。目前看，钢铁企业执行污染物排放新标准，河北省等产区的排污费翻番，迫使企业加快节能减排技术的升级和推广，降低吨钢综合能耗和主要污染物的排放量。

第二节　汽车

在内部消费疲软、国际市场需求下滑的影响下，2015年我国汽车行业整体呈现高库存和低利润的发展态势，但自主品牌汽车在SUV销量大幅增长带动下，国产自主品牌乘用车的全国市场份额有所上升。同时，在限购、限行等和补贴等

政策的推动下，新能源汽车产量大幅上升，但总体看占比依然较小。

一、行业运行情况

1. 汽车产销量进入新常态

连续多年保持高增长后，我国汽车市场正式进入微增长的新常态，2015年我国汽车产销分别完成2450.33万辆和2459.76万辆，比前一年分别增长3.3%和4.7%，总体呈现平稳增长态势，产销增速比前一年分别下降4和2.2个百分点。当前，我国汽车市场进入快速普及期，产销量的基数规模庞大，但增速开始放缓，全社会汽车保有量以每年超过2000万辆的增量保持增长。

2. 小排量乘用车的销量增长明显

2015年，乘用车销量首次超过2000万辆，增速达到了7.3%，增速高于汽车总体2.6个百分点。从政策方面看，9月底出台的购置税新政对汽车市场的全线回暖起了重要作用，2015年1.6升及以下乘用车销售1450.86万辆，比上年同期增长10.38%，高于乘用车整体增速，占乘用车销量比重的68.6%。

3. 车联网和智能汽车概念在行业中兴起

"互联网+"在传统行业引发变革，车联网概念兴起，互联网企业跨界造车成为资本市场最新的宠儿，互联网和智能化成为汽车产业的新驱动力。2015年以来，蔚来汽车、乐视汽车、阿里汽车、前途汽车等新兴企业相继诞生，互联网企业的巨头纷纷开启互联网造车之旅，智能汽车渗入到汽车业的各个环节，其中，奔驰、沃尔沃、特斯拉等在内的各大车企推出自动驾驶技术，智能汽车联通了IT、交通、汽车等领域，已经成为汽车发展的未来新趋势。

4. 商用车产销量双双下降

2015年，商用车产销分别完成了342.39万辆和345.13万辆，同比下降了9.97%和8.97%。分车型来看，受客运市场增长带动，客车产销量整体呈现增长态势，主要表现为旅游客车的增长，而长途汽车则受高铁影响出现产销下降。货车受国家排放标准提升的影响也出现产销下降的现象。

5. 新能源汽车产销增长迅猛

在中央政府多项新能源汽车发展政策鼓励下，北上广深等大中城市纷纷推出政策扶持，推动全国新能源汽车产销量大幅增长。中汽协会数据显示，2015年新能源汽车生产 340471 辆,销售 331092 辆,同比分别增长 3.3 倍和 3.4 倍。其中,纯电动汽车产销分别完成 254633 辆和 247482 辆,同比分别增长 4.2 倍和 4.5 倍。

二、存在的问题

1. 汽车产销量增长放缓

我国汽车平均保有量明显低于经济发展水平,有巨大的刚性需求空间。但目前环保、交通的压力过大,部分大城市限购限行,我国汽车产销量结束了持续十年的快速增长,增速明显放缓,2015 年我国汽车销量直接由高速增长转入中高速增长,市场发展进入新常态,未来,我国汽车产业发展更多依靠创新驱动,智能制造将成为未来汽车市场的主要驱动力。

2. 新能源车发展瓶颈待突破

中央和地方政府出台和实施新能源汽车的相关行业政策和行业标准,新能源汽车示范城市增至 89 个,随着政策体系进一步完善,新能源汽车市场继续保持高增长态势。特别北京、上海等一线城市,受免费牌照以及免购置税、不限行等各项优惠政策的影响,新能源汽车的市场接受度高,目前作为新能源车销售核心区域的"限购城市"占到全国新能源车销量的 67%。但新能源汽车发展面临的充电桩建设滞后、动力电池技术发展不足、整车技术水平有待提升等困扰行业发展的难题。

3. 自主品牌溢价低,利润率低

近些年,中国自主品牌汽车取得了较快发展,市场占有率、自主创新能力均有较大的发展,部分核心零部件的开发能力已经达到世界先进水平。但自主品牌汽车所面临的形势依然很严峻,低价格成为自主品牌汽车发展的共有特征,低利润也成为自主品牌厂商占领市场份额的重要手段,由此造成自主品牌的溢价低,比欧美的车型品牌溢价要低 10%—20%,比日本要低 5%,低溢价率造成低附加值,不能形成有效的利润以支撑企业研发,导致企业的抗风险能力弱,自主品牌汽车的研发和营销水平难以提高。

第三节　电子信息

一、行业运行情况

1. 电子信息制造业保持较快增长

电子信息产业作为战略型、支柱型、先导型产业，在全国产业发展中居于较高水平，2015 年，规模以上电子信息制造业增加值增长 10.5%，高于同期工业平均水平（6.1%）4.4 个百分点。

2. 软件业收入保持较高速度增长

2015 年，我国软件和信息技术服务业实现软件业务收入 4.3 万亿元，同比增长 16.6%。其中，信息技术服务增长较快，包括在线软件运营服务、平台运营服务、基础设施运营服务等在内的信息技术服务实现收入 22123 亿元，同比增长 18.4%，增速比前一年提高 1.7 个百分点。

3. 电子信息产品进出口量下降，软件业出口增长

受全球电子消费景气度下降影响，我国电子信息产品外贸量萎缩，2015 年电子信息产品进出口总额达 13088 亿美元，同比下降 1.1%；其中，出口 7811 亿美元，同比下降 1.1%，占全国外贸出口比重为 34.3%。进口 5277 亿美元，同比下降 1.2%，占全国外贸进口比重为 31.4%。贸易顺差 2534 亿美元，与上年基本持平，占全国外贸顺差的 42.7%。

4. 行业投资保持高速增长

2015 年，规模以上电子信息制造业 500 万元以上项目完成固定资产投资额 13775.3 亿元，同比增长 14.2%，增速比前一年提高 2.8 个百分点，其中电子计算机行业完成投资增长 30.6%，成为全行业投资增速最快的领域。2015 年电子信息制造业 500 万元以上新开工项目 9614 个，同比增长 19.8%，增速比前一年提高 18.8 个百分点。

二、存在的问题

1. 产能过剩凸显阶段性结构性矛盾

作为全球消费电子产品制造大国，中国近年来不断加大电子信息行业的投

资力度，将投资投向平板显示等产业，同时政府也出台一系列产业扶持政策。但在国内面板生产线投产后，全球面板需求开始出现趋缓态势。根据调查机构 HIS DisplaySearch 的数据显示，2015 年第二季度出货量估值同比下降 1.4%。2015 年全球面板市场呈现走低态势，面临较为严重的结构性产能过剩，在全球范围内电子信息产业正处于一场深刻变革之中，新技术和新业态也不断涌现，主要行业企业的转型升级难度加大，一些行业结构性产能过剩的矛盾更加凸显。

2. 智能核心技术受制于人

"十三五"时期，推动电子信息与传统领域融合创新，以智能制造为主攻方向，大力发展智能工控系统、工业机器人等核心技术产品和智能装备系统，加快提升生产过程数字化、网络化、智能化能力，推进生产线柔性改造和智能工厂建设，提升产业支撑国家战略保障能力。但电子信息产业的核心技术开发还需进一步提高，在许多高技术、高附加值的电子信息产品生产领域，还未达到国际领先水平。仍有一部分电子信息重点产品的核心技术还没有完全掌握，如集成电路一直是中国最主要的进口商品之一，对外依存度达 90%。

3. 产业结构亟待升级

从世界电子信息产业发展趋势看，新业务、新产品、新工艺层出不穷，推动产业结构升级。虽然我国电子信息产业在规模上位居世界前列，但企业技术含量方面与国外顶端企业的差距仍然很大，产业存在代表性产品增长乏力、智能手机市场竞争无序、芯片代工企业技术差距拉大等突出问题，在产品出口结构中，低端类的电子产品占据重要的出口份额，如家电类产品。

第四节　机械工业

一、行业运行情况

1. 行业固定资产投资同比增速回落

2015 年以来，机械工业经济运行面临较大困难，主要经济指标增速回落，凸显了行业形势的严峻。2015 年机械工业累计完成固定资产投资 4.9 万亿元，同比增长 9.7%，增速低于全社会固定资产投资 0.3 个百分点，高于制造业 1.6 个百分点，与前一年机械工业的增幅相比回落了 3 个百分点，增速已连续四年回落。

2. 机械工业增加值小幅上升

中国机械工业联合会公布，2015年全行业工业增加值同比增长5.5%，其中国家统计局统计的64种主要机械产品中，产量增长的仅有18种，占比为28.1%，产量下降的有46种，占比为71.9%。目前，国内经济结构在快速调整，二产比重趋降，三产比重上升，机械工业，正在由以前主要服务于投资活动逐渐转向更多地关注和挖掘消费、民生和信息化、节能减排等领域的需求，与消费、民生、节能减排、产业升级密切相关的产品产量保持增长，大型投资类产品、产能严重过剩的普通机械产品产量下降较大。

3. 智能制造开启机械工业的新发展机遇

国家推动制造业转型升级，"中国制造2025"确定了智能制造作为主攻方向，近年我国制造业信息化建设步伐加快，自动生产线、智能车间、现代物流等对机器人的需求快速上升，长三角、珠三角等地区的智能制造开始起步，推动着制造业发展的新业态、新模式不断涌现，网络化制造也有企业开始尝试，农机电子商务等新兴商业模式开始应用，机械工业向制造服务化和智能化转型。

二、存在的问题

1. 机械工业行业分化趋势明显

受经济增长放缓，基础设施投资、房地产市场等波动加剧影响，传统装备制造业出现明显下滑趋势，如挖掘机、装载机等产品2015年产量明显下滑，同时，一些新兴产业增长快，如新能源汽车领域，受国家扶持力度加大的利好带动，2015年产销量呈现爆炸性增长；在环保领域，环境监测专用仪器仪表、污染防治专用设备等也表现出强劲增长势头。

2. 机械工业自主创新能力薄弱

近年我国机械工业产业结构调整取得一定成绩，全国产业规模已位居世界首位，但是国内自主创新能力薄弱，许多与重大技术装备有关的核心技术和关键产品需要进口，高档数控车床也大量依赖进口，高端装备依赖进口，影响我国际竞争力的提升，导致机械工业整体呈现出低端产能过剩、高端严重不足的产业布局现状。

3. 机械行业电商化发展尚待探索

随着国内工程机械保有量的攀升，工程机械整机企业、机械配件销售市场继续保持着激烈的竞争态势，整机及零部件生产企业、代理商、经销商利润下滑，在此背景下，以互联网及信息技术为支撑的电商潮兴起，成为推动机械企业转型升级的有效途径。但目前机械工业企业为代表的传统企业尚没有探索出成熟且有规模的互联网销售模式，亟待开发和探索电商的发展模式。

第五节　纺织

一、行业运行情况

1. 规模效益平稳增长

"十二五"期间，我国纺织行业快速发展，产业规模高速增长，经济效益持续改善，技术进步成效显著，应用领域不断拓展，成为纺织工业转型升级和结构调整的重要方向和主要途径之一。2015年，规模以上纺织企业实现主营业务收入预计70500亿元，在"十二五"期间年均增长9.2%；实现利润总额预计3950亿元，在"十二五"期间年均增长12.0%。

2. 出口市场疲软

欧美等发达市场的需求均未恢复，同时受汇率波动及产业转移的影响，我国纺织品服装出口企业经营出现一定的困难。目前，我国纺织服装出口连续下滑，据海关总署数据显示，2015年，我国纺织品服装出口累计2838.49亿美元，同比下降4.9%，2015年累计纺织品纱线、织物及制品出口总额为1095.22亿美元，同比下降2.3%。2015年全国纺织品服装出口额为2838亿美元，与"十二五"规划目标3000亿美元略有差距。

3. 产业结构调整出现一定成效

"十二五"以来，纺织企业在进行结构调整的过程中，以信息化建设为契机，将新一代信息技术广泛应用于纺织业各领域，推进传统纺织业向现代服务业转型。产业结构进一步优化，产业用纺织品作为行业发展的新增长点，服装、家纺、产业用纤维加工量比重由2010年的51∶29∶20调整为46.8∶28.6∶24.6，产业用纺织品行业纤维加工量年均增长10.6%。其中，化纤在全国纤维加工量中占比提高12个百分点，化纤产量占世界的比重提高7.7个百分点。

二、存在的问题

1. 棉花价格大幅波动，进口纱线量增长

2015 年全球大宗商品价格暴跌，以及棉花国家的抛储行动，导致棉价 2015 年波动幅度加大。同时，越南、印度纱线凭借价格优势不断涌入我国，纱线进口数量持续增加，冲击国内棉纱企业，2015 年棉纱线进口总量创新高，为 234.5 万吨，同比增长 16.6%。由此，我国纺织厂不得不放弃低支纱的生产转而生产高支纱或特种纱，降低纱线价格，国内纺织困局加剧。

2. 人力成本上升，社保支出增长

纺织工业是劳动密集型行业，人力成本占比高。近年，我国人力成本持续上升，自 2005 年以来，我国工业工资总额年平均增速为 21%，高于销售收入和现价工业增加值增速，2014 年工业工资总额约为 3.7 万亿元，占整个主营业务成本的 4% 左右，高于 2013 年 3.5% 的水平。二是社保支出扩大加重企业缴费负担。随着各地社保缴费基数不断上涨，企业为职工缴纳的"五险一金"已超过平均工资 40%，个人缴纳部分超过 20%。

3. 出口贸易摩擦增多

近年，欧美等国对我国纺织工业的反倾销诉讼案件增长，纺织产品出口遭遇反倾销障碍，我国纺织业成为全球贸易摩擦的焦点。特别是一些国家和地区尤其是发达国家至今不承认中国的市场经济地位，在贸易条件上的限制措施过多，抑制了我国纺织品出口的增长空间。

第六节　有色金属

一、行业运行情况

1. 重点产业产量呈平稳增长

2015 年，全国十种有色金属产量合计 5090 万吨，同比增长 5.8%。其中，精炼铜产量 796 万吨，原铝 3141 万吨，铅 386 万吨，锌 615 万吨，同比分别增长 4.8%、8.4%、-5.3%、4.9%。

2. 主要金属价格均有大幅回落

我国经济发展进入新常态以来，有色矿业经济下行压力加大，2015 年 12 月

份，上海期货交易所电解铝、铜、铅当月期货平均价分别为10622元/吨、39007元/吨和13338元/吨，同比下跌22.6%、18.6%和1.1%；锌当月期货平均价格为14310元/吨，同比下跌13.5%。

3. 有色金属进口量逆势增长

国内金属冶炼的产能继续释放，带动有色金属进口量保持增长。2015年，我国有色金属进口1.35亿吨，同比增加9.39%。同时，出口量也保持增长，全年出口1019万吨，增长12.37%；有色金属面对国际经济形势复杂多变、国内经济下行压力不断加大的局面，以及市场需求不振、产品价格低迷、金融市场动荡等不利因素的外界环境，整体看仍有较大下行压力。

二、存在的问题

1. 冶炼行业产能过剩

目前，国内大部分行业冶炼产能过剩，尤以电解铝问题突出，新疆、内蒙古、山东等地区产能大幅扩张，预计2016年电解铝产能将达到4200万吨，新增产能为300万吨。除了电解铝之外，其他品种产能及一些中低档加工产能过剩亦较严重。

2. 产品结构亟待升级

我国有色金属精深加工产品总体处于国际产业链中低端，产品精度、一致性、稳定性较差，部分电子、海洋工程、航空用高端有色金属产品还依赖进口，亟须提高自主创新能力及高端产品开发能力。当前，要加快有色金属行业的结构调整，依靠科技进步和科技创新，加大科技投入，提高企业的科技积极性，加快产品升级。

3. 有色金属行业经营利润下滑

中国有色金属工业协会公布，2015年，规模以上有色金属工业企业实现利润1799亿元，同比下降13.2%。虽然近年来我国有色金属行业的产业技术进步，以及节能降耗、加强管理等因素的影响，产品成本降低，但降低的成本却被原材料、电力、人工、融资、环保等刚性上升因素抵消，成本价格倒挂，导致行业亏损面持续扩大。

第七节 建材

2015 年，建材行业生产增速总体放缓，传统建材产品中水泥和平板玻璃产量下降、价格下跌，行业经济效益下滑明显。行业运行存在的主要问题有：传统产业产能严重过剩；主要产品价格回升乏力；企业经营困难、流动资金紧张。展望 2016 年，建材行业将在筑底趋稳的基础上缓慢回升。

一、运行情况

1. 总体增速放缓，效益下降

2015 年，建材行业工业增加值同比增长 6.7%，增速同比回落 2.9 个百分点。分季度看，第一季度、上半年和前三季度工业增加值增速分别为 8%、6.8% 和 7.1%。2015 年，建材工业主营业务收入增长 3.3%，实现利润同比下降 6.9%，表明在经济下行压力加大、市场需求疲弱的环境下，建材行业面临较大的生产经营压力。

2. 传统建材产品产量下降，价格下跌

受经济增速总体放缓以及外需不足等影响，传统建材行业利润大幅下滑，主要产品产量下降。2015 年，水泥产量为 23.5 亿吨，较上年同期下降 4.9%；平板玻璃产量为 7.39 亿重量箱，较上年同期下降 8.6%。水泥、平板玻璃行业实现利润同比分别下降 57.9% 和 12.4%。据中国建筑材料联合会统计，2015 年，建材产品出厂价格总体水平比上年下降 3.3%，是"十二五"时期最低水平。

3. 行业投资增速明显放缓

在企业效益下降、市场需求弱化的情况下，建材行业固定资产投资面临萎缩的压力。2015 年，建材行业限额以上固定资产投资 1.55 万亿元，比上年增长 6%，是 1997 年亚洲金融危机以后最低增长率。分行业看，占建材行业投资前 4 位的行业分别是：混凝土与水泥制品、建筑用石开采与加工、砖瓦及建筑砌块、轻质建材业。水泥工业投资已经退居第五位，平板玻璃工业投资位居十三位。

4. 出口增速放缓，主要出口产品增长进入高峰平台期

2015 年，建材产品出口 383 亿美元，比 2014 年增长 6.1%，是 2008 年金融

危机以后最低年增长率；产品出口折合人民币 2386 亿元，占规模以上建材工业销售额的 4.6%。建材行业出口增速出现放缓，对建材工业增长的拉动作用有所减弱。改革开放以来，我国陶瓷砖累计出口已经超过 100 亿平方米，卫生陶瓷累计出口 7 亿件，建筑用石累计出口 2.1 亿吨。主要出口产品数量已达极限，出口产品迫切需要提升产品附加值。

二、存在的问题

1. 传统建材产品市场需求下降

2015 年，水泥市场销量 23.4 亿吨，比上年减少 1.4 亿吨，受房地产业投资低迷影响，商品混凝土、水泥制品、砖瓦、砌块、砂石等产品市场需求也在下降。当前水泥市场需求仍处低位，市场供需失衡矛盾仍未根本解决。展望 2016 年，制造业投资不可能恢复以往的高速增长，对传统建材产品需求将持续衰减。

2. 主要产品价格触底且回升乏力

2015 年，平板玻璃制造业销售收入同比下降 14.4%，降幅同比扩大 7.8 个百分点；建筑卫生陶瓷制造增长速度从上年的 12.4% 下滑到 3%，建筑用石开采与加工业增速从 14.9% 下滑到 11.6%。12 月份，重点建材企业水泥月均出厂价为 302.34 元 / 吨，与上月基本持平，同比下跌 32.01 元。2015 年以来，水泥出厂价格经过三个季度的持续下滑已经降至 2008 年以来的极低点，且已经跌到行业平均成本线以下，在当前管理技术水平下，水泥价格已经没有下滑空间。

3. 中小企业经营压力持续加大

2015 年以来，在水泥出厂价格持续下跌、效益状况下降的大背景下，企业信贷困难问题愈加突出。特别是中小企业和民营企业融资渠道有限，许多企业不得不求助于民间借贷，甚至是短期高利贷缓解资金困境，中小企业负债不断增加，将进一步增加企业经营压力和经营风险。2015 年，水泥、平板玻璃两个行业企业亏损面分别高达 34.8% 和 32%，比上年分别扩大 10.8 个和 2.3 个百分点。

4. 新兴产业增长缓慢

分布在水泥制品、轻质建材、砖瓦砌块、隔热隔音、技术玻璃、玻璃纤维增强塑料等行业的建材战略性新兴产品仍然缺乏，部分产品主要依赖进口。"十二五"时期，建材战略性新兴产品占建材工业比重从 8% 上升到目前的 10% 左右，平均增长速度在 20% 以上，高于建材工业平均增长速度。但建材战略性新兴产品总体体量仍然偏小，而且同样也面临需求不足压力，增长速度大幅回落。

第八节 轻工业

2015 年，轻工业经济运行总体平稳，增长有所放缓，但仍快于工业整体水平，行业效益有所好转。发展中面临的问题主要是：市场需求不旺；企业成本较高；融资难融资贵；整体增长压力较大。但应该看到，随着大众消费需求的不断增长，轻工行业仍然具有很大的发展潜力和市场空间。

一、行业运行情况

1. 行业运行总体平稳，增长有所放缓

2015 年，轻工业实现工业增加值同比增长 6.4%，增速同比回落 1.8 个百分点，但高于同期全国工业增加值累计增速 0.3 个百分点；其中，农副食品加工业、食品制造业增加值同比增长 5.5% 和 7.5%，增速同比回落 2.2 个和 1.1 个百分点。自 2011 年至 2015 年，轻工业工业增加值增速分别为 15%、11.7%、9.8%、8.2% 和 6.4%，呈逐年下降态势。

2. 轻工商品出口压力增大

2015 年，轻工业完成出口交货值 2.7 万亿元，同比下降 1.35%（上年同期为增长 7.2%）。据海关统计，轻工行业出口额为 5982.4 亿美元，占全国出口总额的 26.3%，同比下降 2.8%（与全国出口增速持平）。全年轻工贸易顺差为 4693.3 亿美元，为全国贸易顺差的 78.95%。7 种主要轻工商品出口增速较年初均有不同程度回落，其中，鞋类、陶瓷产品、家具、灯具及照明装置增速回落超过 10 个百分点。

3. 轻工业主要行业投资增速回升

2015 年，轻工业主要行业投资增速比上年小幅回升，分行业看，食品制造业、橡胶和塑料制品业、金属制品业行业投资增速分别为 14.4%、10.1% 和 10%，高于制造业投资平均增速；农副食品加工业投资增速为 7.7%。

4. 行业效益保持平稳增长

2015 年，轻工业主营业务收入达 23.1 万亿元，比上年同期增长 4.6%，高于

同期全国工业主营业务收入增速 3.8 个百分点；累计实现利润 1.49 万亿元，同比增长 7.7%，表明轻工行业运行质量有所提升。

二、存在的问题

1. 出口乏力制约行业发展

受轻工产品附加值不高、单件出口换汇率低以及欧元、日元贬值等因素影响，轻工出口出现负增长，对行业发展带来严峻挑战。近期部分轻工产业向东南亚国家转移的问题加剧，导致部分产品国际市场占有率下降。美国等 12 个国家 TPP协议的签订，对中国轻工产品未来出口将会造成进一步的压力。

2. 企业两极分化明显

2015 年，中国轻工业联合会发布的"中国轻工业百强企业"主营业务收入合计约 2.3 万亿元，占轻工规模以上企业主营业务收入总额的 10.61%；利润总额合计约 1813 亿元，占轻工规模以上企业利润总额的 13.1%。轻工业百强企业数据占比充分说明，百强企业具有规模大、盈利高的特点，而部分落后和困难企业被淘汰出局，需政府及时帮扶。

3. 企业创新能力不足

轻工行业企业高端产品的生产能力较弱，如在轻工行业主要商品对外贸易中，部分进口商品的平均价格远高于出口商品的平均价格。机械钟的进口价格是出口价格的 71.8 倍，自来水笔价差 30.3 倍，机械表价差 29 倍。巨大的价差表明中国制造迫切需要提高产品附加值水平。

4. 中小企业发展环境有待进一步优化

据中国轻工业联合会实地调研企业反映，一是融资难融资贵问题没有得到根本解决，特别是有的银行对中小企业贷款只收不贷，为维持经营，企业只能到社会上借高利贷，将企业逼向倒闭边缘；二是劳动力人工成本持续过快上涨；三是整体税费负担重，企业经营压力然很大；四是地方政府相关部门简政放权不到位、担当意识不够、基层部门办事效率低，影响企业发展。

区 域 篇

第九章 四大区域工业发展质量评价与分析

第一节 四大区域截面指数分析

综合篇部分我们分析了全国工业发展质量指数，2005—2014年，我国工业质量总体发展水平得到了较大的提升。本章我们从东部、东北、中部和西部[1]四大区域角度来分析我国工业发展质量水平及其特点，为我国区域均衡发展提供相应数据支撑及决策参考。

利用本书的评价指标体系，采用主客观赋权法，我们得到2005-2014年全国30个省（区、市）工业发展质量截面指数（各省分析详见第十章），并根据各省市数据计算出我国四大区域的工业发展质量截面指数及排名，结果见表9-1和表9-2。

表9-1　2005—2014年四大区域截面指数

	2005	2006	2007	2008	2009	2010	2011	2012	2013	2014
东部地区	41.4	43	41	40.8	43.7	43.6	44.4	46.7	44.9	48.8
东北地区	29.1	30.6	31.1	30.1	32.6	31.8	30.5	31.3	27.4	27.5
中部地区	23.8	25.9	27.2	27	30	31.1	30.3	30.2	28.6	31.5
西部地区	22.1	23.2	24.3	23.8	24.4	24.8	26.3	27.6	25.9	28.3

资料来源：赛迪智库整理，2016年1月。

---

[1] 东部地区包括北京、天津、河北、上海、江苏、浙江、山东、广东、福建、海南等10省（市）；中部地区包括河南、山西、安徽、湖南、湖北、江西等6省；东北地区包括辽宁、吉林、黑龙江等3省；西部地区包括新疆、青海、内蒙古、宁夏、甘肃、陕西、四川、重庆、贵州、广西、云南、西藏（未参与分析）等12省（区、市）。

表 9-2 2005—2014 年四大区域截面指数排名

	2005	2006	2007	2008	2009	2010	2011	2012	2013	2014
东部地区	1	1	1	1	1	1	1	1	1	1
东北地区	2	2	2	2	2	2	2	2	3	4
中部地区	3	3	3	3	3	3	3	3	2	2
西部地区	4	4	4	4	4	4	4	4	4	3

资料来源：赛迪智库整理，2016 年 1 月。

从表 9-1 和表 9-2 可以看出，2005—2014 年东部地区工业发展质量始终居于首位，2005—2012 年，中部地区位列第三，2013-2014 年，中部地区位列第二，而东北地区发展质量继 2013 年被中部地区超越之后，2014 年又被西部地区超越，位于四大区域末位。近两年东北地区发展处于比较困难的时期，整体经济增速和工业增速均位于全国比较靠后的位置，这和我们东北地区质量发展排名的结果是比较相符的。单独从工业来看，2016 年 3 月，东部地区增加值同比增长 7.3%，中部地区增长 7.8%，西部地区增长 8.0%，东北地区下降 0.2%，东北地区发展形势依然严峻。

近两年，西部地区发展势头良好，尤其是重庆、四川、贵州等省份抓住新一轮产业变迁趋势，结合自身发展优势，严格控制产能，大力发展电子信息、汽车、大数据等新兴产业，促进信息产业与其他产业之间跨界融合，西部地区工业发展呈现出产业结构逐步优化、发展方式逐渐科学、发展势头持续向好的良好局面，经济发展质量得到稳步提升。

第二节　四大区域分类指数分析

第一节分析了四大区域工业发展质量截面指数的综合比较情况，本节从速度效益、结构调整、技术创新、资源环境、两化融合、人力资源等 6 个分类指数来分析影响工业发展质量的具体因素。

表 9-3 2005 年四大区域工业发展质量 6 个分类指数

	速度效益	结构调整	技术创新	资源环境	两化融合	人力资源
东部地区	18.9	39.6	43.2	55.1	53	34.8
东北地区	32.7	11.9	37.4	38.5	25.4	43.5

（续表）

	速度效益	结构调整	技术创新	资源环境	两化融合	人力资源
中部地区	19.1	14.3	35.7	30.3	21	27.6
西部地区	27.5	11.3	32.7	23.8	13.7	33.3

资料来源：赛迪智库整理，2016年1月。

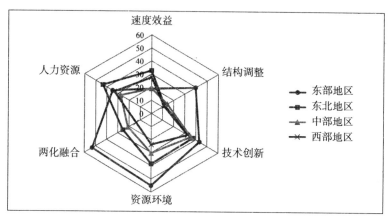

图9-1 2005年四大区域工业质量分类指数

资料来源：赛迪智库，2016年1月。

图9-1显示，2005年，东部地区在资源环境、结构调整、两化融合三个方面显著领先于其他地区，技术创新方面小幅领先，东北地区在速度效益和人力资源两个方面处于领先地位，而中部地区在两化融合、资源环境与速度效益方面处于中游水平，西部地区在速度效益方面位列第二位。这是当时我国正处于工业快速发展时期，振兴东北老工业基地和西部大开发两大国家战略的实施所造成的，中部地区则相对发展比较滞后。

图9-2和表9-4显示，2014年，东部地区6大分类指数均处于领先地位，并且在技术创新、资源环境方面与其他地区的优势进一步加大，结构调整指数依旧大幅领先，人力资源指数赶超东北地区位列第一，表明东部地区仍然是我国工业发展质量水平最好的地区，近几年的结构、技术等方面的突破逐步使东部地区工业发展进入了更高的发展层次，而大量优秀的人才持续流入该地区也为东部未来发展提供了最有力的支撑。中部地区在技术创新方面逐渐扩大对东北地区和西部地区的优势，但是相对于东部来说差距在拉大，表明中部地区在吸引创新资源

方面仍需加大力度。东北地区由于受整个宏观经济大环境影响和自身产业结构制约，近几年整体发展比较困难，以重工业为主的工业结构仍是东北工业的主要特征，东北地区在技术创新能力提升、资源环境改善及产业结构调整方面仍然任重而道远。西部地区最近几年产业发展速度一直保持较高水平，但是，技术创新能力不强、信息化水平较低等问题依然存在，西部地区工业发展应积极往高技术高附加值转型，以信息化促进工业化，加速两化融合发展。

表 9-4 2014 年四大区域工业发展质量 6 个分类指数

	速度效益	结构调整	技术创新	资源环境	两化融合	人力资源
东部地区	55.9	36.1	58.5	46.6	56.1	49.3
东北地区	45.2	9.4	30.5	25.7	28.4	46.5
中部地区	52	18	41.8	27.3	28.6	31.5
西部地区	53.9	16.7	30	21.9	22.2	41.7

资料来源：赛迪智库整理，2016 年 1 月。

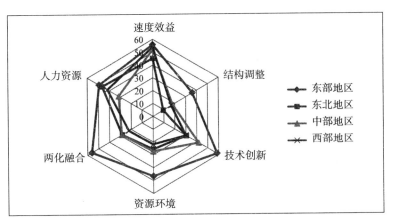

图9-2 2014年四大区域工业质量分类指数

资料来源：赛迪智库，2016 年 1 月。

第十章　地方省市工业发展质量评价与分析

第一节　梯队分析

　　通过本书的评价指标体系计算得到2005—2014年全国30个省（区、市）工业发展质量截面指数及排名，计算结果见表10-1和表10-2，表中最后一列是2005—2014年截面指数的均值及排名，反映了2005—2014年各地区工业发展质量的横向对比水平。表10-3为2005—2014年全国30个省（区、市）工业发展质量时序指数，表中最后一列是2005年以来时序指数的年均增速，反映了2005—2014年各地区工业发展质量的增长水平。同时，以各地区截面指数均值和全国时序指数为基准绘制散点图（见图10-1），通过30个省（区、市）在四个象限中的位置，可直观地看出各地区工业发展质量在两个维度上的表现。

表 10-1　2005—2014年30个省市工业发展质量截面指数

	2005	2006	2007	2008	2009	2010	2011	2012	2013	2014	2005—2014
北 京	51.5	53.1	55.2	56.3	55.5	54.7	56.0	60.2	57.5	62.4	56.2
天 津	54.1	50.3	47.4	48.0	47.7	48.2	48.8	51.9	48.8	49.8	49.5
河 北	24.5	22.5	23.1	23.0	24.5	21.8	22.7	23.9	22.7	25.1	23.4
山 西	21.4	23.0	24.2	22.8	19.4	27.3	26.5	23.0	17.4	14.1	21.9
内蒙古	26.9	27.3	29.9	26.6	31.1	26.7	30.9	28.1	25.8	25.4	27.9
辽 宁	31.0	31.9	29.9	29.7	30.7	30.7	28.7	29.6	27.6	27.9	29.7
吉 林	18.7	23.7	29.0	25.2	30.9	28.0	28.4	28.5	24.3	27.3	26.4
黑龙江	37.6	36.2	34.4	35.5	36.2	36.8	34.4	35.9	30.2	27.4	34.5
上 海	50.9	57.1	50.3	48.7	51.8	54.2	52.9	52.9	51.9	58.5	52.9

（续表）

	2005	2006	2007	2008	2009	2010	2011	2012	2013	2014	2005—2014
江 苏	44.1	47.6	46.9	50.5	52.0	50.1	53.2	56.3	54.1	55.4	51.0
浙 江	37.5	38.2	38.5	37.4	38.5	41.5	42.3	45.9	46.2	52.1	41.8
安 徽	22.8	24.1	27.0	27.1	31.0	32.6	33.8	32.8	32.5	37.5	30.1
福 建	36.9	35.6	33.6	33.7	37.3	40.3	41.2	43.2	40.4	44.2	38.6
江 西	22.8	26.5	27.4	25.1	29.6	27.2	23.9	24.8	29.9	31.2	26.8
山 东	39.3	38.0	36.5	36.1	43.1	39.0	43.4	45.3	40.5	43.7	40.5
河 南	25.8	27.3	27.6	28.3	29.7	26.4	27.6	27.6	26.0	31.9	27.8
湖 北	23.9	27.6	28.4	30.5	33.8	36.6	33.9	35.3	32.2	36.6	31.9
湖 南	26.0	27.0	28.7	28.0	36.5	36.4	36.0	37.7	33.7	37.7	32.8
广 东	55.1	58.6	56.0	55.6	58.4	58.4	58.4	60.4	60.8	65.0	58.7
广 西	23.2	22.5	25.7	21.4	23.0	24.1	24.8	27.2	26.2	30.5	24.9
海 南	19.7	28.8	22.4	18.2	27.8	27.5	25.6	26.6	26.3	31.7	25.4
重 庆	29.5	31.7	34.6	35.3	36.3	36.8	37.9	39.1	41.3	50.5	37.3
四 川	25.2	26.8	27.5	26.2	28.7	26.9	26.1	31.2	29.5	35.4	28.3
贵 州	18.0	21.2	17.6	19.9	20.1	23.7	23.5	28.5	28.6	30.5	23.2
云 南	18.5	20.0	17.5	17.8	18.8	20.8	21.6	22.8	19.1	18.1	19.5
陕 西	28.5	27.3	28.7	30.4	34.0	34.2	37.5	36.4	35.0	34.8	32.7
甘 肃	19.3	15.6	20.8	17.2	17.0	15.8	17.4	22.6	17.0	15.6	17.8
青 海	15.2	19.4	21.2	20.7	15.4	18.3	22.4	20.1	15.3	18.7	18.7
宁 夏	18.3	19.6	18.9	19.9	18.7	21.4	20.3	21.2	23.3	26.5	20.8
新 疆	20.8	24.4	25.2	26.3	25.4	24.3	26.5	25.9	23.5	25.6	24.8

资料来源：赛迪智库整理，2016 年 1 月。

表 10-2 2005—2014 年 30 个省市工业发展质量截面指数排名

	2005	2006	2007	2008	2009	2010	2011	2012	2013	2014	2005—2014
北 京	3	3	2	1	2	2	2	2	2	2	2
天 津	2	4	4	5	5	5	5	5	5	7	5
河 北	17	25	24	22	23	26	26	25	26	26	24
山 西	22	23	23	23	26	18	19	26	28	30	26
内蒙古	13	15	11	17	14	21	15	19	22	25	17
辽 宁	10	10	12	13	17	15	16	16	18	20	15
吉 林	26	22	13	20	16	16	17	18	23	22	20
黑龙江	7	8	9	8	11	9	12	12	14	21	10
上 海	4	2	3	4	4	3	4	4	4	3	3
江 苏	5	5	5	3	3	4	3	3	3	4	4

（续表）

	2005	2006	2007	2008	2009	2010	2011	2012	2013	2014	2005—2014
浙 江	8	6	6	6	7	6	7	6	6	5	6
安 徽	21	21	20	16	15	14	14	14	12	11	14
福 建	9	9	10	10	8	7	8	8	9	8	8
江 西	20	19	19	21	19	19	24	24	15	17	19
山 东	6	7	7	7	6	8	6	7	8	9	7
河 南	15	16	17	14	18	22	18	20	21	15	18
湖 北	18	13	16	11	13	11	13	13	13	12	13
湖 南	14	17	15	15	9	12	11	10	11	10	11
广 东	1	1	1	2	1	1	1	1	1	1	1
广 西	19	24	21	24	24	24	23	21	20	18	22
海 南	24	12	25	28	21	17	22	22	19	16	21
重 庆	11	11	8	9	10	10	9	9	7	6	9
四 川	16	18	18	19	20	20	21	15	16	13	16
贵 州	29	26	29	26	25	25	25	17	17	19	25
云 南	27	27	30	29	27	28	28	27	27	28	28
陕 西	12	14	14	12	12	13	10	11	10	14	12
甘 肃	25	30	27	30	29	30	30	28	29	29	30
青 海	30	29	26	25	30	29	27	30	30	27	29
宁 夏	28	28	28	27	28	27	29	29	25	23	27
新 疆	23	20	22	18	22	23	20	23	24	24	23

资料来源：赛迪智库整理，2016 年 1 月。

表 10-3　2005—2014 年 30 个省市工业发展质量时序指数

	2005	2006	2007	2008	2009	2010	2011	2012	2013	2014	2005—2014 年均增速
北 京	100.0	104.4	125.6	133.7	131.5	133.1	142.8	154.8	159.9	167.5	5.9%
天 津	100.0	96.1	104.2	107.6	113.1	120.2	127.6	138.3	145.3	153.9	4.9%
河 北	100.0	103.1	109.9	121.3	129.5	143.3	151.8	165.7	183.8	198.2	7.9%
山 西	100.0	115.6	136.0	142.3	146.5	158.5	172.6	210.0	222.9	234.4	9.9%
内蒙古	100.0	130.9	138.5	148.6	159.1	171.9	196.4	201.0	227.1	237.9	10.1%
辽 宁	100.0	106.8	116.9	128.3	151.2	170.1	179.2	192.9	206.2	207.4	8.4%
吉 林	100.0	114.2	134.2	141.3	175.1	187.9	206.7	227.8	248.6	266.3	11.5%
黑龙江	100.0	99.6	109.6	115.4	126.2	136.1	147.9	157.7	181.3	184.9	7.1%
上 海	100.0	106.2	115.3	110.3	122.8	130.4	133.4	139.2	144.4	155.9	5.1%
江 苏	100.0	109.9	122.3	135.7	144.9	154.5	165.7	177.2	188.8	199.0	7.9%

（续表）

	2005	2006	2007	2008	2009	2010	2011	2012	2013	2014	2005—2014年年均增速
浙 江	100.0	106.7	116.3	119.2	127.7	137.7	145.3	156.5	172.9	185.4	7.1%
安 徽	100.0	107.1	130.5	142.6	163.8	185.5	221.3	246.1	276.6	310.3	13.4%
福 建	100.0	102.7	110.9	121.1	133.1	145.9	156.0	170.0	178.4	189.3	7.3%
江 西	100.0	114.2	131.3	150.1	175.2	200.8	217.4	222.9	264.8	290.0	12.6%
山 东	100.0	105.5	112.4	123.4	136.2	145.7	156.6	165.4	177.9	190.2	7.4%
河 南	100.0	109.6	117.9	131.2	141.2	154.5	173.2	192.9	217.1	236.6	10.0%
湖 北	100.0	109.2	123.7	137.6	153.3	173.2	189.6	214.7	240.8	256.1	11.0%
湖 南	100.0	108.0	119.9	134.0	157.6	176.9	195.5	221.0	238.8	253.6	10.9%
广 东	100.0	107.8	119.6	120.6	129.7	137.5	143.4	152.4	161.1	169.5	6.0%
广 西	100.0	106.2	120.7	135.1	142.6	161.8	190.9	216.2	244.3	267.3	11.5%
海 南	100.0	158.3	125.9	128.2	158.6	175.1	200.4	269.7	300.8	319.5	13.8%
重 庆	100.0	106.6	122.9	138.6	154.2	175.7	218.1	261.2	302.0	343.2	14.7%
四 川	100.0	111.9	123.6	135.1	153.7	169.9	194.5	230.1	261.1	263.6	11.4%
贵 州	100.0	111.6	113.7	131.1	141.7	161.0	163.5	190.7	208.6	227.6	9.6%
云 南	100.0	107.7	119.9	117.0	124.7	133.0	140.3	153.2	164.5	172.1	6.2%
陕 西	100.0	102.1	110.2	122.8	135.2	153.2	165.6	176.5	195.1	207.5	8.4%
甘 肃	100.0	115.1	128.8	117.8	126.9	138.5	144.1	159.9	170.9	176.9	6.5%
青 海	100.0	116.1	126.8	139.5	156.2	158.0	184.5	199.6	221.9	257.3	11.1%
宁 夏	100.0	101.6	114.6	135.0	140.8	151.5	177.2	191.3	213.3	234.5	9.9%
新 疆	100.0	103.4	122.2	137.1	136.4	156.7	166.2	164.3	183.0	210.4	8.6%

资料来源：赛迪智库整理，2016年1月。

从工业发展质量截面指数来看，表10-2显示，北京、天津、上海、江苏、浙江和广东是我国工业发展质量较好的地区，2005—2014年始终处于全国前列。

广东工业发展质量始终处于全国首位，其多年来在结构调整、技术创新、两化融合和资源环境四个方面始终处于全国领先水平，2005—2014年四大类指数均值位于全国前4名，其中结构调整指数位居全国第一。

北京工业发展质量保持在全国第2位，主要得益于技术创新、资源环境、两化融合和人力资源的突出表现，四大类指数中，技术创新、资源环境、两化融合的2005—2014年均值均位居全国首位，人力资源排在第2位。

上海工业发展质量保持在全国第3位，主要原因在于其结构调整、技术创新、两化融合、资源环境和人力资源五个方面的良好表现，这五个方面均处于全国前

5名以内。

江苏工业发展质量处于全国第4位，主要得益于其在结构调整、资源环境和两化融合等多个方面的良好表现，其中结构调整指数在2005—2014年的均值位居全国第2位，两化融合和资源环境指数分别位居第4和第5位。

浙江工业发展质量排名较为稳定，保持在全国第6位。六大类指数中，浙江在结构调整、技术创新、资源环境和两化融合方面表现较好，其中结构调整为第3位，其他三个指数均为第7位。但浙江在速度效益和人力资源方面则表现较弱，分别位居全国第26和第21位。

天津工业发展质量的排名有所下滑，从2005年的第2位下降至2014年的第7位，主要原因在于天津技术创新指数和两化融合指数的排名有所下滑，分别从2005年的第1位和第4位下滑至第8位。

地区分布方面，除东部沿海地区的工业发展质量截面指数处于全国前列以外，东北的黑龙江和辽宁、西部的陕西和重庆、中部的安徽、湖北和湖南也表现较好，均处于全国中上游水平，其中湖北、湖南和安徽的排名上升趋势明显，黑龙江、辽宁的排名有所下降。

分类指数方面，东北和中西部地区具有自身的特点和优势。例如，黑龙江、新疆、内蒙古、重庆等地区在速度效益、人力资源、技术创新等方面取得了突出成就，均处于全国领先水平。与此同时，广东、北京、上海等东部地区在结构调整、资源环境、两化融合三个方面表现突出。综合来看我国东中西部地区的工业发展各具特色，各有优势。

从工业发展质量时序指数来看，表10-3显示，安徽、江西、海南、重庆等省市的工业发展质量增长较快，年均增速均超过12%。而北京、天津、上海、广东等东部地区的工业发展质量增速相对较慢。

图10-1显示，位于水平线上方的地区是工业发展质量截面指数位于全国平均水平以上的省市，位于垂直线右侧的地区是工业发展质量时序指数增速高于全国平均水平的省市，因此位于第一象限的地区是工业发展质量截面指数和时序指数均高于全国平均水平的省份。从2005—2014年的总体情况来看，重庆处于第一象限，即其在横向比较中处于全国中上游水平，在纵向走势上也处于快速发展阶段。第二象限主要包括：北京、上海、广东、江苏、天津、浙江、福建和山东，全部为东部省市。位于第二象限意味着时序指数上增长较慢，但截面指数上处于

领先水平，这也与当前东部地区处于产业转型升级的发展阶段需要实现由速度向效益的转变相符。第四象限集中了大量中西部地区省市，即时序指数快速增长但在全国横向比较时处于下游水平，这表明尽管多数中西部地区业正发挥经济增长的引擎作用，但工业发展质量仍有待提高。

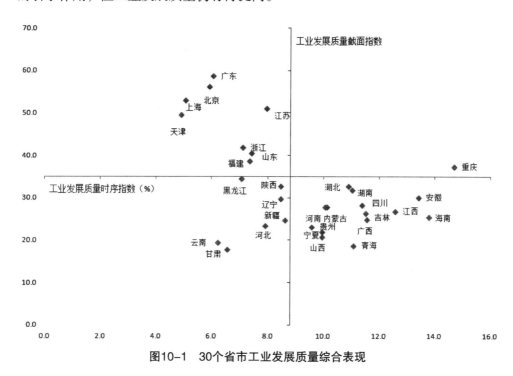

图10-1　30个省市工业发展质量综合表现

资料来源：赛迪智库整理，2016年1月。

第二节　分类指数分析

根据2005–2014年全国30个省（区、市）工业发展质量的六个分类指数的均值，并按照六个指数进行地区排序，同时计算六个分类指数的离散程度，计算结果见表10—4。

速度效益方面，黑龙江、新疆和陕西位于全国前三名，三个省份的速度效益指数分别为72.6、71.1和67.6，宁夏、北京、甘肃位于全国最后三位，三个省市的速度效益指数分别为20.7、19.5和18。可以看到，大部分中西部省份的速度效益指数表现较好，而东部发达地区省市的速度效益指数相对较低。

结构调整方面，广东、江苏和浙江位于全国前三名，三个省市的结构调整指数分别为72.4、63.2和46.6，新疆、海南、宁夏位于全国最后三位，三个省份的结构调整指数分别为8.5、8.4和8.4。可以看到，东部发达省份在结构调整方面成绩显著，而中西部地区特别是西部地区的结构调整进展缓慢。同时，结构调整指数的离散系数为0.69，在六个分类指数的离散程度中排在第2位，也表明结构调整方面差距较大。

表10-4　2005—2014年全国工业发展质量分类指数各省表现

排名	速度效益		结构调整		技术创新		资源环境		两化融合		人力资源	
	省份	指数	省份	指数	省份	指数	省份	指数	省份	指数	省份	指数
1	黑龙江	72.6	广东	72.4	北京	73.8	北京	66.7	北京	94.4	内蒙古	64.5
2	新疆	71.1	江苏	63.2	广东	69.7	天津	63.5	上海	84.2	北京	61.6
3	陕西	67.6	浙江	46.6	重庆	65.2	上海	59.9	广东	70.4	上海	59.9
4	内蒙古	59.9	山东	40.8	上海	63.5	广东	56.8	江苏	62.7	天津	55.1
5	青海	53.1	上海	38.6	天津	61.5	江苏	50.8	福建	53.1	新疆	48.9
6	河南	49.4	北京	35.5	湖南	59.0	福建	49.7	天津	52.2	黑龙江	44.6
7	天津	47.6	天津	29.8	浙江	50.9	浙江	48.9	浙江	44.2	吉林	42.9
8	海南	44.7	福建	25.8	江苏	49.0	山东	46.2	山东	37.2	辽宁	41.0
9	湖南	43.6	辽宁	23.1	安徽	48.1	重庆	40.6	重庆	34.0	山西	38.8
10	江西	43.1	四川	22.2	湖北	46.1	海南	34.2	辽宁	33.7	海南	35.5
11	云南	40.5	重庆	20.9	山东	41.0	湖北	33.6	湖北	29.0	宁夏	35.5
12	山东	40.4	河北	20.7	陕西	40.4	黑龙江	33.4	湖南	27.1	江苏	35.2
13	福建	40.2	江西	20.6	福建	38.8	安徽	32.3	安徽	25.5	湖北	34.5
14	四川	40.2	湖北	18.8	黑龙江	38.1	河南	31.7	四川	25.0	陕西	33.8
15	贵州	39.2	安徽	18.6	四川	38.1	山西	31.2	黑龙江	24.9	山东	33.5
16	安徽	38.4	陕西	18.0	辽宁	36.3	宁夏	30.2	广西	23.8	重庆	32.6
17	湖北	37.6	河南	17.8	贵州	36.2	湖南	29.3	河北	22.6	广东	32.4
18	广西	37.4	湖南	17.2	江西	30.3	陕西	28.8	江苏	21.1	福建	30.2
19	重庆	36.5	吉林	15.5	吉林	29.9	甘肃	28.5	河南	21.0	河北	29.0
20	吉林	35.5	贵州	15.4	广西	28.9	辽宁	28.3	吉林	20.7	湖南	27.7
21	江苏	31.1	广西	14.4	河南	28.8	广西	27.2	陕西	19.0	浙江	27.2
22	河北	30.0	黑龙江	13.2	宁夏	28.1	吉林	27.0	山西	18.5	青海	26.5
23	广东	29.8	内蒙古	12.1	海南	27.6	江西	24.7	海南	16.7	江西	25.9
24	辽宁	24.0	青海	11.5	山西	25.2	四川	23.8	内蒙古	14.2	广西	24.7
25	上海	22.8	云南	11.3	甘肃	25.2	云南	22.1	新疆	13.8	贵州	24.3

（续表）

排名	速度效益		结构调整		技术创新		资源环境		两化融合		人力资源	
	省份	指数	省份	指数	省份	指数	省份	指数	省份	指数	省份	指数
26	浙 江	21.6	山 西	9.4	内蒙古	22.7	贵 州	21.2	宁 夏	12.8	河 南	24.2
27	山 西	20.9	甘 肃	9.0	河 北	21.5	河 北	21.2	青 海	11.5	甘 肃	24.1
28	宁 夏	20.7	新 疆	8.5	云 南	20.6	内蒙古	20.1	云 南	8.3	四 川	23.6
29	北 京	19.5	海 南	8.4	新 疆	13.4	新 疆	17.3	甘 肃	7.1	安 徽	20.3
30	甘 肃	18.0	宁 夏	8.4	青 海	11.3	青 海	9.6	贵 州	7.0	云 南	20.2
离散系数	速度效益	0.38	结构调整	0.69	技术创新	0.43	资源环境	0.42	两化融合	0.72	人力资源	0.35

资料来源：赛迪智库整理，2016 年 1 月。

技术创新方面，北京、广东和重庆位于全国前三名，三个省市的技术创新指数分别为 73.8、69.7 和 65.2，云南、新疆和青海位于全国最后三位，技术创新指数分别为 20.6、13.4 和 11.3。前三名中，既有东部地的北京和广东，也有西部的重庆，表明在技术创新领域各地差距正在缩小，其离散系数为 0.43 也体现了这一点。

资源环境方面，北京、天津、上海位于全国前三名，三个省市的资源环境指数分别为 66.7、63.5 和 59.9，内蒙古、新疆和青海位于全国最后三位，资源环境指数分别为 20.1、17.3 和 9.6。这表明西部地区依然处在高污染、高消耗的阶段，资源环境压力较大。

两化融合方面，北京、上海和广东位于全国前三名，三个省市的两化融合指数分别为 94.4、84.2 和 70.4，云南、甘肃、贵州位于全国最后三位，两化融合指数分别为 8.3、7.1 和 7.0。同时，两化融合的离散系数高达 0.72，是六个分类指数的离散程度最高的，表明东部和中西部地区在两化融合方面存在明显差距。

人力资源方面，内蒙古、北京、上海位于全国前三名，三个省市的人力资源指数分别为 64.5、61.6 和 59.9，四川、安徽、云南位于全国最后三位，三个省份的人力资源指数分别为 23.6、20.3 和 20.2。从全国整体来看，各地区人力资源指数的差距并不大，离散系数为 0.35，是六个分类指数的离散程度最低的。这是由于虽然东部地区在人才方面具有一定优势，但中西部地区工资水平涨幅较大弥补了差距，使得人力资源指数并未呈现较大差异。

从上述六个分类指数的地区分析可以看到，当前，东部发达地区在结构调整、两化融合和资源环境等方面明显领先中部和西部地区；技术创新、人力资源两个

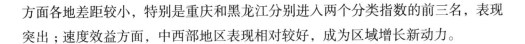

方面各地差距较小，特别是重庆和黑龙江分别进入两个分类指数的前三名，表现突出；速度效益方面，中西部地区表现相对较好，成为区域增长新动力。

一、北京

（1）总体情况

①宏观经济总体情况

2015年，北京实现地区生产总值22968.6亿元，同比增速为6.9%。其中，第一、二、三产业增加值分别为140.2亿元、4526.4亿元和18302亿元，同比增速分别为 -9.6%、3.3% 和8.1%。全市常住人口人均GDP为106284元。三次产业结构为0.6∶19.6∶79.8，与上年相比，工业比重略有下降。全年文化创意产业、高技术产业、信息产业和生产性服务业均保持快速增长，增速分别为8.7%、9.3%、10.6% 和8.6%，占地区生产总值的比重分别为13.4%、22.6%、15.3% 和52.9%，分别提高了0.2、0.4、0.4 和0.4 个百分点。

2015年，全社会固定资产投资达到7990.9亿元，同比增速为5.7%。其中，民间投资完成3296.2亿元，同比增速为25.8%；国有控股单位完成投资4238.5亿元，同比增速为4.9%。消费方面，实现社会消费品零售总额10338亿元，比上年同比增长7.3%。全年北京进出口总值达到3195.9亿美元，同比增速为 -23.1%。其中，出口和进口均呈负增长，增速分别为 -12.3% 和 -25.0%。

②工业经济运行情况

2015年，北京实现工业增加值3662.9亿元，比上年增长0.9%。其中，规上工业增加值同比增速为1.0%。在规模以上工业中，战略性新兴产业、高技术制造业、现代制造业增幅分别达到1.1%、6.7% 和6.3%。规上工业销售产值为17408.2亿元，较上年下降3.0%。其中，内销下降为1.2%，出口交货值下降23.9%。效益方面，2015年规模以上工业企业经济效益综合指数为303.3，较上年提高2.8个百分点。规模以上工业企业利润实现利润1580.3亿元，同比增速为6.0%。分行业看，电力、热力生产和供应业利润保持较快增长，增速分别为16.2%；通用设备制造业与计算机、通信和其他电子设备制造业利润出现显著下降，同比增速分别为 -12.4% 和 -22.0%。

（2）指标分析

①时序指数

图10-2　2005—2014年北京工业发展质量时序指数

资料来源：赛迪智库整理，2016年1月。

表10-5　2005—2014年北京工业发展质量时序指数

	2005	2006	2007	2008	2009	2010	2011	2012	2013	2014	2005—2014年均增速
速度效益	100.0	107.3	124.9	100.7	117.8	133.6	137.7	143.5	141.1	151.9	4.8%
结构调整	100.0	98.9	125.6	119.3	118.6	115.5	107.1	107.7	108.3	104.4	0.5%
技术创新	100.0	99.7	140.1	183.2	147.5	152.3	194.3	222.6	206.6	205.5	8.3%
资源环境	100.0	108.7	115.6	135.2	132.9	116.2	130.9	149.8	181.8	209.2	8.5%
两化融合	100.0	103.6	119.5	125.2	131.8	135.3	135.6	141.5	143.7	146.9	4.4%
人力资源	100.0	116.0	127.5	143.7	154.0	172.1	186.3	205.4	225.8	244.8	10.5%
时序指数	100.0	104.4	125.6	133.7	131.5	133.1	142.8	154.8	159.9	167.5	5.9%

资料来源：赛迪智库整理，2016年1月。

纵向来看，北京工业发展质量时序指数自2005年的100.0上涨至2014年的167.5，年均增速为5.9%，低于全国平均增速。

北京在技术创新、资源环境和人力资源方面提升较快，年均增速分别达到8.3%、8.5%和10.5%。技术创新方面，单位R&D经费支出的发明专利数快速增长，增速高达14.4%。资源环境方面，单位工业增加值能耗、工业主要污染物排放强度增速显著，分别达到12.2%和15.5%。人力资源方面，第二产业全员劳动生产率和工业职工平均工资增速分别为9.7%和14.7%，是促进该方面快速发展的主要因素，但是就业人员平均受教育年限增速仅为1.3%，增长缓慢。

北京在速度效益和两化融合方面发展比较均衡，稳步提高，年均增速分别为4.8%和4.4%。速度效益方面，4项指标均有所提升，工业成本费用利润率增长相对较快，年均增速为8.2%。两化融合方面，互联网普及率增长较快，年均增速达11.3%。

北京在结构调整方面呈低速增长，年均增速仅为0.5%，主要是由于高技术产业占比和工业制成品出口占比呈下降趋势，年均增速分别为 –3.9% 和 –7.3%。

②截面指数

表 10-6　2005—2014 年北京工业发展质量截面指数排名

	2005	2006	2007	2008	2009	2010	2011	2012	2013	2014
速度效益	26	30	30	30	26	28	30	25	28	22
结构调整	7	6	5	5	5	6	6	6	6	7
技术创新	3	5	2	1	4	2	1	1	1	1
资源环境	2	1	1	1	2	4	3	1	1	1
两化融合	1	1	1	1	1	1	1	1	1	1
人力资源	4	2	4	2	5	2	3	2	1	1
截面指数	3	3	2	1	2	2	2	2	2	2

资料来源：赛迪智库整理，2016 年 1 月。

横向来看，北京工业发展质量截面指数连续多年处于全国前列，领先优势明显。2014 年截面指数为 62.4，排在全国第 2 名。

北京在技术创新、资源环境、两化融合和人力资源方面表现突出，均处于全国首位。技术创新方面，大中型工业企业 R&D 人员投入强度处于全国首位，且近年来始终保持领先位置；大中型工业企业单位 R&D 经费支出发明专利、大中型工业企业 R&D 经费投入强度和大中型工业企业新产品销售收入占比表现较好，分别为第 2 名、第 7 名和第 9 名。

资源环境方面，单位工业增加值能耗和工业主要污染物排放强度处于全国首位，且近年来始终保持领先优势，是支撑资源环境的有利因素；但工业污染治理投资强度表现欠佳，2014 年仅排在第 23 名，且始终处于全国下游位置。

两化融合方面，电子信息产业占比和互联网普及率表现突出，多年来始终处于全国首位，领先优势十分明显；但是工业应用信息化水平呈下滑趋势，2005 年为第 2 名，2014 年已经滑落至第 13 名。

北京在结构调整方面处于全国上游水平，为第 7 名，且多年来变化不大。其中，高技术制造业主营业务收入占比表现突出，排在全国第 3 名；但是小型工业企业主营业务收入增速表现欠佳，2014 年仅排在全国第 27 名，成为制约结构调整发展的不利因素。

北京在速度效益方面处于全国下游水平，2014 年仅为第 22 名。其中，工业成本费用利润率和工业主营业务收入利润率相对较好，分别排在第 6 名和第 4 名，较 2013 年有较大幅度提升；但工业增加值增速和总资产贡献率的排名均表现欠佳，分别处于全国第 24 名和第 27 名，是影响速度效益的主要不利因素。

③原因分析

近年来，北京在技术创新、两化融合、资源环境和人力资源等方面都取得了明显成效。

技术创新方面，习近平总书记视察北京并发表重要讲话，明确了全国政治中心、文化中心、国际交往中心、科技创新中心的城市战略定位。2014 年，北京综合科技进步水平继续居全国首位，创新驱动发展格局初步形成。中关村国家自主创新示范区建设步伐加快，"1+6""新四条"等一系列先行先试政策加快落实，出台了加快全国科技创新中心建设的意见，发布了实施"京校十条""京科九条"，开展科技成果使用、处置、收益管理改革和股权激励的试点。创新生态系统不断优化，涌现出了一批国际领先的重大科技成果，催生了一批新技术、新产品、新模式、新业态。

两化融合方面，北京市两化融合水平稳步提升，位列全国第一梯队。2014 年，北京市两化融合发展总指数为 84.81。北京不仅建成了全国领先的两化融合基础环境，而且一方面通过信息技术融合应用带动企业创新。涌现出长安、康明斯、大唐、紫光、国电联合动力、四方继保、航天东方红等一批具有影响力的创新型企业；另一方面创制了 SCDMA、TD-SCDMA、TD-LTE、闪联、McWiLL 等一批在国际上有重大影响的国际标准。此外，新一代信息技术环境下的知名品牌效益提升，成功培育了联想、小米等一批知名品牌。

资源环境方面，2014 年，北京市组织开展环境建设精细管理行动，拆除违法建筑 4611 万平方米，架空线入地改造 605 公里。加强资源能源保障，南水北调中线一期工程建成通水，陕京三线等重要基础设施建成投用，气象监测预测、预报预警水平稳步提升，城市运行保障和防灾减灾能力显著增强。

人力资源方面，北京的人才综合集聚度多年来一直位居全国首位，高端人才总数、学历结构、专利结构集聚度等具体指标方面也位于所有省市的前列，仅中关村就聚集了全国21%的"千人计划"人才。此外，北京市为继续保持和发挥人才优势，不断探索建立分层次、多领域的引才用才平台，凝聚和培养了一批高端技术人才、科技成果转化人才和项目管理人才，首都人才集群化发展态势良好。

（3）结论与展望

综合时序指数和截面指数来看，北京工业发展质量处于全国领先水平。六个分类指数中，速度效益排名靠后，反映出北京当前京津冀协同发展和产业疏解的背景下，发展重点更侧重于发展质量为主，而不是一味地追求工业的增长速度，北京地区的后发优势在未来几年将越发明显。此外，结构调整指数虽然排名处于全国上游水平，但与其他方面相比仍是北京较弱的方面，北京应在中小企业培养方面应进行重点关注。

未来，北京可以从以下几个方面着手，一是继续支持众创空间的发展，加强政策引导，推进北京市相关大数据平台、公共服务平台与众创空间的对接，提供信息咨询、管理能力培训等服务，最终提升创新创业空间的服务能力；二是加强众创空间与传统产业园区的对接，让孵化项目推进产业化进程。最后，积极对接国家级平台、创新中心，为创新载体提供更多的公共服务。三是鼓励各类创新主体充分利用互联网资源，构建开放式创新体系。推动各类创新创业扶持政策与互联网开放平台的联动协作，为第三方创新创业提供绿色通道服务。推动数字化设计工具在企业产品研发设计中的应用，鼓励应用众包、用户参与设计、迭代式创新、云设计等新型研发组织模式，促进资源共享，加强跨区域、跨国技术转移，实现协同创新。引导企业垂直应用平台之间的数据共享和服务交互。

二、天津

（1）总体情况

①宏观经济总体情况

2015年，天津实现地区生产总值16538.2亿元，同比增速为9.3%。其中，第一、二、三产业增加值分别为210.5亿元、7723.6亿元和8604.1亿元，同比分别增长2.5%、9.2%和9.6%。三次产业结构为1.3∶46.7∶52.0。

②工业经济运行情况

2015年，天津全年工业增加值为6981.3亿元，同比增长9.2%。其中，规模以上工业增加值较上年同比增长 9.3%。2015 年规模以上工业总产值分别为 28016.7 亿元，同比增速为 0.3%。

（2）指标分析

①时序指数

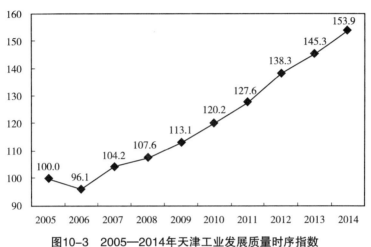

图10-3　2005—2014年天津工业发展质量时序指数

资料来源：赛迪智库整理，2016 年 1 月。

表 10-7　2005—2014 年天津工业发展质量时序指数

	2005	2006	2007	2008	2009	2010	2011	2012	2013	2014	2005—2014 年均增速
速度效益	100.0	106.8	120.9	98.8	109.2	146.3	158.5	166.3	167.9	175.9	6.5%
结构调整	100.0	88.3	102.8	101.4	93.5	95.7	98.7	106.5	111.0	112.6	1.3%
技术创新	100.0	83.0	92.2	104.0	113.4	107.9	115.8	128.2	128.3	134.0	3.3%
资源环境	100.0	94.8	97.6	107.9	122.1	119.3	120.7	134.4	151.3	174.2	6.4%
两化融合	100.0	103.1	95.6	104.9	108.9	115.5	122.8	128.4	135.0	135.1	3.4%
人力资源	100.0	115.4	127.4	145.5	158.9	175.6	197.5	218.8	234.4	253.1	10.9%
时序指数	100.0	96.1	104.2	107.6	113.1	120.2	127.6	138.3	145.3	153.9	4.9%

资料来源：赛迪智库整理，2016 年 1 月。

纵向来看，天津工业发展质量时序指数自 2005 年的 100.0 上涨至 2014 年的 153.9，年均增速为 4.9%，低于全国平均增速。

天津在人力资源方面提升较快，年均增速为 10.9%。其中，工业职工平均工资、第二产业全员劳动生产率均呈较快增长，年均增速分别为 14.6% 和 10.9%，共同推动了该方面增长。

天津在速度效益方面保持中速增长，年均增速为6.5%。其中，工业增加值呈快速增长，年均增速高达16.5%，是支撑该方面增长的有利因素；但是，由于其他三项指标总资产贡献率、工业成本费用利润率和工业主营业务收入利润率呈低速增长和负增长，仅为1.6%、−0.1%和0.3%，使得速度效益整体发展处于中速水平。

天津在结构调整、技术创新、资源环境和两化融合方面呈缓慢增长态势，年均增速分别为1.3%、3.3%、6.4%和3.4%。结构调整方面，高技术产业占比、500强企业占比和工业制成品出口占比三项指标均为负增长，年均增速分别为−4.8%、−4.6%和−4.6%，规上工业小企业主营业务收入增长较快，年均增速达到14.8%，但无法抵消其他因素下降带来的不利影响。技术创新方面，R&D人员投入强度呈快速增长，增速高达13.6%，但是单位工业R&D经费支出的发明专利数和大中型工业企业新产品销售收入占比两项指标呈负增长，年均增速分别为−10.4%和−3.5%，是影响该方面的主要不利因素，表明天津在科技创新上投入较大但产出效率不高。资源环境方面，主要污染物排放强度显著下降，增速为15.2%，但是工业固体废物综合利用率和工业污染治理投资强度两项指标主要为下降趋势，尤其工业污染治理投资强度的年均降幅高达11.7%，成为影响资源环境方面的不利因素。两化融合方面，互联网普及率的年均增速为11.9%，是促进该方面发展的有利因素；但电子信息产业占比呈负增长，年均增速为−5.2%，一定程度上抵消了有利因素的作用。

②截面指数

表10-8　2005—2014年天津工业发展质量截面指数排名

	2005	2006	2007	2008	2009	2010	2011	2012	2013	2014
速度效益	7	10	12	12	16	8	6	6	4	3
结构调整	6	7	7	6	7	9	7	7	7	10
技术创新	1	4	4	4	6	6	6	5	7	8
资源环境	1	2	2	2	1	1	1	3	3	3
两化融合	4	4	5	6	6	6	6	7	7	8
人力资源	7	3	2	4	4	6	6	3	3	4
截面指数	2	4	4	5	5	5	5	5	5	7

资料来源：赛迪智库整理，2016年1月。

横向来看，2014年天津工业发展质量截面指数为49.8，排在全国第7名，处于 2005 年以来最低水平。

2014 年,天津的六个方面均处在全国领先水平,表现比较均衡。排名最高的是速度效益和资源环境,排在第 3 名;随后是人力资源,排名为第 4。人力资源方面,第二产业全员劳动生产率和就业人员平均受教育年限表现突出,分别为第 2 名和第 3 名,且近年来始终保持在这一水平;工业城镇单位就业人员平均工资增速自 2012 年以来出现明显回落,从第 9 名下滑至 2014 年的第 28 名。资源环境方面,工业固体废物综合利用率表现突出,近年来始终排在全国首位;工业主要污染物排放强度和单位工业增加值能耗两项指标亦表现较好,但是工业污染治理投资强度出现明显下滑,从 2012 年的第 13 名下滑至 2014 年的第 17 名,是资源环境中排名最差的指标。速度效益方面,工业主营业务收入利润率和工业成本费用利润率增速表现较好,分别排在第 2 位和第 3 位;总资产贡献率排在第 8 名,比 2013 年均上升了一个名次;但是工业增加值增速下降了五个名次至第 9 名。

结构调整、技术创新和两化融合方面处于全国中上游水平,分别为第 10 名、第 8 名和第 8 名。结构调整方面,高技术制造业主营业务收入占比、500 强企业占比和工业制成品出口占比处于全国中上游水平且比较稳定,2014 年分别排在第 7、8、9 名;小型工业企业主营业务收入增速出现显著下滑,2014 年降低了 8 个名次升至第 20 名。技术创新方面,大中型工业企业 R&D 经费投入强度和大中型工业企业新产品销售收入占比分别排在第 2 名和第 7 名,是支撑技术创新的有利因素;大中型工业企业 R&D 经费投入强度和大中型工业企业单位 R&D 经费支出发明专利两项指标处于中下游水平,分别排在第 11 名和第 20 名。两化融合方面,电子信息产业占比和互联网普及率均表现较好,近年来排名处于中上游水平且相对稳定,2013 年分别排在第 7 名和第 6 名。

③原因分析

速度效益方面,2014 年,以大项目小巨人楼宇经济为重点,全力推动"一三六六"产业加快聚集,主要经济指标实现快速增长。全年八大优势产业占规模以上工业的 89.0%。其中,航空航天、生物医药等新兴产业分别增长 38.1% 和 17.0%。装备制造业贡献突出,产值合计 9873.94 亿元,增长 9.0%,占规模以上工业的 35.2%,拉动全市工业增长 3.1 个百分点,贡献率达到 43.0%。

人力资源方面,天津市加强人才培养引进,开展"北大、清华学子天津行"、京津冀青年"双创特区直通车"等活动，加快吸引集聚高层次人才。建立人才引进绿色通道，实现"一张绿卡管引才"。继续落实"百万技能人才培训福利计划"，33万人取得执业资格证书。加快重大科技创新平台建设，建成中科院天津工业生物技术研究所等科研院所，国家级实验室增加到61个，引进中科院合作项目264个，到天津发展的国家级院所达到114个。2014年全年申请专利60498件，每万人口专利达到12.2件。全社会研发经费支出占生产总值比重达到3.0%，综合科技进步水平保持全国前列。

资源环境方面，生态环境进一步改善。天津市深入开展"四清一绿"行动，提高排污收费标准，深入推进"美丽天津·一号工程"，利用市级节能专项资金，积极开展节能技术改造工作。全力推进清新空气行动，狠抓煤、尘、车、工业污染、新建项目"五控"治理，空气质量达二级良好水平天数175天。全市共有环境监测站21个。

（3）结论与展望

综合时序指数和截面指数来看，天津在人力资源、速度效益以及资源环境方面表现突出，保持了较快的增长速度，同时排在全国领先的位置。另外天津在技术创新和两化融合方面虽然排名也较靠前，但是增长速度较低，未来应在这两个方面进行重点提升。

未来，天津可以从以下几个方面着手，一是全力推进国家自主创新示范区建设，将滨海新区建设成为高水平创新创业示范区。推进科技成果处置权收益权改革，加快科研院所改革，建立健全科技和金融结合机制。以重大创新平台建设为抓手，集聚一批国家级科研院所，重点建设一批重点实验室、工程中心、协同创新中心、科技孵化器，加强应用基础与前沿技术研究，深入实施智能制造、新能源、生物医药等一批重大科技专项和创新示范工程。二是快速推进新一代信息基础设施建设工作，实施"互联网+"行动计划和大数据发展行动纲要，发展物联网技术和应用，打造智慧城市、智能工厂、智能车间，推进工业生产和服务体系网络化、信息化、智能化。

三、河北

（1）总体情况

①宏观经济总体情况

2015年，河北实现生产总值29806.2亿元，比上年增长6.8%。其中，第一、二、三产业增加值分别为3439.4亿元、14388.0亿元和11978.7亿元，增长速度分别为2.5%、4.7%和11.2%。三次产业比例为11.5∶48.3∶40.2。2015年，河北完成全社会固定资产投资26671.9亿元，同比增长15.0%。其中，完成固定资产投26147.2亿元，较上年同比增长15.5%；农户投资524.7亿元，较上年下降7.0%。在固定资产投资中，第一产业投资增长最快，较上年增长35.4%；而二产和三产投资增速则分别为12.3%和6.5%。2015年，全社会消费品零售总额12934.7亿元，同比增速为9.4%。其中，乡村和城镇消费增速分别为9.8%和9.3。2015年，河北省进出口总值达到514.8亿美元，较上年下降14.2%。其中，进口和出口总值分别为185.4亿美元和329.4亿美元，增速为–23.6%和–7.8%。

②工业经济运行情况

2015年，河北实现工业增加值12626.2亿元，较上年增长4.3%。规上工业增加值达到11244.7亿元，同比增长4.4%。分主要行业看，装备制造业和石油加工、炼焦及核燃料加工业增长较快，同比增速分别为7.0%和9.1%；钢铁工业增长5.1%，化学原料及化学制品制造业增长7.0%，均高于工业整体增速；高新技术产业增加值增速为11.6%，继续保持高速增长。其中，高端装备制造、电子信息、新材料和新能源四个领域分别增长11.8%、13.8%、10.9%和19.7%。

（2）指标分析

①时序指数

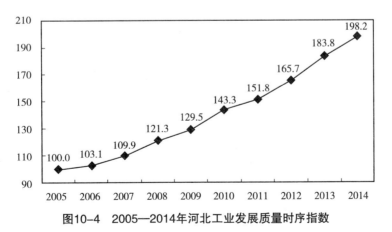

图10-4　2005—2014年河北工业发展质量时序指数

资料来源：赛迪智库整理，2016年1月。

表 10-9　2005—2014 年河北工业发展质量时序指数

	2005	2006	2007	2008	2009	2010	2011	2012	2013	2014	2005—2014 年均增速
速度效益	100.0	108.0	117.4	110.9	110.7	125.8	130.2	128.2	132.7	129.7	2.9%
结构调整	100.0	91.7	109.8	121.3	116.1	137.8	151.1	163.7	175.2	186.4	7.2%
技术创新	100.0	99.9	95.8	99.2	119.1	112.4	130.2	150.1	167.7	180.3	6.8%
资源环境	100.0	102.5	109.8	123.5	132.4	130.9	118.5	129.7	163.1	194.3	7.7%
两化融合	100.0	118.9	111.4	144.7	169.9	209.8	220.4	249.6	280.7	302.8	13.1%
人力资源	100.0	109.9	121.5	137.1	148.2	164.6	184.1	197.5	208.0	218.9	9.1%
时序指数	100.0	103.1	109.9	121.3	129.5	143.3	151.8	165.7	183.8	198.2	7.9%

资料来源：赛迪智库整理，2016 年 1 月。

纵向来看，河北工业发展质量时序指数自 2005 年的 100.0 上涨至 2014 年的 198.2，年均增速为 7.9%，低于全国平均增速。

河北在两化融合和人力资源方面提升较快，年均增速分别高达 13.1% 和 9.1%，比时序指数增速分别高出 5.2 个和 1.2 个百分点。构成两化融合的各指标中，互联网普及率的年均增速高达 24.0%，是促进该方面快速发展的主要因素；工业应用信息化水平增长相对较慢，年均增速为 5.2%。人力资源方面，工业城镇单位就业人员平均工资增速增长较快，年均增速为 13.7%，成为人力资源增长的有利因素，就业人员平均受教育年限相对较低，年均增速为 1.1%。

结构调整、技术创新、资源环境稳步发展，年均增速分别为 7.2%、6.8% 和 7.7%，略微低于时序指数年均增速。结构调整方面，小企业主营业务收入增速涨幅明显，高达 20.3%，是支撑结构调整平稳增长的主要因素，但是 500 强企业占比呈负增长，年均增速为 -1.4%。技术创新方面，各要素增长比较均衡，其中大中型工业企业 R&D 人员投入强度相对较高，年均增速为 8.7%。资源环境方面，单位工业增加值能耗和主要污染物排放强度显著下降，增速分别为 7.3% 和 14.1%，但是工业固体废物综合利用率和工业污染治理投资强度则呈现负增长或低速增长，年均增速分别为 -0.3% 和 2.5%。

速度效益呈中低速增长，年均增速为 2.9%。其中，工业增加值快速增长，高达 11.7%，是支撑速度效益平稳增长的主要因素，但是总资产贡献率、工业成本费用利润率和工业主营业务收入利润率均为负增长，年均增速分别为 -1.9%、-2.1% 和 -1.7%，这三个指标成为导致速度效益低速增长的不利因素。

②截面指数

表 10-10　2005—2014 年河北工业发展质量截面指数排名

	2005	2006	2007	2008	2009	2010	2011	2012	2013	2014
速度效益	11	13	20	19	21	25	23	22	20	25
结构调整	9	13	12	13	13	12	11	16	14	16
技术创新	25	27	28	27	27	28	25	25	22	21
资源环境	23	24	25	22	24	25	30	28	27	22
两化融合	16	16	19	17	18	19	20	15	17	17
人力资源	16	19	15	10	15	20	20	23	28	28
截面指数	17	25	24	22	23	26	26	25	26	26

资料来源：赛迪智库整理，2016 年 1 月。

横向来看，2014 年河北工业发展质量截面指数为 25.1，排在全国第 26 名，近年来基本保持这一水平。

2014 年，河北在结构调整和两化融合方面表现相对靠前，分别排在全国第 16 名和第 17 名，且始终比较稳定。结构调整方面，500 强企业占比始终处于全国上游水平，2008 年以来一直排在第 5 名，2014 年则上升到第 4 名，是支撑结构调整的有利因素；但高技术制造业主营业务收入占比和小型工业企业主营业务收入增速均处于全国下游水平，分别排在第 25 名和 24 名。两化融合方面，工业应用信息化水平和互联网普及率表现较好，分别处于全国第 9 名和第 12 名；但电子信息产业占比表现不佳，处于全国第 22 名，且始终处于全国中下游水平，成为制约两化融合发展的不利因素。

2014 年，河北在速度效益、技术创新、资源环境和人力资源 4 个方面处于全国下游水平，分别排在第 25 名、第 21 名、第 22 名和第 28 名。速度效益方面，工业增加值增速、总资产贡献率、工业成本费用利润率和工业主营业务收入利润率四项指标均处于靠后位置，排名分别为第 27、21、22、22 名。技术创新方面，大中型工业企业 R&D 经费投入强度、大中型工业企业 R&D 人员投入强度、大中型工业企业单位 R&D 经费支出的发明专利数和大中型工业企业新产品销售收入占比 4 项指标均处于全国中下游水平，其中大中型工业企业单位 R&D 经费支出发明专利数排名最靠后，仅为第 26 名。资源环境方面，工业污染治理投资强度表现较好，排在全国第 7 名，但是单位工业增加值能耗和工业固体废物综合利用率处于下游水平，分别为第 22 名和第 23 名。人力资源方面，就业人员平均受教

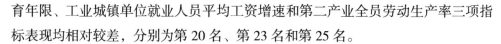

育年限、工业城镇单位就业人员平均工资增速和第二产业全员劳动生产率三项指标表现均相对较差,分别为第20名、第23名和第25名。

③原因分析

河北在两化融合和结构调整方面表现较好,处于全国中游水平且呈较快增长。

结构调整方面,2014年,河北省产业结构发生积极变化,服务业对经济增长的贡献率首次超过50%。"有中生新"改造提升传统产业,实施"十百千"工程和千项技改项目,工业投资增长17.5%,新增规模以上工业企业1700多家。"无中生有"培育壮大新兴产业,重点发展新能源、电子信息、生物医药等12个优势产业,全省高新技术产业、装备制造业增加值分别增长12%和10%,高于规模以上工业增速7个和5个百分点。

两化融合方面,相关工作稳步推进。一是召开了全省食品、建材行业两化融合推进会暨解决方案推广培训会,相关企业介绍了两化融合工作经验,推广了行业两化融合解决方案。二是唐山、衡水、承德、廊坊等市举办了两化融合高级培训班,石家庄、唐山、保定等市开展了"互联网+工作的革命"2015协同行业解决方案百城巡礼活动。三是培育和完善两化融合支撑体系,印发了《河北省信息化与工业化融合创新服务示范单位评审管理办法(试行)》。唐山市依托示范单位开展了11次"企业两化融合义诊活动",参与企业达200多家。沧州市开展企业信息化巡检及对标行动,100多家企业参与了活动。邢台市大力推广企业首席信息官制度,在全市30家重点企业开展了试点,并举办了首期企业首席信息官培训。

(3)结论与展望

综合时序指数和截面指数来看,河北在结构调整和两化融合方面表现相对较好,稳步增长的同时处于全国中等水平;人力资源和速度效益指数呈较快增长但处于全国下游水平,说明河北在这两个方面有较大的提升空间。

未来,河北应从以下几个方面着手:一是实现供给与需求有效对接,扩大有效需求,构建多点发力、多元支撑的增长动力格局;二是整合资源,加大创新投入,聚焦智能制造、节能环保、新能源开发、生物等新兴产业,着力在高新技术孵化和产业化、传统产业转型升级、战略性新兴产业壮大、破解资源环境矛盾等方面实现新突破;三是加强制度、管理、商业模式等方面的创新,促进企业管理标准化智能化,引导创新要素和传统要素形成新组合;四是实施人力资源提升行动计划,引进用好京津人才智力,搭建科技人才信息共享平台,提高人才服务水平,加强行政人员、企业家、专业技术人员、本硕博毕业生和农民工"双创"能力培训,为创新发展提供人力资源保障和智力支撑,健全跨区域人才流动机制,吸引高层次领军人才和团队到河北创新创业。

四、山西

（1）总体情况

①宏观经济总体情况

2015年,山西完成生产总值12802.6亿元,较上年增长3.1%。其中,第一产业增加值为788.1亿元,同比增长1.0%,占比为6.2%;第二产业增加值为5224.3亿元,同比增速为-1.1%,占比为40.8%;第三产业增加值为6790.2亿元,同比增速为9.8%,占比为53.0%。

2015年,山西完成全社会固定资产投资14137.2亿元。分产业看,第一产业投资增长速度最快,为69.1%,其次为第三产业,增速15.7%;第二产业投资同比增长4.0%,低于全社会固定资产投资增速。2015年全省社会消费品零售总额为6030.0亿元,同比增长5.5%。其中,城镇消费品零售额为4913.5亿元,增长5.4%;乡村消费品零售额为1116.5亿元,同比增长5.7%。2015年全省进出口总额为147.2亿美元,同比下降9.3%。其中,进出口总额均呈负增长,同比增速分别为-13.7%和-5.8%。

②工业经济运行情况

2015年,山西省规模以上工业增加值下降2.8%,规模以上工业企业3731家,较上年增加11家,规模以上工业企业主营业务收入实现14393.7亿元。其中,煤炭工业、冶金工业、装备制造业、电力工业、焦炭工业、化学工业、食品工业、建材工业均呈现不同程度的下降,降幅分别为15.7%、28.6%、9.3%、8.9%、24.7%、12.4%、9.4%、15.6%;而医药工业则实现增长4.0%。

（2）指标分析

①时序指数

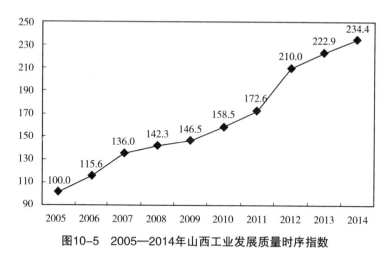

图10-5　2005—2014年山西工业发展质量时序指数

资料来源：赛迪智库整理，2016年1月。

表10-11　2005—2014年山西工业发展质量时序指数

	2005	2006	2007	2008	2009	2010	2011	2012	2013	2014	2005—2014年均增速
速度效益	100.0	109.0	133.4	122.4	102.0	139.1	147.8	127.6	105.8	86.5	−1.6%
结构调整	100.0	112.3	123.8	115.2	100.5	122.1	134.4	168.0	177.0	188.8	7.3%
技术创新	100.0	120.9	127.4	139.4	174.0	157.7	176.9	180.7	198.2	198.1	7.9%
资源环境	100.0	123.5	134.5	134.7	132.5	127.2	122.1	141.1	162.6	160.8	5.4%
两化融合	100.0	115.7	182.3	229.3	263.7	280.8	311.7	494.0	539.6	617.1	22.4%
人力资源	100.0	110.2	124.4	138.9	145.2	168.2	196.3	214.5	218.0	224.3	9.4%
时序指数	100.0	115.6	136.0	142.3	146.5	158.5	172.6	210.0	222.9	234.4	9.9%

资料来源：赛迪智库整理，2016年1月。

纵向来看，山西工业发展质量时序指数自2005年的100.0上涨至2014年的234.4，年均增速为9.9%，高于全国平均增速1.1个百分点。

山西在两化融合方面快速增长，年均增速达到22.4%，比时序指数增速高出12.5个百分点，其中电子信息产业占比和互联网普及率均保持高速增长，年均增速分别高达26.6%和22.6%，有力地促进了两化融合水平的快速提升。

在人力资源、结构调整和技术创新方面保持稳步增长，年均增速分别9.4%、7.3和7.9%。人力资源方面，工业城镇单位就业人员平均工资增速增长较快，增速高达 14.1%，但第二产业全员劳动生产率和就业人员平均受教育年限增长缓慢，分别为 7.7% 和 1.3%，成为人力资源发展的不利因素。结构调整方面，高技术制造业主营业务收入占比和小型工业企业主营业务收入增速快速增长，年均增速分别高达 13.8% 和 15.4%，但 500 强企业占比呈负增长，年均增速为 -7.4%，成为影响结构调整方面的不利因素。技术创新方面，大中型工业企业 R&D 人员投入强度、大中型工业企业 R&D 人员投入强度和大中型工业企业单位 R&D 经费支出的发明专利数实现了较快增长，年均增速分别为 7.0%、8.9% 和 13.4%，是推动技术创新发展的有利因素，但是大中型工业企业新产品销售收入占比为负增长，为 -2.1%，一定程度上抑制了技术创新指数的增长。

山西在速度效益和资源环境方面呈中低速增长或负增长，年均增速分别为 -1.6% 和 5.4%。速度效益方面，工业增加值快速增长，增速为 11.0%，但总资产贡献率、工业成本费用利润率和工业主营业务收入利润率三项指标均为负增长，增速分别为 -7.6%、-14.7% 和 -13.8%，成为速度效益发展的不利因素。资源环境方面，工业主要污染物排放强度明显下降，增速为 11.4%，是促进该方面表现较好的主要因素，但工业污染治理投资强度呈现负增长，年均增速为 -5.5%。

②截面指数

表 10-12　2005—2014 年山西工业发展质量截面指数排名

	2005	2006	2007	2008	2009	2010	2011	2012	2013	2014
速度效益	16	19	18	24	30	19	20	26	30	30
结构调整	27	27	25	28	30	18	19	25	29	27
技术创新	26	23	25	23	21	23	21	24	23	23
资源环境	19	12	10	12	10	18	19	20	19	25
两化融合	23	22	22	22	21	21	22	20	19	19
人力资源	3	9	11	7	16	4	7	12	27	29
截面指数	22	23	23	23	26	18	19	26	28	30

资料来源：赛迪智库整理，2016 年 1 月。

横向来看，2014 年山西工业发展质量截面指数为 14.1，排在全国第 30 名，较 2013 年下降了 2 名，表明山西工业发展质量相对有所降低。

2014 年，山西在两化融合方面处于中等偏下水平，排在全国第 19 名。互联网普及率处于全国上游水平，排名为全国第 9 位，较上一年上升一位；但是工业应用信息化水平和电子信息产业占比两项指标均处于中下游水平，排名分别为第

22 位和第 19 位。

山西在速度效益、结构调整、技术创新、资源环境和人力资源五个方面均处于全国下游水平。分别排在第 30 位、第 27 位、第 23 位、第 25 位和第 29 位。速度效益方面，工业增加值增速排名全国第 29 位，而总资产贡献率、工业成本费用利润率和工业主营业务收入利润率均处于全国末位，导致速度效益指数整体也处于末位。结构调整方面，高技术产业占比、500 强企业占比、小型工业企业主营业务收入增速和工业制成品出口占比排名均比较落后，分别为第 23、24、28 和 19 位。技术创新方面，大中型工业企业 R&D 经费投入强度和大中型工业企业 R&D 人员投入强度表现相对较好，分别排在全国第 16 名和 19 名，但是大中型工业企业单位 R&D 经费支出发明专利和大中型工业企业新产品销售收入占比两个指标处于全国中下游水平，分别为第 24 名和第 25 名。资源环境方面，工业污染治理投资强度表现最好，排名为第 10，但较上年下降了 8 个名次；工业固体废物综合利用率名次略有上升，排在第 15 名，但仍处于全国中等偏上水平；单位工业增加值能耗和工业主要污染物排放强度两项指标排名靠后，分别为第 27 名和第 25 名，导致资源环境方面整体表现一般。人力资源方面，就业人员平均受教育年限表现突出，处于全国第 5 名，与上一年保持同一水平；但是工业城镇单位就业人员平均工资增速处于全国最后一名。

③原因分析

山西在两化融合方面表现较好，排在全国中等水平且呈较快增长。近年来，山西省深入贯彻落实《山西省信息化促进条例》，深化两化融合管理体系贯标试点，太钢等 6 户首批试点企业顺利达标，汾西重工等 6 户企业列入第二批试点。实施了两化融合示范引领工程，总结推广首批两化融合试点企业经验。研究制定了《推进"互联网+"工业实施方案》，推动省政府与中国联通签署《"互联网+"战略合作框架协议》，遴选山西商品电子交易中心股份有限公司等 7 户企业申报互联网与工业融合创新试点，清瑞能源科技（山西）有限公司的"基于互联网的分布式油气井智能控制与数据处理"被确定为试点项目。

（3）结论与展望

综合时序指数和截面指数来看，虽然部分指数增长较快，但六个指数在全国排名均表现较差。由于山西长期以来以能源、化工以及钢铁等重工业为主，在当前化解过剩产能以及经济下行的背景下，导致工业增速全国垫底。

一是优化劳动力、资本、土地、技术、管理等要素配置，激发"双创"活力，释放新需求，创造新供给，推动新技术、新产业、新业态蓬勃发展，加快实现发展动力转换，逐步形成以提升传统优势产业为主导、发展新兴接替产业为先导、全面发展服务业为支撑的产业格局；二是大力发展新能源汽车、装备制造、新材料、生物制造、节能环保等绿色产业，同时积极鼓励企业开展绿色生产，加快循环经济发展步伐；三是有关部门要创新工作思路、加强行业的跟踪分析，为稳定工业发展提供政策保障和宏观指导。四是根据新兴产业发展规划需求，实施人才工程，有针对性地引进多名海外高层次人才；选拔创业式人才；依托博士后流动站、产学研合作平台以及工程技术研究中心等优势资源，培养高端创新型人才。

五、内蒙古

（1）总体情况

①宏观经济总体情况

2015 年，内蒙古实现生产总值 18032.8 亿元，同比增长 7.7%。其中，第一、二、三产业增加值分别为 1618.7 亿元、9200.6 亿元和 7213.5 亿元，分别同比增长 3.0%、8.0% 和 8.1%；三次产业结构为 9∶51∶40。

2015 年，内蒙古全社会固定资产投资 13824.8 亿元，同比增长 14.5%。从投资主体来看，集体单位增长较快，增长 66.3%；个体投资和国有经济单位增速则分别为 18.3% 和 7.2%。消费方面，2015 年内蒙古实现社会消费品零售总额 6107.7 亿元，同比增速为 8.0%。其中，尽管城镇消费仍占社会消费品零售总额的 90.7%，但乡村消费增速快于城镇消费 0.4 个百分点。外贸方面，2015 年进出口总额为 790.4 亿元，同比下降 11.6%。出口和进口降幅分别为 10.8% 和 12.2%。

②工业经济运行情况

2015 年，内蒙古全部工业增加值 7939.2 亿元，较上年增长 8.2%。其中，规模以上工业增加值同比增速为 8.6%。在规模以上工业企业中，轻工业增加值增长 11.3%，快于重工业 3.3 个百分点。主要工业产品产量方面，焦炭、发电量保持较快增长，增速分别为 8.4% 和 8.2%，载货汽车降幅明显，增速为 -18.3%。

原煤和焦炭产量分别较上年下降 8.5% 和 11.8%；天然气产量 290 亿立方米，较上年增长 3.2%；风力发电量和钢材也呈现一定幅度的增长，增速分别为 4.6%、7.8%。

（2）指标分析

①时序指数

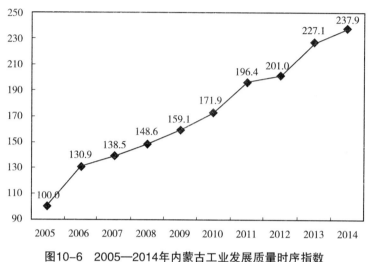

图10-6 2005—2014年内蒙古工业发展质量时序指数

资料来源：赛迪智库整理，2016年1月。

表 10-13 2005—2014 年内蒙古工业发展质量时序指数

	2005	2006	2007	2008	2009	2010	2011	2012	2013	2014	2005—2014年均增速
速度效益	100.0	114.8	152.9	144.2	157.8	198.7	211.1	200.2	199.3	181.8	6.9
结构调整	100.0	116.4	116.8	135.7	139.8	161.4	189.6	194.1	196.3	192.8	7.6
技术创新	100.0	98.8	97.1	109.4	108.8	99.0	103.2	119.9	131.1	131.3	3.1
资源环境	100.0	227.5	208.2	211.8	210.8	199.3	245.5	225.2	337.0	398.9	16.6
两化融合	100.0	104.1	133.1	143.4	183.7	204.3	231.1	257.4	277.6	291.1	12.6
人力资源	100.0	114.1	130.5	151.5	171.5	192.1	217.1	237.1	247.4	260.6	11.2
时序指数	100.0	130.9	138.5	148.6	159.1	171.9	196.4	201.0	227.1	237.9	10.1

资料来源：赛迪智库整理，2016年1月。

纵向来看，内蒙古工业发展质量时序指数自 2005 年的 100.0 上涨至 2014 年的 237.9，年均增速为 10.1%，高于全国平均增速。

内蒙古在资源环境、两化融合、人力资源三个方面增长较快，年均增速为 16.6%、12.6% 和 11.2%，比年均时序指数增速分别高出 5.5 个、2.5 个和 1.1 个百分点。构成资源环境的各指标中，工业主要污染物排放强度明显降低，工业污染治理投资强度也明显增大，增速分别为 19.7% 和 21.2%。两化融合方面，互联网普及率的年均增速为 28.2%，是促进该方面快速发展的主要因素；电子信息产业占比为负增长，年均增速为 –8.8%。人力资源方面，工业城镇单位就业人员平均工资增速和第二产业全员劳动生产率年均增速分别为 14.8% 和 11.6%，比年均时序指数增速高出 4.7 个和 1.5 个百分点，是促进该方面快速发展的主要因素。

内蒙古在速度效益、结构调整和技术创新方面增长较为缓慢，年均增速为 6.9%、7.6% 和 3.1%。构成速度效益的 4 项指标中，工业增加值快速增长，年均增速达 19.0%，其他三项指标工业总资产贡献率、工业成本费用利润率和工业主营业务收入利润率均呈负增长，年均增速分别为 –1.0%、–2.1% 和 –1.6%。构成结构调整的 4 个指标中，小型工业企业主营业务收入增速表现较好，增速高达 27.1%，其余 3 个指标高技术制造业主营业务收入占比、500 强企业占比和工业制成品出口占比年均增速均出现下滑，年均增速分别为 –5.5%、–7.4% 和 –6.4%，阻碍了内蒙古结构调整指数的增长。技术创新方面，大中型工业企业 R&D 经费投入强度和大中型工业企业 R&D 人员投入强度增长速度较快，分别为 8.6% 和 7.1%，是促进技术创新方面增长的主要原因，但是大中型工业企业新产品销售收入占比为负增长，年均增速为 –7.4%，影响了技术创新水平的提高。

②截面指数

表 10-14　2005—2014 年内蒙古工业发展质量截面指数排名

	2005	2006	2007	2008	2009	2010	2011	2012	2013	2014
速度效益	4	4	4	5	3	3	3	5	3	15
结构调整	12	15	17	23	20	30	25	29	30	30
技术创新	23	24	26	25	26	26	27	26	24	24
资源环境	29	26	26	27	28	28	17	27	22	17
两化融合	25	23	23	23	23	24	25	26	27	28
人力资源	1	5	1	3	1	1	1	1	2	3
截面指数	13	15	11	17	14	21	15	19	22	25

资料来源：赛迪智库整理，2016 年 1 月。

横向来看，2014 年内蒙古工业发展质量截面指数为 25.4，排在全国第 25 名，较 2013 年下滑了 3 个名次。

2014 年，内蒙古在人力资源方面排在全国第 3 名，处于全国领先水平。其中，第二产业全员劳动生产率排在全国第 1 名，是促进内蒙古人力资源方面全国领先的主要支撑指标，但是工业城镇单位就业人员平均工资增速出现明显下降，2014年下降7个名次至第27名。

内蒙古在速度效益方面表现较上一年下滑明显，2014年下降12个名次至全国第15名。其中，总资产贡献率排在全国第25名，是影响速度效益指数向好的不利因素。

2014年，内蒙古在结构调整、技术创新、资源环境和两化融合四个方面均处于全国下游水平，分别排在全国第30名、第24名、第17名和第28名。结构调整方面，高技术制造业主营业务收入占比、500强企业占比、小型工业企业主营业务收入增速、工业制成品出口占比4项指标均处于全国下游水平，排名分别为第27名、第27名、第26名和第23名。技术创新方面，大中型工业企业R&D人员投入强度表现较好，排在全国第15名，但较上年下降了3个名次；大中型工业企业单位R&D经费支出发明专利和大中型工业企业新产品销售收入占比2个指标均处于全国下游水平，均排名全国第29位，是导致技术创新指数在全国排名比较落后的主要原因。资源环境方面，工业污染治理投资强度表现较好，2014年排在全国第4名；其他3个指标单位工业增加值能耗、工业主要污染物排放强度、工业固体废物综合利用率均处于相对落后水平，排名分别为第23、24、和19位。两化融合方面，互联网普及率表现相对较好，排在全国第16名，但是工业应用信息化水平和电子信息产业占比在全国的排名均比较靠后，排名分别为第26位和第28位。

③原因分析

内蒙古工业经济一直呈平稳增长。从增速上看，2014年全年全部工业增加值8004.4亿元，增长9.5%。其中，规模以上工业企业增加值增长10%。规模以上工业增加值增速实现稳中向好发展态势。工业结构调整成效明显。围绕"五大基地"建设，内蒙古先后制定了10余项产业发展规划，新开工清洁能源、有色装备、农畜产品加工、煤化工等亿元以上工业项目达到1250个。东部和西部盟市工业发展基本同步。西部盟市规模以上工业增加值增速达10.9%，东部盟市规模以上工业增加值增速达10.8%。

人力资源方面，内蒙古自治区深入实施人才强区战略，继续实施"草原英才"工程，按照高端引领、务实管用的理念，培养和引进了一批高层次创新创业型人才。2010年开始，依托"三大平台"和"十大百人计划"，内蒙古自治区已经培育了

916名草原英才、306个创新创业团队和69个创新创业基地,涵盖了社会各个领域,其中许多佼佼者还荣获了国家级荣誉称号,争取到了国家资助的科研项目,一大批行业领先科技成果相继转化,为内蒙古自治区经济社会发展注入了新的活力。

（3）结论与展望

综合时序指数和截面指数来看,内蒙古在人力资源和速度效益两个方面均表现较好,排名靠前且增速较快。但是在结构调整、两化融合等方面的实力仍然相对薄弱,技术创新、资源环境指标也都排在全国中下游。未来,内蒙古需要在以下几个方面推动工业转型升级,实现弯道超车。

一是做好顶层设计,结合"中国制造2025"和互联网行动计划,制定实施产业结构升级调整指导意见与重点产业专项规划,推动内蒙产业结构转型升级。二是加快发展生物技术、信息技术等战略性新兴产业和装备制造业,大力开发风能、太阳能发电;三是推进传统产业转型升级,一些三高产业要向"高精尖"方向发展,冶金、装备制造的产业链条也要升级延伸,促进钢铁、有色金属生产精深加工,农畜产品加工继续做大做强。四是加大知识产权的保护力度,打击一切违规侵权行为,为企业创新营造公平良好的氛围。五是加快新一代信息基础设施建设,鼓励企业依托物联网、大数据进行商业模式创新。建设内蒙古大数据公用平台,全面提升产业网络化、数字化、智能化水平,打造完整的云计算产业链的同时,形成配套产业集群,促进企业向价值链高端发展。

六、辽宁

（1）总体情况

①宏观经济总体情况

2015年,辽宁实现地区生产总值为28743.4亿元,同比增长3.0%。其中,第一产业、第二产业、第三产业增加值及增率分别达到2384.0亿元、3.8%、13382.6亿元、-0.2%、12976.8亿元、7.1%。2015年,辽宁人均地区生产总值达到65521元,同比增长3.1%。2015年,社会消费品零售总额实现12773.8亿元,同比增长7.7%。其中,城镇零售额实现同比增长7.2%,达到11575.2亿元;乡村零售额同比增长13.4%,达到1198.6亿元。2015年,辽宁全年进出口总额实现960.9亿美元,同比增长-15.7%,其中出口总额与进口总额分别达到508.4亿美元、452.5亿美元。金融机构本外币各项贷款余额比上年初增加4811.6亿元,总额达到 47758.2 亿元。2015 年，辽宁全年常住居民人均可支配收入 24576 元。其中，城镇常住居民人均可支配收入比上年同期增长 7.0%，总额达到 31126 元；农村常住居民人均可支配收入比上年同期增长 7.7%，总额达到 12057 元。

②工业经济运行情况

2015 年，辽宁省规模以上工业增加值比上年同期下降 4.8%。其中，采矿业占全省规模以上工业增加值的 9.2%，同比增长 -5.7%；制造业占全省规模以上工业增加值 85.8%，同比增长 -4.9%；电力、燃气及水的生产和供应业占全省规模以上工业增加值 5.0%，同比增长 -1.1%；规模以上工业企业高新技术产品增加值同比增长 3.2%。2015 年，辽宁省全年规模以上工业企业产品销售率达到 98.2%，其中国有及国有控股企业、集体企业、股份合作企业、股份制企业、外商及港澳台商投资企业的产品销售率分别达到 99.1%、98.0%、99.8%、98.0%、98.9%。2015 年，辽宁省共有 14903 户规模以上工业企业，实现主营业务收入 37123.7 亿元，共实现 3019.2 亿元的利税额，其中利润 1191.1 亿元。

（2）指标分析

①时序指数

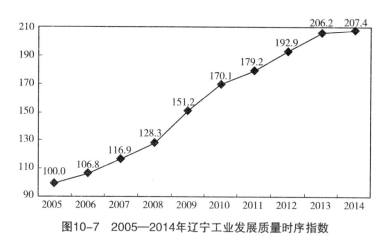

图10-7　2005—2014年辽宁工业发展质量时序指数

资料来源：赛迪智库整理，2016 年 1 月。

表 10-15　2005—2014 年辽宁工业发展质量时序指数

	2005	2006	2007	2008	2009	2010	2011	2012	2013	2014	2005—2014 年均增速
速度效益	100.0	103.9	134.6	116.7	160.0	203.5	198.2	189.6	198.5	179.7	6.7%
结构调整	100.0	101.2	119.6	136.5	153.7	182.1	197.6	213.7	222.1	213.4	8.8%

（续表）

	2005	2006	2007	2008	2009	2010	2011	2012	2013	2014	2005—2014 年均增速
技术创新	100.0	115.5	109.4	123.1	145.6	125.6	130.5	148.4	155.0	160.6	5.4%
资源环境	100.0	110.1	95.1	107.2	116.7	126.4	124.2	139.8	161.2	170.7	6.1%
两化融合	100.0	100.5	122.3	143.2	181.6	215.9	238.7	261.4	289.1	303.0	13.1%
人力资源	100.0	114.2	128.4	148.5	160.2	179.7	200.3	216.5	226.7	242.0	10.3%
时序指数	100.0	106.8	116.9	128.3	151.2	170.1	179.2	192.9	206.2	207.4	8.4%

资料来源：赛迪智库整理，2016年1月。

纵向来看，辽宁工业发展质量时序指数自2005年的100.0上涨至2014年的207.4，年均增速为8.4%，低于全国平均增速0.4个百分点。

辽宁在两化融合方面提升较快，年均增速为13.1%，比时序指数增速高出4.3个百分点。构成两化融合的各指标中，互联网普及率增速较快，年均增速为23.5%，是促进该方面快速发展的主要因素，工业应用信息化水平与电子信息产业占比增长平稳，年均增速分别为4.0%与7.6%。

辽宁在人力资源方面也保持了较快增长，年均增速为10.3%，比时序指数增速高出1.5个百分点。构成人力资源指标中，工业城镇单位就业人员平均工资和第二产业全员劳动生产率均保持较快增长，年均增速分为为13.3%和11.2%，但是就业人员平均受教育年限增长缓慢，年均增速仅为1.0%。

辽宁在结构调整方面与时序指数增速持平，且增速均为8.8%。构成结构调整指标中，规上工业小企业主营业务收入高速增长，年均增速达到27.5%，是推动结构调整和优化升级的重要因素，但是其余三项指标高技术制造业主营业务收入占比、500强企业占比和工业制成品出口占比均为负增长，分别为-0.5%、-6.7%、-2.7%，影响了结构调整的发展。

速度效益、技术创新和资源环境三个方面增速低于时序指数的增速，年均增速分别为3.0%、3.2%和-13.3%。速度效益方面，工业增加值快速增长，年均增速为13.6%，是促进速度效益发展的有利要素。技术创新方面，起主要拉动作用的是大中型工业企业单位R&D经费支出发明专利，年均增速高达12.2%，但是大中型工业企业R&D经费投入强度、大中型工业企业R&D人员投入强度和大中型工业企业新产品销售收入占比表现不佳，年均增速分别为0.8%、0.2%和3.2%，拉低了技术创新增长水平。资源环境方面，工业主要污染物排放强度显著下降，促进资源环境指数增长，但是工业固体废物综合利用率和工业污染治理投资强度呈负增长，年均下降幅度分别为 -1.8% 和 -13.3%。

②截面指数

表 10-16　2005—2014 年辽宁工业发展质量截面指数排名

	2005	2006	2007	2008	2009	2010	2011	2012	2013	2014
速度效益	28	28	27	25	24	22	25	23	24	27
结构调整	10	9	8	8	8	8	10	13	20	22
技术创新	8	14	14	16	17	18	15	15	19	18
资源环境	9	10	19	19	22	22	27	25	24	24
两化融合	10	10	9	9	9	9	10	9	9	9
人力资源	10	8	8	6	11	9	12	9	8	11
截面指数	10	10	12	13	17	15	16	16	18	20

资料来源：赛迪智库整理，2016 年 1 月。

横向来看，2014 年辽宁工业发展质量截面指数为 27.9，排在全国第 20 名，落后于 2013 年排名。

2014 年辽宁在两化融合方面方面表现较好，排在全国第 9 位。其中，电子信息产业占比和互联网普及率两项指标均表现较好，分别排在全国第 9 位和第 7 位；但是，工业应用信息化水平处于全国中下游水平，排在第 18 位。

2014 年辽宁在人力资源方面排在全国第 11 位，处于全国中上游水平。其中，第二产业全员劳动生产率表现较好，排在全国第 7 位；工业城镇单位就业人员平均工资增速和就业人员平均受教育年限表现一般，分别排在全国第 20 位和第 10 位。

2014 年，辽宁在结构调整方面排在第 22 位，处于全国中下游水平。其中，500 强企业占比和工业制成品出口占比表现较好，分别排在第 10 位和第 8 位，是支撑结构调整指数排名靠前的主要因素；小型工业企业主营业务收入增速与高技术制造业主营业务收入占比表现较差，分别排在第 29 位和第 20 位，处于全国下游水平。

辽宁在资源环境方面排在第 24 位，实力相对较弱，处于全国下游水平。资源环境方面，单位工业增加值能耗和主要污染物排放强度，分别排在第 16 位和第 17 位，对辽宁资源环境的改善起到了重要作用，但工业污染治理投资强度和工业固体废物综合利用率排名相对较低，分别排在全国第 18 位和第 30 位，影响了辽宁资源环境指数的总体排名。

技术创新方面实力相对较弱，排在全国第 18 位。其中，大中型工业企业 R&D 经费投入强度和大中型工业企业新产品销售收入占比表现较好，分别排在全国第 8 位和第 12 位；但是大中型工业企业 R&D 人员投入强度和大中型工业企业单位 R&D 经费支出发明专利处于相对落后水平，排名分别为第 24 位和第 28 位，影响了技术创新指数的排名。

辽宁在速度效益方面处于下游水平，排在第 27 名，较 2013 年下滑了 3 名。其中，工业增加值增速、工业成本费用利润率、工业主营业务收入利润率均排名靠后，分别排在全国第 26、27 和 27 位，表明辽宁工业在增长速度和效益方面实力都较弱；相对来说，总资产贡献率表现相对较好，排在第 20 位。

③原因分析

2005—2014 年，辽宁在两化融合和人力资源方面取得了不错的成绩。两化融合方面，辽宁省密切联系本地实际情况，以国家新型工业化综合配套改革试验区和振兴老工业基地为发展战略机遇，积极推行《推动两化深度融合促进四化同步发展行动计划》，促进产业结构调整和战略性新兴产业发展，助力信息化和工业化深度融合。人力资源方面，辽宁适时采取有效激励措施，特别是中共辽宁省委组织部等六部门联合下发了《辽宁省"十百千高端人才引进工程"实施办法》（辽人社发〔2009〕1 号），为高层次人才营造良好的环境，重点针对能够引领重点支柱产业发展的高端人才，加大引进力度同时不断提高引进海内外高层次创业创新人才水平，改善人才结构同时也有利于形成可持续成长的人才引进机制，现已经取得了一定成效。

（3）结论与展望

综合时序指数和截面指数结果，辽宁在两化融合和人力资源方面取得了一定成效，但速度效益、结构调整以及资源环境等指标处于全国下游水平，增速较为缓慢，进而成为辽宁下一步需要改进和提升的主要方面。

速度效益方面，辽宁要从绿色可持续发展为主推动工业增长。一是大力发展新能源汽车、节能环保、研发设计等绿色产业，力争从节能技术、节能产品等环节，加大绿色产业发展步伐。二是全方位提高辽宁骨干企业及大型企业核心竞争力，促进产业集聚，提高资源利用效率。三是依托重大工业项目、科技项目、新兴产业项目等，促进优质资源向核心企业汇集，提高资源优化配置。四是加强兼并重组力度，提高辽宁工业发展所需的关键核心技术的研发力度，拓展产业链横向与纵向延伸。

结构调整方面,辽宁瞄准"高精尖"经济结构,积极响应《国务院关于近期支持东北振兴若干重大政策举措的意见》,狠抓政策措施的落实。一是强有力推进高端制造装备基地建设,增强龙头企业国际竞争力。二是积极促进石化产业转型升级,加快产业多元化发展步伐。三是大力发展辽宁航空航天、智能制造、生物医药、工业机器人等新兴战略产业。四是拓展生产性服务业范围,加速二三产融合步伐。

资源环境方面,积极转变经济增长方式,加速节能减排发展步伐。一是将循环经济、绿色经济作为未来工业经济的重点,加大工业企业的大气污染以及工业固废治理力度等。二是加大节能减排的关键技术研发力度,重点推广和应用《辽宁省产业能效指导目录》中的重点节能减排新技术和新产品。三是积极完善节能减排的考核体系,切实落实节能降耗责任,强化生产管理。

七、吉林

(1)总体情况

①宏观经济总体情况

2015年,吉林完成地区生产总值14274.11亿元,同比增速为6.5%。其中,第一、二、三产业地区生产总值分别为1596.28亿元、7337.06亿元和5340.77亿元,同比增速分别为4.7%、5.6%和8.3%。投资方面,2015年吉林省全社会固定资产投资总额为12508.59亿元,同比增长12.6%。其中,第一、二、三产业投资额分别为540.69亿元、7019.57亿元和4948.33亿元,分别同比增长25.2%、11.3%和13.2%。消费方面,吉林2015年社会消费品零售总额为6646.46亿元,同比增速为9.3%。其中,城镇消费品零售额和乡村消费品零售额分别为5870.17亿元和776.29亿元,同比增速分别为9.0%和11.6%。对外贸易方面,2015年吉林实现进出口总值189.4亿美元,同比增速为-28.2%。其中,出口总值和进口总值分别为46.5亿美元和143亿美元,同比增速分别为-19.5%和-30.7%。2015年吉林城镇常住居民人均可支配收入与农村常住居民人均可支配收入分别达到24901元、11326元,同比增速分别为7.2%、5.1%。

②工业经济运行情况

2015年,吉林完成工业增加值6054.63亿元,同比增长5.3%。其中,轻、重工业分别实现增加值1956.59亿元和4098.04亿元,同比增速分别为6.7%

和 –0.2%。分经济类型看，股份合作企业增长最快，同比增速达 22.5%；股份制企业增速为 10%；国有企业增长相对较慢，同比增长为 –16.8%；外资企业增速仅为 –9.1%；集体企业增速为 13.8%。2015 年全省工业产品销售率达到 98.2%。其中，轻工业与重工业分别达到 96.9%、98.9%；国有企业、集体企业、股份合作企业、股份制企业、外商及港澳台和其他经济类型分别达到 100.3%、98.6%、99.0%、97.8&、97.8%、98.7%。2015 年，吉林规模以上企业单位工业增加值能耗降低率达到 14.4%。

（2）指标分析

①时序指数

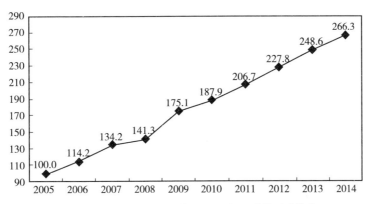

图10-8　2005—2014年吉林工业发展质量时序指数

资料来源：赛迪智库整理，2016 年 1 月。

表 10-17　2005—2014 年吉林工业发展质量时序指数

	2005	2006	2007	2008	2009	2010	2011	2012	2013	2014	2005—2014年均增速
速度效益	100.0	117.3	184.3	139.1	163.4	192.5	210.8	205.9	208.9	218.9	9.1%
结构调整	100.0	120.7	130.6	168.9	203.9	234.8	268.7	323.6	377.0	406.4	16.9%
技术创新	100.0	120.7	112.9	114.0	185.1	149.3	152.6	154.1	128.5	137.5	3.6%
资源环境	100.0	103.3	124.2	126.9	140.2	145.9	160.6	183.8	218.2	236.8	10.1%
两化融合	100.0	107.6	132.7	141.1	178.4	200.9	214.3	221.2	243.8	260.3	11.2%
人力资源	100.0	110.4	128.3	144.5	157.0	179.9	201.2	220.6	233.9	247.0	10.6%
时序指数	100.0	114.2	134.2	141.3	175.1	187.9	206.7	227.8	248.6	266.3	11.5%

资料来源：赛迪智库整理，2016 年 1 月。

纵向来看，吉林工业发展质量时序指数自 2005 年的 100.0 上涨至 2014 年的

266.3，年均增速为 11.5%，高于全国平均增速 2.7 个百分点。

吉林在结构调整方面快速增长，年均增速为 16.9%。其中，规上小企业主营业务收入高速增长，年均增速高达 34.9%，是促进结构调整指数的快速增长的主要支撑要素，500 强企业占比呈较快增长，年均增速为 10.7%，高技术产业占比和工业制成品出口占比增速平稳，年均增速分别为 7.6% 和 4.1%。

吉林在速度效益、资源环境、两化融合和人力资源方面呈较快增长，年均增速分别为 9.1%、10.1%、11.2% 和 10.6%。速度效益方面，工业增加值呈快速增长，年均增速达到 15.7%，总资产贡献率年均增速为 7.7%。而工业成本费用利润率和工业主营业务收入利润率较低，分别为 5.4% 和 5.4%。资源环境方面，主要工业污染物排放强度持续降低，单位工业增加值能耗和工业固体废物综合利用率有所改善，但工业污染治理投资强度出现显著下滑，年均增速为 –4.3%，成为影响资源环境指数改善的不利因素。两化融合方面，互联网普及率高速增长，年均增速为 22.3%，工业应用信息化水平和电子信息产业占比增长相对较慢，年均增速为 1.5% 和 4.7%。人力资源方面，工业就业人员平均工资和第二产业全员劳动生产率增长较快，年均增速分别为 14.5% 和 10.4%，是支撑人力资源发展的有利因素，而就业人员平均受教育年限年均增速仅为 0.9%，增速较慢。

吉林在技术创新方面呈低速增长，年均增速仅为 –3.7%。其中，工业 R&D 人员投入强度和单位工业 R&D 经费支出发明专利数表现较好，年均增速分别为 8.2% 和 5.9%，而工业 R&D 经费投入强度表现一般，年均增速为 1.6%。但是，大中型工业企业新产品销售收入占比呈负增长，年均增速为 –3.7%，给技术创新方面带来不利影响。

②截面指数

表 10–18　2005—2014 年吉林工业发展质量截面指数排名

	2005	2006	2007	2008	2009	2010	2011	2012	2013	2014
速度效益	30	23	9	18	17	17	13	16	19	20
结构调整	28	19	15	11	16	23	15	22	25	24
技术创新	20	15	20	22	9	16	16	18	28	27
资源环境	25	25	22	21	23	19	22	18	14	15
两化融合	15	15	14	15	15	15	19	23	24	23
人力资源	8	13	6	11	10	8	13	6	7	5
截面指数	26	22	13	20	16	16	17	18	23	22

资料来源：赛迪智库整理，2016 年 1 月。

横向来看，吉林工业发展质量截面指数连续多年处于全国下游水平，2014年截面指数为27.3，排在第22位，较2013年提升1名。

2014年吉林的人力资源处于全国上游水平，排在第5位。其中，第二产业全员劳动生产率排在全国第8位，较2013年下滑了2个位次；工业城镇单位就业人员平均工资增速排在第5位，与2013年持平；就业人员平均受教育年限排在第17位。

2014年吉林的资源环境排在第15名，处于全国中游水平，较上年下降了1个名次。其中单位工业增加值能耗和工业固体废物综合利用率近年来表现较好，2014年分别排在第10位和第14位；工业主要污染物排放强度排在第16位；工业污染治理投资强度提升明显，排在全国第20位，较上年提升7个名次，但还是对吉林资源环境的排名产生一定负面影响。

吉林在速度效益、结构调整、两化融合方面处于全国中下游水平，分别排在第20、24和23位。速度效益方面，工业增加值增速在2014年排全国第25位，较2013年下降5个百分点；总资产贡献率近年来上升明显，2014年排在全国第3位，较2013年上升3个名次，处于全国上游水平；工业成本费用利润率和工业主营业务收入利润率始终处于全国中游水平，2014年均处于全国第15位。结构调整方面，小型工业企业主营业务收入增速出现大幅回落，从2013年的第15位下滑至2015年的第25位；高技术制造业主营业务收入占比表现相对较好，排在全国第15位；500强企业占比和工业制成品出口占比始终处于相对落后水平，2014年分别排在全国第20位和第21位。两化融合方面，工业应用信息化水平、电子信息产业占比和互联网普及率3项指标均处于全国下游水平，2014年分别均排在第23、20、19位，直接影响了吉林两化融合指数的排名。

2014年吉林的技术创新排在第27名，处于全国中下游水平，较上年上升了1个名次。其中，大中型工业企业新产品销售收入占比表现较好，排在全国第15位；但是大中型工业企业R&D经费投入强度、大中型工业企业R&D人员投入强度和大中型工业企业单位R&D经费支出发明专利处于相对落后水平，排名分别为第27位、22位和第27位，影响了技术创新指数的排名。

③原因分析

2005—2014年，吉林在资源环境方面取得了不错的成绩。吉林积极制定并实施了《"十二五"节能减排综合性实施方案》以及《2014—2015年节能减排低碳发展实施方案》，并且设立了资源环境保护资金，积极推动大中小企业开展产学研合作，打造节能减排技术公共研发平台，提高能源利用效率，治理工业废弃物排放，灵活运用财政、税收、人才等相关优惠政策，加快工业转型升级，推进以政府为主导、以企业为主体、市场有效驱动的节能减排工作局面。通过技术创新手段有效化解节能减排难题，为企业营造良好的节能减排环境。

2005—2014 年，吉林在人力资源方面取得了不错的成绩。吉林制定并实施了《中共吉林省、吉林省人民政府关于加快发展吉林特色现代职业教育的实施意见》以及积极贯彻落实《人力资源社会保障部关于推进技工院校改革创新的若干意见》，积极开展技能振兴专项活动，明确专项活动方案同时，吉林还针对企业在岗职工、城镇失业人员、农村劳动力等不同类型的人力资源进行分类培训，打造各种职业技能实训基地，有序地推进培训工作开展，提高各层劳动力的就业能力。

（3）结论与展望

综合时序指数和截面指数结果，吉林在人力资源以及资源环境方面取得了一定成效，但技术创新指标处于全国中下游水平，增速较为缓慢，进而成为吉林下一步需要改进和提升的主要方面。

技术创新方面，要依托吉林丰富的高校及研究资源，积极打造协同创新平台，大力开展产学研用合作。吉林要积极筹建国家重点实验室以及省部共建重点实验室，辅以省级重点实验室、省级院士工作站和省级科技创新中心等省级公共技术研发平台为支撑，全力推动大众创业、万众创新，加速重点关键及重大技术的研发步伐，促进技术转化应用。

八、黑龙江

（1）总体情况

①宏观经济总体情况

2015 年，黑龙江实现地区生产总值 15083.7 亿元，同比增长 5.7%。其中，第一、二、三产业分别同比增长 5.2%、1.4% 和 10.4%，三次产业比重为17.5：31.8：50.7。2015 年，与全国相比，黑龙江的第一产业高于全国平均1.3 年百分点，第二产业低于全国平均 4.6 个百分点，第三产业高于全国平均 2.1个百分点。2015 年，黑龙江公共财政收入同比增长 –10.4%，实现 1165.2 亿元。

2015 年，黑龙江居民消费价格指数上涨达到 1.1 个百分点，实现新增就业 71.1 万人员。2015 年，黑龙江城镇常住居民人均可支配收入达到 24203 元，同比增长 7.0%；农村常住居民人均可支配收入达到 11095 元，同比增长 6.1%。2015 年，黑龙江固定资产投资总额达到 9884.28 亿元，同比增长 3.6%，增长排名全国第 29 位。2015 年，黑龙江社会消费品零售总额同比增长 8.9%。2015 年，黑龙江进出口总额达到 209.8 亿美元，同比增长 -46.1%，其中对俄跨境电子商务零售出口货值同比增长 30%，突破 4 亿美元。

②工业经济运行情况

2015 年，黑龙江规模以上工业增加值同比增长 0.4%，增长排名位居全国第 28 位。2015 年，黑龙江全省工业用电量同比增长 -0.63%，共达 535.69 亿千瓦时。其中，2015 年，黑龙江轻工业工业用电量同比增长 13.54%，共达 64.26 亿千瓦时，重工业工业用电量同比增长同比增长 -2.30%，共达 471.42 亿千瓦时。从类别来看，2015 年黑龙江采掘业用电量同比增长 -1.47%，共达 189.12 亿千瓦时；制造业用电量同比增长 -0.91%，共达 192.08 亿千瓦时；电力、燃气及水生产和供应业用电同比增长 0.77%，共达 154.49 亿千瓦时。

（2）指标分析

①时序指数

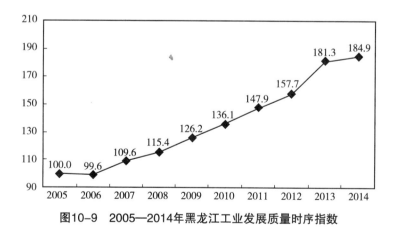

图10-9　2005—2014年黑龙江工业发展质量时序指数

资料来源：赛迪智库整理，2016 年 1 月。

表 10-19　2005—2014 年黑龙江工业发展质量时序指数

	2005	2006	2007	2008	2009	2010	2011	2012	2013	2014	2005—2014 年均增速
速度效益	100.0	103.0	104.7	101.9	77.3	90.1	97.1	95.6	93.3	89.9	−1.2%
结构调整	100.0	91.0	105.1	121.3	133.4	156.1	161.0	181.1	200.1	199.1	7.9%
技术创新	100.0	98.7	114.3	110.9	125.3	130.5	155.0	165.5	184.9	190.5	7.4%
资源环境	100.0	104.0	115.0	111.7	125.5	108.2	123.7	116.3	180.0	185.1	7.1%
两化融合	100.0	99.8	102.1	112.5	144.5	158.1	162.0	177.1	196.1	209.1	8.5%
人力资源	100.0	110.4	120.7	137.3	154.1	177.1	196.5	216.7	232.6	239.4	10.2%
时序指数	100.0	99.6	109.6	115.4	126.2	136.1	147.9	157.7	181.3	184.9	7.1%

资料来源：赛迪智库整理，2016 年 1 月。

　　纵向来看，黑龙江工业发展质量时序指数自 2005 年的 100.0 上涨至 2014 年的 184.9，年均增速为 7.1%，低于全国平均增速 1.7 个百分点。

　　黑龙江在人力资源方面快速增长，年均增速为 10.2%。其中，工业城镇单位就业人员平均工资快速增长，年均增速为 14.5%；第二产业全员劳动生产率也保持较快增长，年均增速为 9.6%；但是就业人员平均受教育年限增长缓慢，增速仅为 0.4%。

　　结构调整、技术创新、两化融合和资源环境均保持较快增长，年均增速分别为 7.9%、7.4%、8.5% 和 7.1%。结构调整方面，规上小企业主营业务收入快速增长，年均增速达到 24.8%，是促进结构调整指数增长的主要因素；500 强企业占比零速增长；高技术制造业主营业务收入占比和工业制成品出口占比均为负增长，年均增速分别为 −2.5% 和 −1.2%，严重制约了结构调整指数的增长。技术创新方面，单位 R&D 经费支出的发明专利数增速较快，年均增速 15.7%；大中型工业企业 R&D 的经费投入强度与人员投入强度增速平稳，分别为 5.4% 和 3.8%；大中型工业企业新产品销售收入占比呈负增长，年均增速为 −2.9%，制约了技术创新指数的增长。两化融合方面，互联网普及率快速增长，年均增速达到 19.6%，是推动两化融合指数增长的主要因素；工业应用信息化水平增速为 1.7%；而电子信息产业占比增速较慢，年均增速为 0.5%。资源环境方面，单位工业增加值能耗与工业污染治理投资强度年均增速分别达到 1.5% 与 12%，这两个指标共同促进了资源环境指数的增长；但是，工业固体废物综合利用率表现不佳，年均增速仅为 −1.9%。

　　黑龙江在速度效益方面表现不佳，年均增速仅为 −1.2%。其中，工业增加值保持快速增长，年均增速为 10.9%，但是，工业总资产贡献率、工业成本费用利润率和工业主营业务收入利润率 3 项指标均呈负增长，年均增速分别为 –6.9%、–13.1% 和 –11.4%。

②截面指数

表 10-20　2005—2014 年黑龙江工业发展质量截面指数排名

	2005	2006	2007	2008	2009	2010	2011	2012	2013	2014
速度效益	1	1	1	1	1	4	2	4	9	19
结构调整	24	26	24	19	23	11	24	17	19	29
技术创新	13	16	15	17	16	12	13	13	16	16
资源环境	10	11	18	17	16	16	12	15	15	14
两化融合	9	9	10	11	11	12	17	17	21	22
人力资源	5	7	7	8	3	5	11	7	9	21
截面指数	7	8	9	8	11	9	12	12	14	21

资料来源：赛迪智库整理，2016 年 1 月。

横向来看，黑龙江工业发展质量截面指数呈下滑趋势。2014 年截面指数为 27.4，排在全国第 21 名，较 2013 年下滑 7 个名次。

黑龙江在速度效益和人力资源方面出现明显下滑，2014 年分别排在全国第 19 名和第 21 名，分别较 2013 年下降 10 个和 12 个名次，处于全国中下游水平。速度效益方面，只有工业增加值增速处于下游水平，2014 年排在全国第 29 名，较 2013 年滑落了 1 个名次。总资产贡献率、工业成本费用利润率和工业主营业务收入利润率 3 项指标自 2005 年以来，一直居全国领先水平，2014 年分别排在全国第 9 名、第 4 名和第 5 名，分别较 2013 年下降 5 个、1 个和 1 个名次。人力资源方面，第二产业全员劳动生产率一直处于全国上游位置，2014 排在第 4 名；工业城镇单位就业人员平均工资增速在 2013 年大幅提升后，2014 年又出现显著下滑，从第 18 名下滑至第 29 名；就业人员平均受教育年限与上年持平，排名处于第 21 位。

技术创新和资源环境方面处于全国中游水平，2014 年分别排在第 16 和第 14 名。技术创新方面，R&D 人员投入强度处于全国上游水平，2014 年排在全国第 5 名；R&D 经费投入强度处于全国中等偏上水平，2014 年排在全国第 14 名；单位 R&D 经费支出的发明专利数和大中型工业企业新产品销售收入占比表现不佳，均处于全国中下游水平，2014 年分别排在第 19 名和第 28 名。

结构调整和两化融合处于相对落后水平，2014年分别排在第29名和22名。结构调整方面，小型工业企业主营业务收入2014年有大幅度下降，从2013年的第7名下降至2014年的第30名；高技术制造业主营业务收入占比、500强企业占比和工业制成品出口占比3项指标都处于下游水平，2014年分别排在第21名、第20名和第24名。两化融合方面，互联网普及率和电子信息产业占比2项指标都相对落后，分别排在第21名和第27名；工业应用信息化水平处于中上等水平，排名处于第12名。

③原因分析

2005—2014年，黑龙江在技术创新方面取得了一定成绩。黑龙江不断健全技术转移机制，积极落实科技成果转化活动，全力打造科技园区建设，畅通科技成果转化道路。黑龙江出台新"工业17条"大力促进工业化和信息化深度融合，助力创新驱动型企业研发高附加值产品。特别是，黑龙江2014年围绕"五大规划"和"十大重点产业"建设，积极推进创新驱动发展战略，深化科技体制改革，加速科技创新步伐，激活经济社会发展活力，尽最大量地释放技术创新对经济社会发展的强大动力。

2005—2014年，黑龙江在资源环境方面取得了一定成绩。近年来，黑龙江积极从源头治理入手，提高项目环保准入门槛，制定并执行差别化节能减排信贷措施，严格落实项目的各项节能环保准入政策，增加节能环保类项目贷款投放规模同时，促使金融机构将环保守法情况作为企业授信的审查条件之一，通过制定专项节能工程等25项地方标准方式强化技术标准体系建设，分解落实目标责任，积极扶持40家重点用能单位的61个产品采标，提高对环境保护考核指标的权重，从严审批，全力推动工业重点领域节能减排。

（3）结论与展望

综合时序指数和截面指数结果，黑龙江在技术创新以及资源环境方面取得了一定成效，但速度效益指标表现不佳，进而成为黑龙江下一步需要改进和提升的主要方面。

速度效益方面，一是黑龙江要坚持节能优先、开源节流及和谐发展原则，构建市场需要的技术服务体系，加大重大关键技术攻关力度，以技术水平来协调发展能源环境经济。二是抓住工业发展重点，强有力推进生态文明建设，大力发展循环经济，打造工业经济绿色发展平台，促进产业结构提质升级。三是以企业为主体，构建高等院校、科研院所以及相关企事业单位，制定并执行产学研用联合推动机制，推动产业集聚发展，集中各方优势资源大力研发一批重大高新技术产品，挖掘工业发展新增长点，适应工业发展新常态。

九、上海

（1）总体情况

①宏观经济总体情况

2015 年, 上海市实现地区生产总值(GDP)2.5 万亿元, 比上年增长 6.9%。其中, 第一产业、第二产业和第三产业地区生产总值分别为 109.78 亿元、7940.69 亿元和 16914.52 亿元, 分别增长 –13.2%、1.2% 和 10.6%; 上海市人均生产总值（按常住人口)为 10.31 万元。2015 年, 上海全社会固定资产投资总额达到 6352.70 亿元, 比上年增长 5.6%。其中, 第一产业、第二产业和第三产业投资分别为 3.95 亿元、958.84 亿元和 5389.91 亿元, 同比增长分别为 –66.7%、–17.1% 和 11.2%。2015 年, 上海社会消费品零售总额达到 10055.76 亿元, 同比增长 8.1%。2015 年, 上海市进出口总额达到 28060.88 亿元, 同比增长 –2.1%。其中, 进口总额达到 15832.33 亿元, 同比增长 0.5%, 出口总额达到 12228.56 亿元, 同比增长 –5.3%。2015 年, 上海市城镇常住居民和农村常住居民家庭人均年可支配收入分别为 52962 元和 23205 元, 分别比上年增长 8.4% 和 9.5%。

②工业经济运行情况

2015 年, 上海工业总产值达到 33211.57 亿元, 同比增长 –0.5%。其中, 电子信息产品制造业、汽车制造业、石油化工及精细化工制造业、精品钢材制造业、成套设备制造业、生物医药制造业的工业总产值分别达到 6159.55 亿元、5168.22 亿元、3375.31 亿元、1159.53 亿元、4001.94 亿元、904.89 亿元, 同比增长分别为 –1.8%、–2.3%、7.1%、–7.6%、0.3%、2.0%。2015 年, 上海全市工业增加值达到 7109.94 亿元, 同比增长 0.5%, 其中规模以上工业总产值达到 31049.57 亿元, 同比增长 –0.8%。2015 年, 上海规模以上工业企业主营业务收入达到 33956.13 亿元, 同比增长 –4.1%; 上海规模以上工业企业利润总额达到 2650.59 亿元, 同比增长 –0.9%; 上海规模以上工业企业税金总额达到 2049.41 亿元, 同比增长 10.2%。

（2）指标分析

①时序指数

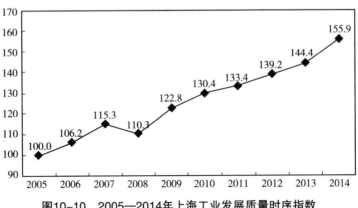

图10-10　2005—2014年上海工业发展质量时序指数

资料来源：赛迪智库整理，2016年1月。

表10-21　2005—2013年上海工业发展质量时序指数

	2005	2006	2007	2008	2009	2010	2011	2012	2013	2014	2005—2014年均增速
速度效益	100.0	102.9	115.7	85.9	109.8	136.9	132.5	129.4	141.5	146.2	4.3%
结构调整	100.0	105.6	104.1	103.7	96.2	99.3	99.4	91.8	87.5	86.2	−1.6%
技术创新	100.0	118.1	116.6	105.7	155.6	146.0	160.6	175.2	190.6	198.4	7.9%
资源环境	100.0	94.5	124.4	117.3	123.0	140.6	133.3	155.0	157.5	201.3	8.1%
两化融合	100.0	100.3	119.4	128.3	133.3	135.0	138.7	147.2	150.8	153.9	4.9%
人力资源	100.0	120.6	120.0	132.3	140.2	151.7	169.3	176.7	186.3	202.1	8.1%
时序指数	100.0	106.2	115.3	110.3	122.8	130.4	133.4	139.2	144.4	155.9	5.1%

资料来源：赛迪智库整理，2016年1月。

纵向来看，上海工业发展质量时序指数自2005年的100.0上涨至2014年的155.9，年均增速为5.1%，低于全国平均增速3.7个百分点。

上海在技术创新、资源环境和人力资源方面快速增长，年均增速分别为7.9%、8.1%和8.1%。技术创新方面，R&D人员投入强度高速增长，年均增速达到15.2%；单位R&D经费支出的发明专利数的年均增速也达到7.8%，这2项指标成为带动技术创新指数增长的主要因素；而R&D经费投入强度、工业新产品销售收入占比增长缓慢，年均增速分别为4.7%和0.7%，限制了技术创新指数的增长。在资源环境方面，主要污染物排放强度年均增速为16%；单位工业增加值能耗年均增速为5.9%；但是工业固体废物综合利用率和工业污染治理投资强度表现不佳，年均增速分别为0.2%和1.2%。人力资源方面，工业就业人员平均工资增速较快，年均增速达到14.3%；第二产业全员劳动生产率和就业人员平均受教育年限提高相对缓慢，年均增速分别为3.2%和1.2%。

两化融合方面，互联网普及率快速提升，年均增速达到11.5%；工业应用信息化水平稳步提升，年均增速为2.7%；电子信息产业占比提高有限，年均增速为1.0%。

速度效益方面，增速稳步提高，年均增速为4.3%。总资产贡献率、工业成本费用利润率和工业主营业务收入利润率3项指标的增长幅度均较低，年均增速分别为2.6%、3.0%和3.0%；工业增加值增速相对明显，年均增速为8%。

上海在结构调整方面进展不大，年均增速为－1.6%。其中，仅规上小企业主营业务收入实现了增长，年均增速为6.8%，而其余3项指标均呈下降趋势，高技术制造业主营业务收入占比、500强企业占比和工业制成品出口占比年均增速分为为－2.3%、－5.3%和－5.2%。

②截面指数

表10-22　2005—2014年上海工业发展质量截面指数排名

	2005	2006	2007	2008	2009	2010	2011	2012	2013	2014
速度效益	23	26	28	28	28	20	29	30	23	21
结构调整	5	3	4	4	6	4	5	5	5	6
技术创新	4	2	5	5	5	5	4	4	3	3
资源环境	5	4	3	3	3	2	2	2	2	2
两化融合	2	2	2	2	2	2	2	2	2	2
人力资源	2	1	5	5	2	10	5	5	4	2
截面指数	4	2	3	4	4	3	4	4	4	3

资料来源：赛迪智库整理，2016年1月。

横向来看，上海工业发展质量截面指数连续多年排在全国前4名，处于全国领先水平，2014年截面指数为58.5，又较2013年上升1位，排在第3位。

速度效益方面，2014年上海排在第21位，较上年排名提升2个名次，但仍处于全国下游水平。其中工业增加值增速排名靠后，2011—2013年连续三年都排在全国第30位，2014年提高到第28名；总资产贡献率一直处于全国下游水平，

157

处于20多名以下，但2014年有所上升，上升至第17位；工业成本费用利润率和工业主营业务收入利润率排名较上年都有明显提高，2014年分别排在第7位和第6位。

结构调整方面，2014年上海排在第6位，处于全国上游水平。其中，高技术制造业主营业务收入占比和工业制成品出口占比始终处于全国前5位之列，2014年均排在第5位；500强企业占比也处于全国上游水平，2014年排在第9位；规上小企业主营业务收入增速一直处于全国落后位置，2013年之前都处于28名之后，但2014年有明显提高，排名处于第17位。

技术创新方面，2014年上海排在第3位，处于全国上游水平。其中，R&D经费投入强度、R&D人员投入强度和工业企业新产品销售收入占比表现最好，2014年分别名列第1名、第3名和第3名；单位R&D经费支出的发明专利数稍微逊色，2014年排在全国第10位。

资源环境方面，2014年上海排在第2位，处于全国上游水平。其中，单位工业增加值能耗、主要污染物排放强度和工业固体废物综合利用率分别排在全国第4位、第2位和第2位；工业污染治理投资强度在全国处于下游水平，2014年排在第21位。

两化融合方面，2014年上海排在第2位，处于全国上游水平。其中，工业应用信息化水平一直处于全国领先水平，2014年排在全国第4位；互联网普及率自2005年以来一直处于第2名；电子信息产业占比提高也很快，排在全国第3位。这表明虽然上海的两化融合水平的年均增速低于全国平均水平，但是由于其基数较高，所以较低的增长也能使其保持全国领先优势。

人力资源方面，2014年上海排在第2位，处于全国上游水平。其中就业人员平均受教育年限自2005年以来一直排在全国第2位，处于全国领先水平；第二产业全员劳动生产率处于上游水平，排在第5位；而工业城镇单位就业人员平均工资增速波动较大，2014年排在全国第3名，较上年提升16个名次。

③原因分析

2005—2014年，上海在速度效益方面取得了一定成绩。上海作为全国经济发展领先地区，已经在工业化与信息化融合方面积累不少经验，通过加强政府顶层规划引导、大力实施财政、税收、金融、信贷等多项优惠政策、部署实施科技重大专项、提供平台共性服务、实施典型示范区、实施创新促进产业结构转型发展、增强协同合作力度等有效措施，有力地促进了产业结构优化升级，激发新兴业态及新兴技术等方面发展，有效促进工业企业成本效益提高以及绿色产业发展。

（3）结论与展望

综合时序指数和截面指数结果，上海在结构调整、技术创新、资源环境、两化融合、人力资源等方面取得明显成效，但速度效益指标表现不佳，进而成为上海下一步需要改进和提升的主要方面。

速度效益方面，上海应积极抓住战略发展机遇，加快传统制造业改造升级，运用云计算、物联网、大数据、"互联网+"等高新技术，加快培育节能环保和新能源汽车两大先导产业，重点发展新一代信息技术、高端装备制造、生物、新能源和新材料等五大主导产业，逐步优化产业结构同时，优化不同行业间的资本配置，提高资本投入产出率，降低企业生产与运营成本，提高劳动生产率，提高企业资产盈利能力，逐步形成新的经济增长点、新兴产业聚集地、新兴产业发展集群，为经济发展注入新动力。

十、江苏

（1）总体情况

①宏观经济总体情况

2015年，江苏实现地区生产总值（GDP）7.0万亿元，比上年增长8.5%。从三次产业看，第一产业、第二产业和第三产业生产总值分别为3987.94亿元、32043.63亿元和34084.81亿元，分别增长3.2%、8.4%和9.3%。2015年，江苏居民人均可支配收入达到29539元，同比增长8.7%。其中，城镇常住居民人均可支配收入达到37173元，同比增长8.2%；农村常住居民人均可支配收入达到16257元，同比增长8.7%。2015年，江苏完成固定资产投资4.5万亿元，比上年增长10.5%。第一产业、第二产业和第三产业投资分别为232.24亿元、22890.96亿元和22781.97亿元，分别增长12.2%、12.8%和8.3%。第二产业投资中，工业投资为2.2万亿元，比上年增长12.4%。其中，制造业投资2.1万亿元，同比增长10.9%；技术改造投资为1.2万亿元，同比增长25.6%。2015年，江苏进出口总额达到5456.14亿美元，同比增长-3.2%。其中，进口额达到2069.45亿美元，同比增长-6.7%，出口额达到3386.68亿美元，同比增长-0.9%。2015年，江苏社会消费品零售总额实现2.5万亿元，比上年增长10.3%。

②工业经济运行情况

2015 年，江苏工业增加值达到 33422.5 亿元，同比增长 8.3%。其中，轻工业工业增加值达到 9446.78 亿元，同比增长 7.6%；重工业工业增加值达到 23975.72 亿元，同比增长 8.6%。2015 年，江苏主营业务收入达到 148283.78 亿元，同比增长 4.8%；主营业务税金及附加达到 1436.56 亿元，同比增长 15.9%。2015 年，江苏工业用电量达到 3903.61 亿千瓦小时，同比增长 0.8%。其中，轻工业工业用电量达到 985.17 亿千瓦小时，同比增长 3.8%；重工业工业用电量达到 2918.44 亿千瓦小时，同比增长 -0.2%。

（2）指标分析

①时序指数

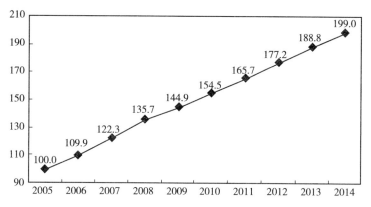

图10-11　2005—2014年江苏工业发展质量时序指数

资料来源：赛迪智库整理，2016 年 1 月。

表 10-23　2005—2014 年江苏工业发展质量时序指数

	2005	2006	2007	2008	2009	2010	2011	2012	2013	2014	2005—2014年均增速
速度效益	100.0	110.7	133.9	144.5	142.9	162.4	169.0	167.7	176.4	184.0	7.0%
结构调整	100.0	125.8	121.1	148.2	149.2	152.3	154.0	162.4	165.3	168.3	6.0%
技术创新	100.0	100.1	115.5	124.3	155.4	162.4	189.6	203.9	212.3	228.0	9.6%
资源环境	100.0	94.9	112.6	113.8	116.5	119.1	124.3	138.7	163.2	178.9	6.7%
两化融合	100.0	109.8	133.8	143.9	161.7	180.7	195.1	212.8	216.5	226.2	9.5%
人力资源	100.0	110.8	121.7	136.7	145.3	161.5	183.0	201.7	233.5	248.0	10.6%
时序指数	100.0	109.9	122.3	135.7	144.9	154.5	165.7	177.2	188.8	199.0	7.9%

资料来源：赛迪智库整理，2016 年 1 月。

纵向来看，江苏工业发展质量时序指数自 2005 年的 100.0 上涨至 2014 年的 199.0，年均增速为 7.9%，低于全国平均增速 0.9 个百分点。

江苏在人力资源、两化融合和技术创新方面快速增长，年均增速分别达到 10.6%、9.5% 和 9.6%。人力资源方面，工业城镇单位就业人员平均工资快速增长，年均增速达到 14.7%；第二产业全员劳动生产率也实现了较快增长，年均增速为 10.1%；就业人员平均受教育年限提高较慢，年均增速为 1.8%。两化融合方面，互联网普及率高速增长，年均增速达到 19.8%，是促进两化融合水平快速提升的重要方面；工业应用信息化水平提高较快，年均增速为 4.8%；电子信息产业占比增长相对较慢，年均增速为 1.9%。技术创新方面，单位 R&D 经费支出发明专利数和 R&D 人员投入强度快速增长，年均增速分别为 15.1% 和 10.6%，是促进技术创新指数快速增长的重要因素；工业企业新产品销售收入占比和 R&D 经费投入强度增长较慢，年均增速分别为 6.0% 和 2.6%。

江苏在速度效益、结构调整和资源环境方面均较快发展，年均增速分别为 7.0%、6.0% 和 6.7%。速度效益方面，工业增加值快速增长，年均增速达到 12.7%；总资产贡献率、工业成本费用利润率和工业主营业务收入利润率 3 项指标增长较慢，年均增速分别为 4.7%、4.5%、4.4%。结构调整方面，规上小企业主营业务收入高速增长，年均增速达到 18.4%，是促进结构调整指数快速增长的重要因素；高技术制造业主营业务收入占比、500 强企业占比和工业制成品出口占比增长相对较慢，年均增速分别为 0.6%、–0.3% 和 2.0%，对结构调整指数的快速增长起到一定的抑制作用。资源环境方面，主要污染物排放强度明显下降，年均增速为 15.3%，对江苏资源环境指数的增长起到了较强的拉动作用；单位工业增加值能耗增速平稳，年均增速为 6.6%；但工业固体废物综合利用率和工业污染治理投资强度比呈下降趋势，年均增速分别为 –0.6% 和 –8.9%，对江苏资源环境指数的增长起到了较强的抑制作用。

②截面指数

表 10-24　2005—2014 年江苏工业发展质量截面指数排名

	2005	2006	2007	2008	2009	2010	2011	2012	2013	2014
速度效益	20	22	25	16	20	26	24	20	16	13
结构调整	2	2	2	2	2	2	2	1	2	2
技术创新	12	13	10	9	7	7	7	9	8	7
资源环境	6	7	5	5	5	5	5	6	5	6

（续表）

	2005	2006	2007	2008	2009	2010	2011	2012	2013	2014
两化融合	5	5	4	4	4	4	4	4	4	4
人力资源	13	12	18	13	18	18	10	11	5	20
截面指数	5	5	5	3	3	4	3	3	3	4

资料来源：赛迪智库整理，2016年1月。

横向来看，江苏工业发展质量截面指数连续多年处于全国上游水平，领先优势较为明显，且自2005年以来排名一直在前5位，2014年截面指数为55.4，排在第4位。

速度效益方面，2014年江苏排在第13位，处于全国中上游水平。其中总资产贡献率近年来一直处于中等偏下水平，2013年开始有所提升，到2014年位列第6位；工业增加值增速处于中下水平，2014年位列第20位；工业成本费用利润率和工业主营业务收入利润率近些年来的排名有所上升，2014年分别排在第14位和第13位。

结构调整方面，2014年江苏排在第2位，处于全国领先水平。其中高技术制造业主营业务收入占比、500强企业占比和工业制成品出口占比3项指标表现突出，多年来都处于全国前5位以内，2014年分别排在第4位、第3位和第2位；规上小企业主营业务收入增速较慢，2014年在全国排名第19位，处于中下游水平。

技术创新方面，2014年江苏排在全国第7位，处于全国上游水平。其中R&D经费投入强度从2013年的第11位提升至2014年的第9位；R&D人员投入强度自2013年的第6位提升至2014年的第4位；工业新产品占比也处于上游水平，由2013年的第7位提升到2014年的第6位；单位R&D经费支出的发明专利数也由2013年的第12位提升到2014年的第9位。

资源环境方面，2014年江苏排在全国第6位，处于全国上游水平。其中单位工业增加值能耗、主要污染物排放强度和工业固体废物综合利用率一直处于全国领先水平，2014年在全国分别排第6、第5和第3，排名均与2013年持平；工业污染治理投资强度一直处于全国下游水平，2014年排在第26位，比2013年下降4个名次。

两化融合方面，2014年江苏排在第4位，处于全国上游水平。其中，工业应用信息化水平和电子信息产业占比一直处于全国上游水平，2014年分别排在第5位和第4位；互联网普及率多年来一直稳定在全国第8位。

人力资源方面，2014 年江苏排在第 20 位，处于全国下游水平，比 2013 年下降 15 个名次。其中，工业就业人员平均工资增速 2014 年排全国第 25 位，比 2013 年下降了 23 个名次；第二产业全员劳动生产率一直处于全国中上游水平，2014 年排在第 11 位；就业人员平均受教育年限处于全国中上游水平，2014 年排在第 9 位。

③原因分析

江苏经济发展一直稳居全国前列，并且随着经济规模持续不断扩张，其工业发展质量并没有出现下滑，而是一直处于全国领先水平，特别是在结构调整、技术创新、资源环境、两化融合等方面表现突出。

2005—2014 年，江苏在结构调整方面取得了不错的成绩。江苏产业规模大，结构调整任务较重，因此重点紧抓培育新业态、新模式，以改造提升传统产业实现产业调优目的，积极实施战略性新兴产业规划，提高自主创新能力；以"智慧江苏""健康江苏""畅游江苏"为载体，积极扩大消费拉动经济增长，培育新的消费增长点；积极打造苏南自主创新示范区，培育特色城市群，推动苏中融合发展，落实苏北发展关键性工程。

2005—2014 年，江苏在技术创新方面取得了不错的成绩。江苏积极落实《省政府关于进一步加强企业技术改造的意见》以及《江苏省科技小巨人企业培育计划实施方案（2013—2015 年）》等政策文件，通过政策规划引导，加大税费优惠政策力度以及财政资金引导等方式，不断拓宽融资渠道，加大技术特别是关键技术的研发力度，提高绿色制造水平，激发企业追求高新技术研发的激情，不断提高企业技术创新特别是自主技术创新的能力，加快技术创新成果产业化步伐。

2005—2014 年，江苏在两化融合方面取得了不错的成绩。江苏省紧跟时代发展步伐，制定并实施了《关于开展 2013 年全省企业两化融合有关工作的通知》，认定依托南京我乐家居制造有限公司等 19 家江苏省两化融合转型升级化示范企业，以及南京高喜电子科技有限公司等 181 家江苏省两化融合试点企业，积极促进自主创新领域、精益制造领域、服务制造领域、绿色低碳安全生产领域等两化融合典型应用领域加速发展，扎实推进企业的两化深度融合，推动产业结构优化升级，全面提高产业的整体竞争力。

2005—2014 年，江苏在资源环境方面取得了不错的成绩。江苏制定并执行了《江苏省生态文明建设规划（2013—2022）》以及《关于深入推进生态文明建设工程率先建成全国生态文明建设示范区的意见》等政策，在全国率先出台省级生态红线区域保护规划，制定推进生态文明建设指标体系，全方位实施生态空间管控，积极建设了常州钟楼经开区、江阴高新区吴江经开区等多家国家生态工业示范园区。

（3）结论与展望

综合时序指数和截面指数结果，江苏在结构调整、技术创新、资源环境、两化融合等方面取得明显成效，但面对经济新常态，江苏在将来一段时间仍需进一步改善资源环境，提高人力资源素质，为经济发展注入新活力。

资源环境方面，江苏应积极发展循环经济，加大绿色产业发展步伐，特别要推动太湖流域沿线城市的产业结构提质升级，尤其要大力激发企业运用云计算、大数据、"互联网＋"等高新技术改造提升传统产业，加大工业污染治理投资强度，同时积极发展经济效益好、高新技术含量高、能源消耗低、污染排放少的智能制造、研发设计等战略性新兴产业，全方位推进生态文明建设。

人力资源方面，江苏应贯彻落实好《江苏省中长期人才发展规划纲要（2010—2020年）》和高层次技术人才引进计划政策等，特别要通过"333"高层次人才培养工程、百万高技能人才培养工程、产业人才开发工程以及汇智计划、"双创"计划、企业家素质提升计划等各种工程项目及规划，加强各种人才的培训力度与强度，全方位提高就业人员特别是科研人才素质，以改革思维大力提高劳动生产率。

十一、浙江

（1）总体情况

①宏观经济总体情况

2015年，浙江省实现地区生产总值（GDP）4.28万亿元，同比增长8.0%。从三次产业看，第一产业、第二产业和第三产业增加值分别为1833亿元、19707亿元和21347亿元，分别增长1.15%、5.4%和11.3%。人均GDP达到7.7万元（按年平均汇率折算为12466美元），增长7.3%。三次产业增加值占比分别为4.3%、45.9%和49.8%，第三产业占比首次超过第二产业。

2015年，浙江省固定资产投资2.66万亿元，比上年增长13.2%。其中，第一产业、第二产业和第三产业投资分别为339亿元、8803亿元和17523亿元，分别增长28.7%、11.0%和14.1%。其中工业投资为8747亿元，增长11.0%。

2015年社会消费品零售总额为1.9万亿元，增长10.9%，扣除价格因素，实际增长11.0%。2015年进出口总额为21566亿元，比上年下降1.1%；其中进口额为707亿美元，下降13.4%；出口额为2767亿美元，增长1.2%。2015年浙江省居民人均可支配收入达到35537元，比上年增长8.8%，扣除价格因素实际增长7.3%；按常住地分，城镇居民和农村居民家庭人均可支配收入分别为43714元和21125元，比上年分别增长8.2%和9.0%，扣除价格因素分别实际增长6.7%和7.5%。

②工业经济运行情况

2015年，浙江省规上工业企业实现增加值13193亿元，比上年增长4.4%；其中轻工业增加值为5689亿元、重工业增加值为7505亿元，比上年分别增长3.5%和4.8%。规上工业企业销售产值64544亿元，同比增长0.2%。规上工业企业完成出口交货值11707亿元，同比下降3.7%。

2015年，制造业中，高新技术产业增加值4910亿元，增长6.9%，占规模以上工业的比重达到了37.2%，对工业增长贡献率为55.7%；装备制造业增加值4856亿元，增长6.3%；战略性新兴产业增加值3367亿元，增长6.9%。

（2）指标分析

①时序指数

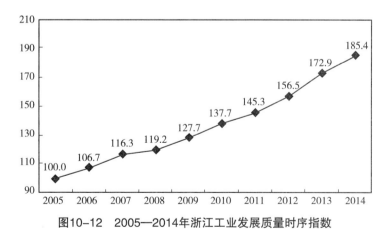

图10-12　2005—2014年浙江工业发展质量时序指数

资料来源：赛迪智库整理，2016年1月。

表 10-25 2005—2014 年浙江工业发展质量时序指数

	2005	2006	2007	2008	2009	2010	2011	2012	2013	2014	2005—2014年均增速
速度效益	100.0	104.0	116.4	102.2	118.6	138.0	138.9	133.1	142.0	145.9	4.3%
结构调整	100.0	98.8	116.6	110.8	109.0	121.4	119.6	123.4	131.3	139.2	3.7%
技术创新	100.0	113.3	119.5	133.3	153.5	157.0	177.3	200.3	223.6	236.1	10.0%
资源环境	100.0	106.8	105.7	107.0	114.3	113.6	122.6	141.1	171.6	192.3	7.5%
两化融合	100.0	113.6	124.5	144.6	154.9	169.6	175.9	192.4	206.0	222.8	9.3%
人力资源	100.0	110.5	117.1	127.7	131.7	145.5	164.3	179.0	195.8	212.4	8.7%
时序指数	100.0	106.7	116.3	119.2	127.7	137.7	145.3	156.5	172.9	185.4	7.1%

资料来源：赛迪智库整理，2016 年 1 月。

纵向来看，浙江工业发展质量时序指数自 2005 年的 100.0 上涨至 2014 年的 185.4，年均增速为 7.1%，低于全国平均增速。

浙江在技术创新、两化融合和人力资源方面快速增长，年均增速分别为 10.0%、9.3% 和 8.7%。技术创新方面，R&D 人员投入强度高速增长，年均增速达到 16.9%，是促进技术创新指数提升的重要因素。工业新产品占比、R&D 经费投入强度和单位 R&D 经费支出的发明专利数增速比较平稳，年均增速分别为 8.2%、7.5% 和 5.7%。

两化融合方面，互联网普及率高速增长，年均增速达到 17.3%，是促进两化融合指数提升的重要因素；工业应用信息化水平稳步提升，年均增速为 6.7%；电子信息产业占比增速较慢，年均增速只有 4.1%。

人力资源方面，工业就业人员平均工资增长较快，年均增速达到 13.3%，是促进人力资源指数提高的主要因素；第二产业全员劳动生产率也稳步提高，年均增速为 6.4%；就业人员平均受教育年限提高较为缓慢，年均增速为 2.3%。

浙江在速度效益、结构调整和资源环境方面增速平稳，年均增速分别为 4.3%、3.7% 和 7.5%。速度效益方面，工业增加值较快增长，年均增速达到 10.3%；总资产贡献率、工业成本费用利润率和工业主营业务收入利润率增长相对较慢，年均增速分别为 0.3%、2.0% 和 2.1%。

结构调整方面，规上小企业主营业务收入快速增长，年均增速为 12.4%；500 强企业占比增长相对较慢，年均增速为 5.5%；但高技术产业占比和工业制成品出口占比出现微幅下降趋势，年均增速分别为 –0.2% 和 –2.4%，对结构调整指数的增长起到抑制作用。

资源环境方面，单位工业增加值能耗和主要污染物排放强度明显下降，年均增速分别为 6.0% 和 14.2%；但工业固体废物综合利用率和工业污染治理投资强度无明显改善，年均增速分别为 0.2% 和 2.8%。

②截面指数

表 10-26　2005—2014 年浙江工业发展质量截面指数排名

	2005	2006	2007	2008	2009	2010	2011	2012	2013	2014
速度效益	22	25	26	26	27	29	27	29	27	23
结构调整	3	5	3	3	3	3	3	3	3	3
技术创新	15	9	11	8	10	8	9	6	5	4
资源环境	7	5	6	6	6	7	7	7	6	5
两化融合	7	7	7	7	7	7	7	6	8	7
人力资源	24	22	28	21	26	17	15	21	21	16
截面指数	8	6	6	6	7	6	7	6	6	5

资料来源：赛迪智库整理，2016 年 1 月。

横向来看，浙江工业发展质量截面指数连续多年处于上游水平，领先优势较为明显，除 2005 年、2009 年、2011 年外，一直排在全国第 6 位，2014 年截面指数为 52.1，排在全国第 5 位。

速度效益方面，2014 年浙江排在第 23 位，处于全国下游水平。4 项指标在全国的排名均处于相对落后水平，严重影响了浙江速度效益指数的整体排名。其中，工业增加值增速和总资产贡献率分别排在第 22 位和第 21 位，工业成本费用利润率和工业主营业务收入利润率分别排在第 21 位和第 20 位。

结构调整方面，2014 年浙江排在第 3 位，处于全国领先水平。其中，500 强企业占比表现最为出色，2014 年排在第 1 位；工业制成品出口占比多年来始终排在第 3 位；高技术产业占比近年来排名不断下滑，2014 年排在全国第 17 位；小型工业企业主营业务收入增速排名处于中游水平，排在全国第 14 位。

技术创新方面，浙江排名不断提高，2014 年排名全国第 4 位。工业新产品占比一直处于全国上游水平，2014 年排在全国第 1 位；R&D 经费投入强度近两年上升较快，2014 年排在全国第 4 位；R&D 人员投入强度排名上升很快，从 2005 年的第 27 位升至 2014 年的第 6 位；单位 R&D 经费支出的发明专利数处于中游水平，2014 年排在全国第 16 位。

资源环境方面，领先优势也比较明显，2014 年排在全国第 5 位。其中，单位工业增加值能耗、主要污染物排放强度和工业固体废物综合利用率都处于全国上游水平，且排名比较稳定；2014年分别排在第7、第7和第4位。排名上升最显著的是工业污染治理投资强度，2012年以前，一直处于全国下游水平，排在20位之后；2012年开始进入中游水平，2014年排在第14位。

两化融合方面，2014年排在第7位，处于全国上游水平。其中互联网普及率自2005年以来一直处于全国上游水平，2014年排在全国第5位；工业应用信息化水平排名提升较大，2014年排在全国第6位；电子信息产业占比排名延续下降趋势，2010年排名第8位，之后一直稳定在第10位，2014年排在第10位。

人力资源方面，多年来一直处于全国下游水平，但2014年排名显著提升，2014年浙江排在第16位，上升5位。其中工业就业人员平均工资增速排名提升较为迅速，从2005年的第24位提升到2014年的第7位；第二产业全员劳动生产率的排名则比较稳定，长期以来一直在落后位置，2014年排在第27位；就业人员平均受教育年限近几年逐步上升到中上游水平，2014年排在第12位。

③原因分析

浙江工业较为发达，工业规模排名全国第4位，工业发展质量排名全国第5位，浙江省在结构调整、技术创新、资源环境等方面锐意改革，成效显著。

结构调整方面，浙江省近年来通过实施《浙江省出口基地管理办法（试行）》《浙江省国际科技合作基地管理办法（试行）》等办法，重点调整外贸结构，提升外贸发展质量，工业制成品出口占比多年来始终排在第3位，保证了结构调整的全国排名。此外，浙江省印发了《浙江省高端装备制造业发展规划（2014—2020年）》，提出了围绕高端装备制造业，重点培育高新型、科技型企业，重点推进机器换人、两化融合等项目，发展现代制造模式，优化制造业结构。

技术创新方面，浙江出台了《关于实施领军型创新创业团队引进培育计划的意见》《浙江省重点企业研究院建设与管理试行办法》《浙江省科学技术奖励办法》《关于加快培育发展科技型小微企业的若干意见》等政策措施，建立健全创新创业生态系统，完善企业创新的体制机制，强化对科技型企业的资金支持，依托研发经费的投入和新产品的创新，实现创新发展模式。

资源环境方面，浙江省出台了《关于建立主要污染物总量控制激励制度推进产业转型升级的通知》《关于实施企业刷卡排污总量控制制度的通知》《浙江省"万吨千家"企业（单位）能源管理体系建设推进计划》等一系列政策文件，严控企业污染排放总量，实行排放交易制度，倒逼企业转型升级。鼓励企业使用节能设备，提升节能管理水平，降低生产制造各环节能耗。

（3）结论与展望

从纵向和横向分析综合来看，浙江省工业发展质量全国领先，浙江省整体处于由从工业化后期迈向后工业化的发展阶段，未来的发展将更多地依赖两化融合和科技创新，从而实现由保障发展规模向提升发展质量方向迈进。

两化融合方面，浙江省要积极贯彻《浙江省人民政府关于建设信息化和工业化深度融合国家示范区的实施意见》，为智慧城市、"机器换人"、绿色制造、"电商换市"等产业营造良好的发展环境，重点推进示范试点等专项行动，促进制造业智能化，服务业产业化，重点打造工业化和信息化深度融合国家级示范区。

人力资源方面，要重点执行好《浙江省专业技术人才知识更新工程（2013—2020）实施方案》，强化教育经费的投入力度，扩大新兴产业领军人才和创新型人才的引进规模，带动人才队伍整体素质的提升，提高全员劳动生产率。

十二、安徽

（1）总体情况

①宏观经济总体情况

2015年，安徽省实现地区生产总值（GDP）2.2万亿元，比上年增长8.7%。从三次产业看，第一产业、第二产业和第三产业增加值分别为2456.7亿元、11342.3亿元和8206.6亿元，分别增长4.2%、8.5%和10.6%。三次产业增加值占比分别为11.5%、53.1%和35.4%，其中工业增加值占GDP比重为43.9%。人均GDP达到35997元（折合5779美元），比上年增加1572元。

2015年，安徽省完成固定资产投资2.39万亿元，比上年增长12.7%。第一产业、第二产业和第三产业投资分别增长了40.8%、13.6%和10.7%。分行业看，工业投资比上年增长14.1%，其中制造业同比增长13.1%，制造业中的装备制造业同比增长11.2%。六大高耗能行业投资增长17.5%。2015年社会消费品零售额8908亿元，比上年增长12%。2015年进出口总额488.1亿美元，下降0.8%。其中，出口总额为331.1亿美元，比上年增长了5.2%；进口总额156.9亿美元，比上年下降了11.3%。从出口商品类别看，机电产品和高新技术产品出口分别同比增长9.2%和10.8%。2015年全省城镇居民和农村居民家庭人均可支配收入分别为

26936元和10821元，同期比上年分别增长8.4%和9.1%，扣除价格因素，实际分别增长7%和7.7%。

②工业经济运行情况

2015年，安徽省规模以上工业企业增加值为9659.8亿元，同期比上年增长8.5%。从细分行业看，40个工业行业中有37个增加值保持增长；其中电子信息业增长23.8%，有色冶炼及加工业增长14.5%，汽车制造业增长13.6%，通用设备制造业增长11.2%，以上行业成为影响工业增速的重要行业。高新技术产业、装备制造业、六大工业主导产业增加值同期分别比上年增长11.8%、11.1%和9.3%。另外，战略性新兴产业产值同期比上年增长17.6%。

2015年，安徽省主要工业产品产量中，原煤增长5.4%、发电量增长0.1%、粗钢增长2.3%、钢材增长0.2%、水泥增长0.8%、彩色电视机增长95.4%；汽车增长31.4%，家用洗衣机、家用电冰箱、房间空调器分别下降12.2%、4.2%和4.5%。

（2）指标分析

①时序指数

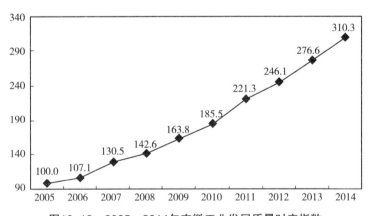

图10-13　2005—2014年安徽工业发展质量时序指数

资料来源：赛迪智库整理，2016年1月。

表10-27　2005—2014年安徽工业发展质量时序指数

	2005	2006	2007	2008	2009	2010	2011	2012	2013	2014	2005—2014年均增速
速度效益	100.0	98.7	109.8	131.6	149.5	182.2	177.4	185.2	187.2	188.2	7.3%
结构调整	100.0	103.9	126.3	140.3	154.7	190.3	265.9	297.9	335.7	411.4	17.0%
技术创新	100.0	109.6	140.3	146.6	180.7	187.7	230.9	271.0	278.7	329.4	14.2%

（续表）

	2005	2006	2007	2008	2009	2010	2011	2012	2013	2014	2005—2014年均增速
资源环境	100.0	110.1	141.4	147.2	155.4	152.7	160.9	185.3	248.5	243.3	10.4%
两化融合	100.0	110.7	137.2	147.1	190.9	221.4	255.1	268.3	319.1	350.8	15.0%
人力资源	100.0	112.5	126.1	142.8	156.9	181.5	210.6	230.6	237.0	249.3	10.7%
时序指数	100.0	107.1	130.5	142.6	163.8	185.5	221.3	246.1	276.6	310.3	13.4%

资料来源：赛迪智库整理，2016年1月。

纵向来看，安徽工业发展质量时序指数自2005年的100.0上涨至2014年的310.3，年均增速为13.4%，高于全国平均增速。

安徽在两化融合、结构调整和技术创新方面均快速增长，年均增速分别达到15.0%、17.0%和14.2%。两化融合方面，互联网普及率高速增长，年均增速高达27.0%，对两化融合指数的增长起到积极促进作用；工业应用信息化水平和电子信息产业占比的年均增速分别为6.3%和6.6%。

结构调整方面，小型工业企业主营业务收入高速增长，年均增速达到34.5%，是促进结构调整指数快速增长的主要因素；高技术产业占比和工业制成品出口占比的年均增速也分别达到了8.1%和11.8%；但是500强企业占比出现下降，年均增速为-0.8%，对结构调整指数的增长起到较大抑制作用。

技术创新方面，单位R&D经费支出的发明专利数高速增长，年均增速达到24.1%，是促进技术创新指数快速增长的主要因素；R&D人员投入强度也增长较快，年均增速达到了10.8%；而R&D经费投入强度和工业新产品占比2项指标则增长缓慢，年均增速分别为4.1%和6.4%。

安徽省在资源环境、人力资源和速度效益方面稳步增长，年均增速分别为10.4%、10.7%和7.3%。资源环境方面，单位工业增加值能耗和主要污染物排放强度均明显改善，年均增速分别为10.9%和19.0%；工业污染治理投资强度波动较大，2015年大幅下降，导致2005—2015年年均增速为-3.2%；工业固体废物综合利用率年均增速仅有1.1%，制约资源环境指数的快速提升。

人力资源方面，工业就业人员平均工资快速增长，年均增速达到14.2%，促进了人力资源指数的增长；第二产业全员劳动生产率也保持了较快增长，年均增速为10.7%；就业人员平均受教育年限提高较慢，年均增速为2.3%。

速度效益方面，工业增加值快速增长，年均增速达到17.3%；其余3项总资产贡献率、工业成本费用利润率和工业主营业务收入利润率都增长缓慢，年均增速分别为 2.3%、1.0% 和 1.0%。

②截面指数

表 10-28　2005—2014 年安徽工业发展质量截面指数排名

	2005	2006	2007	2008	2009	2010	2011	2012	2013	2014
速度效益	14	20	23	14	12	9	15	15	13	16
结构调整	18	17	14	18	14	13	9	21	17	11
技术创新	18	17	13	11	11	10	8	8	6	5
资源环境	21	20	14	13	12	14	15	12	10	12
两化融合	13	13	11	14	14	14	15	12	13	12
人力资源	20	26	24	24	25	25	25	27	30	30
截面指数	21	21	20	16	15	14	14	14	12	11

资料来源：赛迪智库整理，2016 年 1 月。

横向来看，安徽工业发展质量截面指数连续多年处于全国中等偏上水平，2014 年截面指数为 37.5，排在第 14 位。

速度效益方面，2014 年安徽排在第 16 位，处于全国中游水平。其中工业增加值增速排名一直处于上游水平，2014 年排在第 7 位，是支撑安徽速度效益指数排名的主要因素。总资产贡献率、工业成本费用利润率和工业主营业务收入利润率的排名在 2014 年出现些许下降，分别排在第 15 位、第 23 位和第 23 位。

结构调整方面，2014 年安徽排在第 11 位，处于全国中上游水平。其中小型工业企业主营业务收入的排名波动较大，2009—2011 年连续 3 年排在第 2 位，但 2012—2013 年排名下降明显，2014 年再度回升第 5 位。高技术产业占比一直处于中下游水平，2014 年排在第 19 位；500 强企业占比和工业制成品出口占比表现稍好，2014 年分别排在第 13 位和第 11 位。

技术创新方面，近年来一直处于上升趋势，2014 年排在第 5 位，处于全国上游水平。单位 R&D 经费支出的发明专利数排名上升很快，从 2005 年的第 26 位，上升到 2014 年第 1 位。R&D 人员投入强度和工业新产品占比也表现不错，2014 年在全国分别排在第 10 位和第 8 位，均较 2005 年有大幅提升。R&D 经费投入强度一直比较稳定，处于全国中游水平，2013 年排在第 13 位。

资源环境方面，2014 年安徽排在第 12 位，处于全国中上游水平。其中，单位工业增加值能耗和主要污染物排放强度处于中游水平，2014 年分别排在第 14

位和第 15 位。工业固体废物综合利用率近年来在全国的排名较为稳定，2014 年排在第 10 位，是支撑资源环境指数排名靠前的有利因素。工业污染治理投资强度前些年一直处于全国中下游水平，2013 年显著提升后 2014 年再次下降，排在第 25 位。

两化融合方面，2014 年安徽排在第 12 位，处于全国中上游水平。其中工业应用信息化水平排在第 1 位，是推动两化融合指数排名提升的主要因素。电子信息产业占比处于中下游水平，2014 年排在第 17 位，较前几年有一定幅度下降。互联网普及率多年来一直处于下游水平，2014 年排在第 25 位，严重影响了安徽两化融合指数的排名。

人力资源方面，2014 年安徽排在第 30 位，处于全国下游水平。其中工业就业人员平均工资增速排名处于下降趋势，2005 年在全国排第 4 位，2014 年排在第 26 位。而第二产业全员劳动生产率自 2005 年以来一直排在第 30 位，处于全国下游水平。就业人员平均受教育年限也处于全国下游水平，2014 年排在第 28 位。

③原因分析

安徽省是承接长三角产业转移的重点区域，《皖江城市带承接产业转移示范区规划》的落实有力地推动了安徽省工业向高端迈进，尤其是技术创新、结构调整和两化融合等方面成绩突出。

技术创新方面，安徽省重点培育和发展区域创新体系，近年来大力推动创新型省份建设，依托"34122"目标行动，保证了技术创新指标在全国排名第 5，高新技术企业总数在中部地区排名第 1，发明专利数和人员素质的显著提高，成为工业创新的重要动力。

结构调整方面，安徽省主抓传统产业新兴化和新兴产业规模化。在传统产业方面，采取"一企一策"帮助重点企业提升创新能力，支持申报建设国家工程技术中心。在新兴产业领域，推进产业融合，围绕高端智能装备、物联网、新能源等新兴产业，推进重大项目建设。

两化融合方面，积极推动《安徽省信息化和工业化深度融合专项行动计划实施方案（2013—2017 年）》，打造两化融合综合支撑服务公共平台，建立两化融合示范企业申报机制，推进两化融合企业信息化工程，帮助企业寻找支撑点和着力点；同时，工业应用信息化水平排在全国第 1 位，也为推动两化融合打下良好基础。

（3）结论与展望

从纵向和横向分析综合来看，安徽省工业发展质量逐年攀升，目前也接近于全国第11位。当前，安徽省在速度效益方面有所下滑，人力资源更成为提升工业发展质量的短板，未来应重点提升以上两方面发展水平。

速度效益方面，一方面应兼顾结构效益和速度效益，推进工业提质增效，主抓强企、强基、强区、强龙等技改工程，继续加大技术改造投资，加快传统产业转型升级；另一方面，应引导资金更多地投向信息服务、健康医疗、节能环保等新兴产业，重点支持民营工业企业和科技型中小企业发展，发展新业态，寻找新增长点。

人力资源方面，重点落实好《安徽省技能人才振兴计划实施方案（2014—2017年）》，强化高技能人才培养和职业培训，完善企业员工、农民工岗位技能培训机制等，争取人力资源水平迈入全国中游行列。

十三、福建

（1）总体情况

①宏观经济总体情况

2015年，福建省实现地区生产总值（GDP）达到了2.59万亿元，比上年同期增长9.0%。分产业来看，第一产业、第二产业和第三产业增加值分别为2117.65亿元、13218.67亿元和10643.5亿元，分别增长3.7%、8.7%和10.3%。三次产业增加值占比分别为9.3%、51.0%和39.7%。人均GDP达到68260元。

2015年，福建省全社会固定资产投资完成2.16万亿元，同比增长17.2%。分产业看，第一产业、第二产业和第三产业投资分别增长29.9%、16.1%和17.4%;其中制造业投资增长19.5%。2015年社会消费品零售总额为10505.9亿元，增长12.4%。2015年进出口总额达到1693亿美元，比上年下降4.5%；其中出口额和进口额分别为1130.16亿美元和563.4亿美元，分别下降0.4%和11.9%。2015年福建省居民人均可支配收入为25404元，增长8.9%；扣除价格因素，实际增长7.1%；其中城镇居民和农村居民家庭人均可支配收入分别为33275元和13793元，分别增长8.3%和9.0%，扣除价格因素，分别实际增长6.5%和7.2%。

②工业经济运行情况

2015年，福建省规模以上工业增加值1.09万亿元，同比增长8.5%；从细分行业看，在规模以上工业的38个行业大类中，有19个行业增速在两位数。福建省的三大主导产业增加值为 3546.77 亿元，增长 10.1%；其中，机械装备产业、电子信息产业和石油化工产业增加值分别为 1606.9 亿元、728.9 亿元和 1210.9 亿元，分别增长 9.0%、10.8% 和 10.7%。高技术产业增加值为 1005.02 亿元，增长 125%。

（2）指标分析

①时序指数

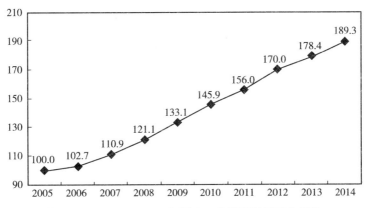

图10-14 2005—2014年福建工业发展质量时序指数

资料来源：赛迪智库整理，2016 年 1 月。

表 10-29 2005—2014 年福建工业发展质量时序指数

	2005	2006	2007	2008	2009	2010	2011	2012	2013	2014	2005—2014 年均增速
速度效益	100.0	117.0	139.5	128.3	142.0	170.3	176.9	172.7	174.2	181.0	6.8%
结构调整	100.0	104.1	106.1	111.0	108.6	122.2	125.5	137.5	137.0	146.1	4.3%
技术创新	100.0	93.0	96.3	115.1	149.3	152.5	172.8	195.2	204.5	210.6	8.6%
资源环境	100.0	95.2	99.0	108.8	117.0	119.7	121.7	146.4	166.9	187.2	7.2%
两化融合	100.0	102.8	118.7	148.1	165.8	181.6	197.7	207.6	214.7	221.6	9.2%
人力资源	100.0	108.1	117.7	131.2	140.3	157.8	179.5	197.1	217.6	235.6	10.0%
时序指数	100.0	102.7	110.9	121.1	133.1	145.9	156.0	170.0	178.4	189.3	7.3%

资料来源：赛迪智库整理，2016 年 1 月。

纵向来看，福建工业发展质量时序指数自 2005 年的 100.0 上涨至 2014 年的 189.3，年均增速为 7.3%，低于全国平均增速。

福建在两化融合、技术创新和人力资源方面提升较快，年均增速分别达到了 9.2%、8.6% 和 10.0%，均高于时序指数年均增速。两化融合方面，互联网普及

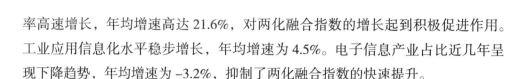

率高速增长,年均增速高达 21.6%,对两化融合指数的增长起到积极促进作用。工业应用信息化水平稳步增长,年均增速为 4.5%。电子信息产业占比近几年呈现下降趋势,年均增速为 -3.2%,抑制了两化融合指数的快速提升。

技术创新方面,R&D 人员投入强度和单位 R&D 经费支出的发明专利数快速增长,年均增速分别为 14.9% 和 12.8%,是促进技术创新指数快速增长的主要因素。R&D 经费投入强度稳步增长,年均增速为 4.3%。而工业新产品占比下降趋势明显,年均增速为 -4.8%。

人力资源方面,工业就业人员平均工资快速增长,年均增速达到 14.5%,促进了人力资源指数的增长;第二产业全员劳动生产率也保持了较快增长,年均增速为 8.4%;就业人员平均受教育年限提高较慢,年均增速为 2.2%。

福建速度效益、资源环境和结构调整方面提升较慢,年均增速分别为 6.8%、7.2% 和 4.3%,均低于时序指数年均增速。速度效益方面,工业增加值快速增长,年均增速达到 15.1%;其余 3 项总资产贡献率、工业成本费用利润率和工业主营业务收入利润率都增长缓慢,年均增速分别为 3.3%、2.2% 和 2.2%。

资源环境方面,主要污染物排放强度明显改善,年均增速为 16.0%;单位工业增加值能耗和工业固体废物综合利用率改善较慢,年均增速分别为 6.4% 和 2.8%;工业污染治理投资强度年均增速为 -11.6%,严重制约资源环境指数的提升。

结构调整方面,小型工业企业主营业务收入高速增长,年均增速达到 18.7%,是促进结构调整指数快速增长的主要因素;工业制成品出口占比提高很慢,年均增速仅为 0.2%;高技术产业占比和 500 强企业占比均出现下降,年均增速分别为 -5.8% 和 -4.4%,对结构调整指数的增长起到较大抑制作用。

②截面指数

表 10-30　2005—2014 年福建工业发展质量截面指数排名

	2005	2006	2007	2008	2009	2010	2011	2012	2013	2014
速度效益	21	15	15	15	15	14	12	12	7	6
结构调整	8	8	10	10	9	7	8	8	9	9
技术创新	14	18	19	18	18	15	12	12	13	13
资源环境	3	6	8	8	7	6	8	5	7	7
两化融合	6	6	6	5	5	5	5	5	5	6
人力资源	26	21	23	19	22	11	8	15	19	19
截面指数	9	9	10	10	8	7	8	8	9	8

资料来源:赛迪智库整理,2016 年 1 月。

横向来看，福建工业发展质量截面指数连续多年处于全国上游水平，2014年截面指数为44.2，排在第8位。

速度效益方面，2014年福建排在第6位，处于全国上游水平。其中工业增加值增速排名一直处于中游水平，2014年有明显提升，排在第2名，是支撑福建速度效益指数排名的主要因素。总资产贡献率、工业成本费用利润率和工业主营业务收入利润率的排名在2014年有所下降，分别排在第11、第13和第14位。

结构调整方面，2014年福建排在第9位，处于全国上游水平。其中，高技术产业占比和工业制成品出口占比一直稳居全国上游水平，2014年分别排在第9位和第6位。500强企业占比和规上小企业主营业务收入排名波动较大，2014年分别排在第19位和第9位。

技术创新方面，近年来一直处于上升趋势，2014年排在第13位，处于全国中上游水平。其中，R&D经费投入强度和工业新产品占比排名一直比较稳定，处于全国中上游水平，2014年分别排在第12位和第13位。R&D人员投入强度和单位R&D经费支出的发明专利数排名上升很快，从2005年的下游水平提高到2014年的中上游水平，2014年分别排在第12位和第15位。

资源环境方面，2014年福建排在第7位，处于全国上游水平。其中，单位工业增加值能耗、主要污染物排放强度和工业固体废物综合利用率都处于上游水平，2014年分别排在第8、第6和第7位。工业污染治理投资强度排名波动较大，2014年排在第13位，处于全国中上游水平。

两化融合方面，2014年福建排在第6位，处于全国上游水平。其中互联网普及率排在第4位，是推动两化融合指数排名提升的主要因素。电子信息产业占比处于上游水平，2014年排在第8位。工业应用信息化水平多年来一直处于中上游水平，2014年排在第10位。

人力资源方面，2014年福建排在第19位，处于全国中下游水平。其中工业就业人员平均工资增速和就业人员平均受教育年限排名波动较大，但逐渐从中下游水平提升至中上游水平，2014年分别排在第16位和第15位。第二产业全员劳动生产率一直处于中游水平，2014年排在第20位。

③原因分析

福建省经济规模位处全国中上游，但在速度效益、资源环境、两化融合方面发展较好，保证了工业发展质量位处全国上游水平。

速度效益方面,近年来福建省在工业领域相继出台了"6+6"、支持技改12条、《福建省人民政府关于进一步促进工贸企业稳定增长六项措施的通知》《福建省人民政府办公厅关于贯彻落实促进进出口稳增长调结构政策措施的实施意见》等措施,鼓励工业企业提质增效、加大技改投入;同时在出口退税、外汇管理、出口保险等多方面鼓励企业扩大出口。在众多优惠政策的支持下,福建省工业保持了良好的增速和效益。

资源环境方面,近年来福建省深入实施生态省战略,大力发展低碳产业,注重培育生态效益型工业发展模式。重点推出了《"十二五"主要污染物总量减排考核办法》,保证工业发展的环境承载力;印发了《节能减排补助资金管理暂行办法》,通过经济政策推进节能减排工作,从而保证了主要污染物排放强度、单位工业增加值能耗等指标在全国排名靠前。

两化融合方面,福建省将两化融合作为工业重点专项行动,积极建设数字福建,推动重点项目建设、开展两化融合管理体系贯标试点、重点建设工业互联网、依托"百千万"企业示范推广、提供两化融合专项资金支持。上述工作的有效落实保证了福建的电子信息产业占比工业应用信息化水平、互联网普及率处于全国上游水平。

(3)结论与展望

综合时序指数和截面指数两项指标来看,福建工业发展质量位处全国前列,但在人力资源和技术创新两方面仍有很大的提升空间,成为提升福建工业发展质量的潜在动力。

人力资源方面,就业人员的平均受教育年限、全员劳动生产率两方面拥有潜在的提升空间。未来一段时期,积极落实好《福建省中长期教育改革和发展规划纲要(2010—2020)》、《福建省"海纳百川"高端人才聚集计划(2013—2017)》等重要规划,将有助于提升劳动力素质、保证高端产业的人才供给,促使福建的人才资源总量有增长、竞争力有提升、人才趋于高端化。

技术创新方面,应加快落实全省工业转型升级专项行动计划,推进创新驱动发展、专利提升专项行动,支持企业创新新产品,提升专利水平,做好推广应用。同时,引导和支持龙头企业集聚创新要素,提升龙头企业创新能力,进而形成上下游协同创新的发展环境。

十四、江西

（1）总体情况

①宏观经济总体情况

2015年，江西省实现地区生产总值（GDP）达到16723.8亿元，比上年增长9.1%。分产业来看，第一产业、第二产业和第三产业增加值分别为1773亿元、8487.3亿元和6463.5亿元，分别增长3.9%、9.4%和10%。三次产业增加值占比分别为10.6%、50.8%和38.6%。人均GDP为36724元，比上年增长8.5%。

2015年，江西省全社会固定资产投资完成16993.9亿元，同比增长16%。分产业看，第一产业、第二产业和第三产业投资分别为428.8亿元、9035.3亿元和7529.7亿元，分别增长35.7%、13.3%和18.4%；其中工业投资8918.3亿元，增长12.8%。2015年社会消费品零售总额为5896.0亿元，增长11.4%。2015年进出口总值2641.5亿元，比上年增长0.7%；其中出口值为2060.9亿元，增长4.8%，进口值为580.6亿元，下降11.7%。2015年江西省城镇居民和农村居民家庭人均可支配收入分别为18437元和11139元，分别增长10.2%和10.1%。

②工业经济运行情况

2015年，江西省规模以上工业增加值7268.9亿元，同比增长9.2%；分行业看，38个行业大类中共有33个保持增长，占比为86.8%；装备制造业实现增加值1655.2亿元，增长11.9%，高于全省平均水平2.7个百分点，贡献率达27.7%。其中，电气机械和器材制造业增加值为495.7亿元，计算机、通信和其他电子设备制造业增加值为383.6亿元，通用设备制造业增加值为175亿元，增速分别达到12.3%、16.5%、13.4%。分产品看，350种工业品中有207种保持增长，覆盖面达59.1%。主要工业品中，十种有色金属167.8万吨，房间空气调节器372.9万台，太阳能电池560.5万千瓦，分别增长2%、13.5%和6%。规模以上工业企业出口交货值增长2.5%，达2333.4亿元。

（2）指标分析

①时序指数

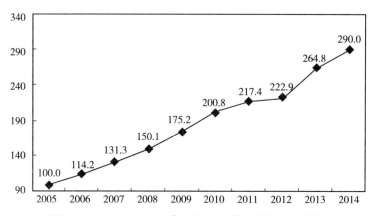

图10-15　2005—2014年江西工业发展质量时序指数

资料来源：赛迪智库整理，2016年1月。

表10-31　2005—2014年江西工业发展质量时序指数

	2005	2006	2007	2008	2009	2010	2011	2012	2013	2014	2005—2014年均增速
速度效益	100.0	120.9	135.6	161.0	159.8	189.5	205.3	218.6	233.5	242.3	10.3%
结构调整	100.0	125.6	154.7	193.7	244.5	292.9	314.5	350.4	383.8	436.7	17.8%
技术创新	100.0	98.0	95.7	91.6	98.8	94.6	92.1	95.8	105.2	115.1	1.6%
资源环境	100.0	107.8	117.7	126.2	141.9	162.5	151.6	166.6	193.1	211.6	8.7%
两化融合	100.0	115.8	148.0	166.0	207.7	232.0	292.2	225.8	371.5	393.1	16.4%
人力资源	100.0	111.5	125.5	140.0	159.9	180.4	206.0	206.5	247.3	267.1	11.5%
时序指数	100.0	114.2	131.3	150.1	175.2	200.8	217.4	222.9	264.8	290.0	12.6%

资料来源：赛迪智库整理，2016年1月。

纵向来看，江西工业发展质量时序指数自2005年的100.0上涨至2014年的290.0，年均增速为12.6%，高于全国平均增速。

江西在结构调整和两化融合方面提升较快，年均增速分别为17.8%和16.4%，比时序指数增速高出5.2个和3.8个百分点。结构调整方面，小型工业企业主营业务收入强势增长，年均增速高达32.4%，大大促进了结构调整的快速提升。工业制成品出口占比和500强企业占比稳步提升，年均增速分别为17.5%和6.2%。高技术产业占比提高较慢，年均增速为2.2%。

两化融合方面，互联网普及率快速提高，年均增速为25.5%，是拉动两化融合指数较快增长的主要因素。电子信息产业占比提高也较快，年均增速为13.0%。工业应用信息化水平提升较慢，年均增速为6.6%。

江西在人力资源、速度效益、资源环境和技术创新方面提升较慢，年均增速均低于时序指数。人力资源方面，工业就业人员平均工资和第二产业全员劳动生产率快速增长，年均增速分别为15.4%和11.4%，促进了人力资源指数的增长；就业人员平均受教育年限提高较慢，年均增速为2.1%。

速度效益方面，工业增加值和总资产贡献率快速增长，年均增速分别达到16.9%和9.0%；工业成本费用利润率和工业主营业务收入利润率稳步增长，年均增速均为6.6%。

资源环境方面，主要污染物排放强度明显改善，年均增速为16.8%；单位工业增加值能耗和工业固体废物综合利用率改善较慢，年均增速分别为9.0%和5.3%；工业污染治理投资强度年均增速为–10.9%，严重制约资源环境指数的提升。

技术创新方面，单位R&D经费支出的发明专利数稳步增长，年均增速为9.9%，是促进技术创新指数快速增长的主要因素。R&D人员投入强度出现负增长，年均增速为–0.8%。而R&D经费投入强度和工业新产品占比下降趋势明显，年均增速分别为–6.2%和–4.9%。

②截面指数

表10-32 2005—2014年江西工业发展质量截面指数排名

	2005	2006	2007	2008	2009	2010	2011	2012	2013	2014
速度效益	17	16	19	7	14	15	14	8	5	2
结构调整	16	10	9	14	11	10	23	14	13	15
技术创新	11	8	12	15	19	21	22	28	27	28
资源环境	22	22	23	23	25	20	23	24	21	20
两化融合	20	19	16	20	20	22	23	16	16	15
人力资源	28	27	25	29	6	16	22	30	6	25
截面指数	20	19	19	21	19	19	24	24	15	17

资料来源：赛迪智库整理，2016年1月。

横向来看，江西工业发展质量截面指数连续多年处于全国中游水平，2014年截面指数为31.2，排在全国第17位，较上年下降了2名。

速度效益方面，2014年江西在排在第2位，处于全国上游水平。其中总资产贡献率自2008年起一直处于上游水平，2014年排在第1位。工业增加值增速仍处于中上游水平，但排名下降趋势明显，从 2005 年的第 3 位降至 2014 年的第 5 位。工业成本费用利润率和工业主营业务收入利润率的排名近两年提升明显，2014 年均排在全国第 9 位。

结构调整方面，2014 年江西排在第 15 位，处于全国中上游水平。其中，高技术产业占比一直稳居全国上游水平，2014 年排在第 9 位。500 强企业占比、小型工业企业主营业务收入和工业制成品出口占比排名波动较大，2014 年分别排在第 14 位、第 10 位和第 12 位。

技术创新方面，近年来一直处于下降趋势，2014 年排在第 28 位，处于全国下游水平。其中，R&D 经费投入强度下降趋势明显，从 2005 年第 3 位下降至 2013 年的第 26 位。R&D 人员投入强度和单位 R&D 经费支出的发明专利数近几年一直处于下游水平，2014 年分别排在第 28 位和第 18 位。工业新产品占比排名也有所下降，但一直维持在中游水平，2014 年排在第 21 位。

资源环境方面，2014 年江西排在第 20 位，处于全国中下游水平。其中，单位工业增加值能耗改善明显，近几年一直处于上游水平，2014 年排在第 9 位。主要污染物排放强度一直处于中游水平，2014 年排在第 18 位。工业固体废物综合利用率排名比较稳定，一直处于下游水平，2014 年排在第 26 位。工业污染治理投资强度排名波动较大，基本都在中下游水平，2014 年下降了 7 位，排在第 27 位。

两化融合方面，2014 年江西排在第 15 位，处于全国中游水平。其中互联网普及率排在第 30 位，是制约两化融合指数排名提升的主要因素。工业应用信息化水平近两年提升显著，2014 年排在第 7 位，与 2011 年的第 24 位相比排名有大幅提高。电子信息产业占比除 2012 年外都处于中上游水平，2014 年排在第 12 位。

人力资源方面，2014 年江西排在第 25 位，较 2013 年下降了 19 位，降幅较为显著。其中工业就业人员平均工资增速排名波动较大，2013 年排在第 1 位，但 2014 年又快速下降至第 15 位。就业人员平均受教育年限排名也有明显波动，但逐渐从中下游水平提升至中上游水平，2014 年排在第 18 位。第二产业全员劳动生产率一直处于下游水平，2014 年排在第 29 位。

③原因分析

江西省工业经济规模和发展质量都处于全国中下游行列，但工业发展质量相比前些年有了显著的提升，主要归因于在速度效益、结构调整和两化融合三方面维持着中游的发展水平。

速度效益方面，"十二五"期间，江西省坚持项目拉动战略，招大引强，提升园区发展质量，坚持大投资带动大发展，江西的总资产贡献率排名全国第一。同时，积极落实"千亿产业百亿企业"扶持政策、鼓励非公有制企业发展壮大、积极推进两化深度融合、推进企业提升创新力、促进企业节能减排，有效地推动了新型工业化的发展；同时政府积极做好工业企业调度服务、促进企业对接、完善金融服务，为企业发展提供了良好的产业发展环境。

结构调整方面，江西省"十二五"以来，积极推进"五个强化"工作方案，重点扫除机制体制障碍，全面多领域开放，推进创新驱动、协同发展、集聚发展，打造成本低、服务优、效能高的本土品牌，推动全省经济做强做大。同时，加快推进《江西省人民政府关于化解产能过剩矛盾的实施意见》，淘汰钢铁、平板玻璃、水泥等过剩产能，重点强化战略性新兴产业与传统产业的渗透发展，促进产业结构优化升级。

两化融合方面，江西省重点落实了《关于加快推进信息化与工业化深度融合的意见》《"宽带中国"江西工程实施方案》《江西省人民政府关于加快电子商务产业发展的若干意见》等政策措施，政府在资金、项目、人才建设培养等方面加大支持力度，建立评估、保障体系，积极联合行业、相关企业、机构等共同推进"两化融合"快速发展。

（3）结论与展望

从时序指数来看，2014年稳中有进，但截面指数方面来看，工业发展质量的全国排名有所下降。未来应重点在技术创新、资源环境和人力资源三方面提质增效，争取工业发展质量显著提高。

技术创新方面，深入落实《江西省人民政府关于进一步加强协同创新提升企业创新能力的实施意见》《省科技厅关于落实〈江西省人民政府关于进一步加强协同创新提升企业创新能力的实施意见〉的工作方案》等实施方案，组建协同创新产业联盟，设立和发展新兴产业投资基金，加大对企业创新的支持力度，在资金方面支持企业创新研发、申报专利，加快创新技术产业化。

资源环境方面，应继续强化和完善节能减排评价考核机制、加大政策支持力度，主抓重点领域节能减排，重点推进节能减排改造工程、惠民工程、节能技术示范、落后产能淘汰等重点工程项目。同时，在加大空气治理力度，重点落实《江西省落实大气污染防治行动计划实施细则》，保证空气质量显著提升。

人力资源方面，应重点强化专业技术人才建设，落实好《江西省专业技术人才队伍建设中长期规划（2010—2020年）》《江西省高技能人才队伍建设中长期规划（2010—2020年）》，重点推进"千百万人才工程"和"专业技术人员继续教育知识更新工程"，健全人才评价、培养、选拔机制，进而保证人才质量和人才数量显著提升，尽快摆脱人力资源全国落后的局面。

十五、山东

（1）总体情况

①宏观经济总体情况

2015年，山东省实现地区生产总值（GDP）63002.3亿元，同比增长8.0%。从三次产业看，第一产业、第二产业和第三产业增加值分别为4979.1亿元、29485.9亿元、28537.4亿元，分别增长4.1%、7.4%和9.6%。三次产业增加值占比分别为8.8%、52.9%和38.3%。人均GDP达到64168元，增长7.3%；按年均汇率折算达到10305美元。

2015年，山东省完成固定资产投资47381.5亿元，同比增长13.9%。其中，重点领域的投资增长较快：工业技术改造、高新技术产业和基础设施投资分别为14074.0亿元、7457.5亿元和6234.0亿元，分别增长15.2%、10.9%和21.5%。2015年社会消费品零售总额达到27761.4亿元，增长10.6%。2015年进出口总额为2417.5亿美元，同比下降12.7%；其中，出口额为1440.6亿美元，下降0.4%；进口额为976.9亿美元，下降26.1%。2015年山东省居民人均可支配收入为22703元，增长8.8%，扣除价格因素，实际增长7.5%；其中城镇居民和农村居民家庭人均可支配收入分别为31545元和12930元，分别增长8.8%和8.8%，扣除价格因素，分别实际增长7.5%和7.8%。

②工业经济运行情况

2015年，山东省规模以上工业增加值2.59万亿元，比上年增长7.4%。其中，规模以上工业企业增加值增长7.5%。在规模以上工业的41个行业大类中，有36个行业实现增长，重工业、轻工业分别增长7.5%和7.4%；重要工业产品产量增长仍处低位。

2015年，山东规模以上工业企业年主营业务收入过10亿元企业1599家、超过100亿元企业135家、超过1000亿元的企业4家。

（2）指标分析

①时序指数

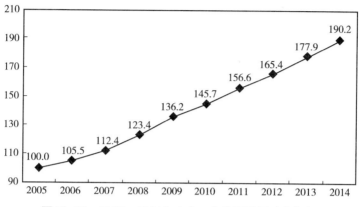

图10-16　2005—2014年山东工业发展质量时序指数

资料来源：赛迪智库整理，2016年1月。

表10-33　2005—2014年山东工业发展质量时序指数

	2005	2006	2007	2008	2009	2010	2011	2012	2013	2014	2005—2014年均增速
速度效益	100.0	102.6	116.6	108.2	112.3	126.9	131.9	135.1	140.3	139.2	3.7%
结构调整	100.0	111.8	112.0	122.1	141.0	149.2	155.4	168.2	178.2	192.7	7.6%
技术创新	100.0	103.3	112.7	132.3	144.2	146.6	167.7	174.9	182.8	181.2	6.8%
资源环境	100.0	101.9	110.5	121.8	122.1	125.7	133.7	146.1	164.7	193.6	7.6%
两化融合	100.0	99.8	102.7	121.4	148.0	165.3	176.0	175.4	192.7	208.6	8.5%
人力资源	100.0	111.5	123.3	138.7	152.4	169.2	188.8	204.9	224.1	239.6	10.2%
时序指数	100.0	105.5	112.4	123.4	136.2	145.7	156.6	165.4	177.9	190.2	7.4%

资料来源：赛迪智库整理，2016年1月。

纵向来看，山东工业发展质量时序指数自2005年的100.0上涨至2014年的190.2，年均增速为7.4%，低于全国平均增速。

山东在人力资源、两化融合和技术创新方面快速增长，年均增速分别为10.2%、8.5%和6.8%。人力资源方面，工业就业人员平均工资增长较快，年均增速达到14.2%，是促进人力资源指数提高的主要因素；第二产业全员劳动生产率也稳步提高，年均增速为9.4%；就业人员平均受教育年限提高较为缓慢，年均增速为2.3%。

两化融合方面，互联网普及率高速增长，年均增速达到17.9%，是促进两化融合指数提升的重要因素；工业应用信息化水平稳步提升，年均增速为2.5%；电子信息产业占比增速较慢，年均增速3.0%。

技术创新方面，R&D人员投入强度高速增长，年均增速达到11.6%，是促进技术创新指数提升的重要因素。单位R&D经费支出的发明专利数、R&D经费投入强度和工业新产品占比增速比较平稳，年均增速分别为7.1%、4.7%和2.9%。

山东在结构调整、资源环境和速度效益方面增速平稳，年均增速分别为7.6%、7.6%和3.7%。结构调整方面，小型工业企业主营业务收入快速增长，年均增速为21.5%；高技术产业占比和500强企业占比增长相对较慢，年均增速分别为2.9%和2.2%；但工业制成品出口占比出现微幅下降趋势，对结构调整指数的增长起到抑制作用。

资源环境方面，主要污染物排放强度和单位工业增加值能耗明显下降，年均增速分别为14.9%和7.8%；但工业固体废物综合利用率和工业污染治理投资强度无明显改善，年均增速分别为0.6%和-1.5%。

速度效益方面，工业增加值较快增长，年均增速达到12.8%；总资产贡献率小幅下降，年均增速为-0.1%；工业成本费用利润率和工业主营业务收入利润率有所下调，年均增速分别为-2.1%和-1.7%。

②截面指数

表10-34　2005—2014年山东工业发展质量截面指数排名

	2005	2006	2007	2008	2009	2010	2011	2012	2013	2014
速度效益	6	9	11	10	10	24	19	14	8	10
结构调整	4	4	6	7	4	5	4	4	4	5
技术创新	16	19	17	12	14	14	11	11	12	12
资源环境	8	9	7	7	8	8	6	8	9	8
两化融合	8	8	8	8	8	8	8	10	10	10
人力资源	18	15	13	18	9	15	16	14	14	18
截面指数	6	7	7	7	6	8	6	7	8	9

资料来源：赛迪智库整理，2016年1月。

横向来看，山东工业发展质量截面指数一直处于全国上游水平，2014年截面指数为43.7，排在全国第9位。

速度效益方面，2014年山东排在第10位，处于全国上游水平。其中总资产贡献率近年来一直处于上游水平，2014 年排在第 4 位，是提升速度效益指数的主要因素。工业增加值增速近年来有所提升，2014 年排在第 13 位。工业成本费用利润率和工业主营业务收入利润率近些年来一直处于中游水平，2014 年分别排在第 15 位和第 16 位。

结构调整方面，2014 年山东排在第 5 位，处于全国领先水平。其中 500 强企业占比和工业制成品出口占比表现突出，多年来都处于全国前 5 位，2014 年分别排在第 2 位和第 4 位。高技术产业占比一直处于中游水平，2014 年都排在第 16 位。小型工业企业主营业务收入增速排名波动较大，2010 年一度排在第 30 位，2014 年排在第 12 位。

技术创新方面，2014 年山东排在全国第 12 位，处于全国中上游水平。其中 R&D 经费投入强度一直处于上游水平，2014 年都排在第 6 位。R&D 人员投入强度和工业新产品占比近些年来一直处于中上游水平，2014 年分别排在第 14 位和第 11 位。单位 R&D 经费支出的发明专利数一直处于下游水平，2014 年排在第 25 位。

资源环境方面，2014 年山东排在全国第 8 位，处于全国上游水平。其中主要污染物排放强度和工业固体废物综合利用率一直处于全国上游水平，2014 年在全国分别排第 8 位和第 5 位。单位工业增加值能耗和工业污染治理投资强度一直处于全国中上游水平，2014 年分别排在第 12 位和第 11 位。

两化融合方面，2014 年山东排在第 10 位，处于全国上游水平。其中，工业应用信息化水平一直处于全国上游水平，但 2014 年有所下降，排在第 11 位。电子信息产业占比和互联网普及率一直处于全国中上游水平，2014 年分别排在第 11 位和第 13 位。

人力资源方面，2014 年山东排在第 18 位，处于全国中下游水平。其中，就业人员平均受教育年限提升较快，一直处于全国中上游水平，2014 年排在第 11 位。工业就业人员平均工资增速排名波动较大，但一直处于中游水平，2014 年进一步下降，排在第 21 位。第二产业全员劳动生产率一直处于全国中上游水平，2014 年排在第 12 位。

③原因分析

山东省经济规模全国排名第 3，仅次于广东、江苏，工业发展质量排名全国第 9。山东在速度效益、结构调整和资源环境方面表现比较突出。

结构调整方面，山东省一方面实施了《山东省人民政府办公厅关于促进进出口稳增长、调结构的实施意见》，通过减少税费等措施促进对外出口，同时给予贸易融资政策支持，保证了工业制成品出口多年来排名全国前5。另一方面，山东省有意强化节能环保、技术型服务业、物联网等新兴产业发展，同时引导轻工、纺织、机械、化工、冶金和建材六大传统产业加快技改，从而保证工业结构优化发展。

速度效益方面，山东省强调传统产业、新兴产业的同步发展，不仅制定《山东省推进工业转型升级行动计划（2015—2020年）》《山东省22个重点行业转型升级实施方案》，强化技改，促进传统产业提质增效，同时确立并发展高端装备制造、现代医药、新一代信息技术、新材料4大新兴产业，着力构建先进的工业体系，保证了工业由大变强。

资源环境方面，山东省出台了《山东省2013—2020年大气污染防治规划》《山东省节能量交易管理暂行办法》，重点淘汰落后产能，强化节能减排技术的推广应用，引导企业建立了企业节能减排工作机制，加大重点行业节能减排力度，将能源结构、产业结构调整有机结合，从而减少主要污染物排放量，提升空气质量。

（3）结论与展望

从时序指数和截面指数两方面来看，山东工业发展质量位处全国上游水平，但技术创新、两化融合、人力资源三项指标相对薄弱，尚需加快发展。

技术创新方面，应进一步加大企业技术改造力度，强化创新体系建设，给予企业创新支持政策，尤其强化高端装备制造、现代医药、新一代信息技术、新材料4大新兴产业技术创新，建立和完善知识产权制度，重点提高单位R&D经费支出发明专利数的全国排位。

两化融合方面，建立健全两化融合管理体系标准，继续落实《山东省信息化和工业化深度融合专项行动方案(2014—2018年)》，重点在智能制造、工业云创新服务、物联网、智慧山东、宽带中国等领域实现突破；加快六大传统产业信息化改造进度，提升战略性新兴产业信息化水平，培育两化融合新增长点。

人力资源方面，围绕传统产业升级、新兴产业培育两方面工作，加强高端人才的引进和培养，加快现代职业教育，加大经费支持力度，依托项目提升培训质量，尽快建立技能型、专业型人才培养和支撑体系。

十六、河南

（1）总体情况

①宏观经济总体情况

2015 年，河南省地区生产总值（GDP）为 3.7 万亿元，比上年增长 8.3%。从三次产业结构来看，第一、二、三产业增加值分别为 4209.6 亿元、18189.4 亿元和 14611.3 亿元，与上年相比增长率分别为 4.4%、8.0% 和 10.5%。三次产业结构比例分别为 11.4%、49.1% 和 39.5%。

2015 年，全省完成全社会固定资产投资 3.5 万亿元，比上年增长 15.8%；其中固定资产投资完成 3.4 万亿元，比上年增长 16.5%。全年地方财政收入达 4426.9 亿元，同比增长 8.1%。全年增加城镇就业人员达 144.5 万人。

②工业经济运行情况

2015 年，河南省实现工业增加值 1.6 万亿元，同比增长 8.0%。其中，规模以上工业增加值同比增长 8.6%，轻工业增长 8.1 个百分点，重工业增长 8.9 个百分点。规模以上工业的 40 个行业大类中，规模居前 10 位的行业总体增长率为 11.0%，从细分行业看，其增速分别为：非金属矿物制品业的增长率达到 8.6%；农副食品加工业的增长率达到 7.1%；化学原料及化学制品制造业的增长率达到 10.4%；专用设备制造业的增长率达到 12.8%；黑色金属冶炼和压延加工业的增长率达到 8.5%；计算机、通信和其他电子设备制造业的增长率达到 23.2%；通用设备制造业的增长率达到 11.9%；汽车制造业的增长率达到 13.5%；电气机械和器材制造业的增长率达到 12.3%；食品制造业的增长率达到 12.5%。

2015 年，全省高成长性制造业的增长率达到 11.4%，对规模以上工业增长贡献率达到 59.9%，这些行业包括电子信息、装备制造、汽车及零部件、食品、现代家居、服装服饰等；其中高技术产业增长率高达 20.0%，而传统支柱产业（包括冶金、建材、化学、轻纺、能源等）的增长率下降到 5.9%，对全省规上工业增长贡献率为 32.7%。六大高耗能行业（包括煤炭开采和洗选业、化学原料及化学制品制造业、非金属矿物制品业、黑色金属冶炼及压延加工业、有色金属冶炼及压延加工业、电力热力的生产和供应业等）增长率下降到 6.5%，这说明河南省产业结构调整效果显著。

（2）指标分析

①时序指数

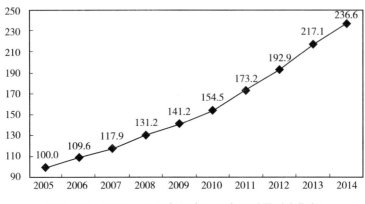

图10-17　2005—2014年河南工业发展质量时序指数

资料来源：赛迪智库整理，2016年1月。

表10-35　2005—2014年河南工业发展质量时序指数

	2005	2006	2007	2008	2009	2010	2011	2012	2013	2014	2005—2014年均增速
速度效益	100.0	127.8	140.5	150.4	150.0	163.4	166.3	158.6	162.8	162.9	5.6%
结构调整	100.0	99.6	93.3	107.3	107.8	129.0	158.5	190.9	220.1	254.5	10.9%
技术创新	100.0	112.7	119.0	133.0	143.7	136.3	141.8	142.5	164.2	162.4	5.5%
资源环境	100.0	108.0	119.6	121.8	123.2	132.8	143.6	160.0	187.2	217.8	9.0%
两化融合	100.0	107.2	133.7	160.6	210.3	237.9	281.5	339.5	390.4	415.7	17.2%
人力资源	100.0	110.7	122.5	138.8	147.6	161.5	176.7	187.5	189.1	205.4	8.3%
时序指数	100.0	109.6	117.9	131.2	141.2	154.5	173.2	192.9	217.1	236.6	10.0%

资料来源：赛迪智库整理，2016年1月。

从时间序列来看，河南工业发展质量时序指数自2005年的100.0上涨至2014年的236.6，年均增速为10.0%，高于全国8.8%的平均增速。

河南在两化融合以及结构调整两方面的增速较快，年均增速分别达到17.2%和10.9%。其中，在两化融合方面，互联网普及率快速增长成为促进该指数提升的主要因素，其年均增速达到27.7%；电子信息产业占比提升速度稳定，年均增速为13.1%；工业应用信息化水平增长较慢，年均增速为3.5%。

在结构调整方面，规上小企业主营业务收入增长较快，年均增速达到

22.3%；高技术制造业占比稳步提升，年均增速为 14.1%；工业制成品出口占比增长缓慢，年均增速为 6.8%；500 强企业占比继续呈现下降趋势，年均增速为 –8.4%，不利于结构调整指数的增长。

河南在资源环境、人力资源、速度效益和技术创新方面增长平稳，年均增速分别为 9.0%、8.3%、5.6% 和 5.5%。其中，资源环境方面，工业主要污染物排放强度和单位工业增加值能耗水平下降较快，年均增速分别为 16.8% 和 9.1%；但工业固体废物综合利用率和工业污染治理投资强度两项指标则无明显改善，年均增速分别为 2.3% 和 –2.1%。

人力资源方面，工业城镇单位就业人员平均工资年均增速达 12.2%，成为促进该指数提升的主要因素；第二产业全员劳动生产率增速稳定，年均增速达 7.7%；就业人员平均受教育年限增长较慢，年均增速仅为 1.5%。

速度效益方面，工业增加值增长快速，年均增速为 13.8%；工业主营业务收入利润率、工业成本费用利润率和总资产贡献率则增长缓慢，年均增速分别为 1.5%、1.4% 和 1.0%。

技术创新方面，大中型工业企业单位 R&D 经费支出的发明专利数和大中型工业企业单位 R&D 人员投入强度增长较快，年均增速分别为 8.8% 和 8.2%，成为促进该指数提升的主要因素。大中型工业企业新产品占比和大中型工业企业 R&D 经费投入强度则增长缓慢，年均增速仅为 1.8% 和 1.6%。

②截面指数

表 10-36　2005—2014 年河南工业发展质量截面指数排名

	2005	2006	2007	2008	2009	2010	2011	2012	2013	2014
速度效益	9	7	7	6	6	10	8	10	11	8
结构调整	11	11	20	17	19	21	17	20	16	14
技术创新	22	20	21	19	20	19	17	22	21	22
资源环境	18	15	16	15	17	17	14	13	13	11
两化融合	19	21	17	19	16	19	18	19	20	21
人力资源	12	18	16	15	19	28	30	28	29	24
截面指数	15	16	17	14	18	22	18	20	21	15

资料来源：赛迪智库整理，2016 年 1 月。

从横向对比来看，河南工业发展质量截面指数一直位于全国中游水平，2014年截面指数为 31.9，在全国排第 15 位。

速度效益方面，2014 年河南在全国排第 8 位，位于中上游水平。其中工业主营业务收入利润率、总资产贡献率以及工业成本费用利润率近几年一直位于全国中上游水平，2014 年排名分别为第 7 位、第 7 位和第 8 位，是速度效益指数提升的主要原因。但工业增加值增速这项指标近几年一直位于全国中下游水平，2014 年排在第 13 位。

结构调整方面，2014 年河南排在全国第 14 位，位于中上游水平。其中工业制成品出口占比以及高技术产业占比两项指标近年来一直位于中上游水平，2014 年分别排在全国第 7 位和第 10 位。500 强企业占比指标近几年一直稳定在中游水平，2014 年排在全国第 15 位。小型工业企业主营业务收入增速排名变化较大，2005 年一度排在第 4 位，但 2014 年下滑至第 13 位。

技术创新方面，2014 年河南排在第 22 位，处在全国中下游水平。其中大中型工业企业工业新产品销售收入占比、R&D 人员投入强度、R&D 经费投入强度以及单位 R&D 经费支出发明专利数这四项指标一直位于全国中下游水平，2014 年排名分别为第 14、第 17、第 20 和第 23 位。

资源环境方面，2014 年河南排在第 11 位，位于全国中上游水平。其中工业固体废物综合利用率、单位工业增加值能耗以及主要污染物排放强度这三项指标近年来均位于全国中上游水平，2014 年在分别排第 12、第 13 和第 14 位。工业污染治理投资强度排名变化较大，近年来一直位于全国中下游水平，2014 年排在第 16 位。

两化融合方面，2014 年河南排在全国第 21 位，位于中下游水平。其中，工业应用信息化水平近年来均位于全国中上游水平，2014 年排在第 14 位。电子信息产业占比以及互联网普及率两项指标近年来则位于全国中下游水平，2014 年分别排在第 18 位和第 25 位。

人力资源方面，2014 年河南排在全国第 24 位，位于中下游水平，但排名已有所上升。其中，工业城镇单位就业人员平均工资增速排名一直波动较大，但近年来整体位于中下游水平，2014 年排在第 17 位。第二产业全员劳动生产率近年来则位于全国下游水平，2014 年排在第 28 位。就业人员平均受教育年限排名略微下降，近年来均位于全国中下游水平，2014 年排在第 19 位。

③原因分析

河南省位于我国中部地区，经济总量在全国排名较靠前，位列全国第 5，处于广东、江苏、山东和浙江之后；与经济规模排名靠前相比，河南省工业发展质量排名则相对靠后，位于全国中下游水平。从分指标情况来看，河南在速度效益、资源环境和结构调整方面表现相对突出。

分析原因如下：速度效益方面，2014年通过与工业和信息化部以及其他8省（区）政府举办中国（郑州）产业转移系列对接活动，策划了多场涉及传统产业提升和新兴产业发展的专项活动，大大推进了河南与东部地区在产业、技术、资本等方面的交流互动，并带动了一批产业项目落户河南。在多方面的共同努力下，河南的工业保持平稳快速增长，效益指标各项排名均有所提升。

此外，河南省继续贯彻实施"全省工业稳增长、调结构、促发展"一系列活动举措，强化企业服务、努力开拓新市场、增强政策和措施的针对性，破解资源环境要素瓶颈，在全省工业产值不断增长的同时，实现了结构调整优化与资源能耗水平的下降，反映在资源环境与结构调整两项指标排名的稳步上升。

（3）结论与展望

从纵向和横向两个维度的综合分析来看，河南工业发展质量各项指标还处于全国中下游水平，未来仍有很大提升空间。未来仍需强化在两化融合、技术创新和人力资源等方面的工作力度，全面提高河南工业发展质量，使之与经济规模相匹配。

两化融合方面，需加强对"两化融合"示范企业的扶持力度，大力推进"数字企业"建设，继续实施区域"两化融合"水平评估工作，以贯彻落实"中国制造2025"战略为契机，推进两化深度融合。

技术创新方面，需积极响应国家提出的创新驱动发展战略，贯彻落实《中共河南省委河南省人民政府关于深化科技体制改革推进创新驱动发展若干实施意见》，深化科技体制机制改革，全力促进"大众创业、万众创新"，激发全民技术创新活力。

人力资源方面，需继续构建与产业发展相匹配、结构合理、数量充足的人才队伍，通过采用多种形式培养、高层次人才引进等手段，在税收、住房、子女教育等方面给予产业发展急需人才一定的优惠政策，提高对人才的吸引力度，并加大对本地人才的针对性培养力度。

十七、湖北

（1）总体情况

①宏观经济总体情况

2015 年，湖北省全省生产总值达到 2.9 万亿元，同比增长 8.9%。其中一、二、三产业增加值分别为 3309.8 亿元、13503.6 亿元和 12736.8 亿元；同比分别增长 4.5%、8.3% 和 10.7%；三次产业结构比例调整为 11.2 ：45.7 ：43.1。从第三产业分类来看，金融业增长最快，增幅高达 16.6%，其次是营利性服务业，增幅为 13.7%，再者是非营利性服务业，增幅达 12.6%，而批发和零售业、住宿和餐饮业、房地产业、交通运输仓储和邮政业增幅较缓，分别为 7.8%、7.1%、6.5%、4.4%。

2015 年，全省居民消费价格同比上涨 1.5%，其中农业生产资料价格同比涨幅为 0.4%，而工业生产者出厂价格同比下降 3.3%，工业生产者购进价格同比下降 7.2%。

2015 年全省完成固定资产投资总额达到 2.8 万亿元，同比增长 16.2%。按产业结构划分，第一、二、三次产业完成投资额分别达到 687.3 亿元、12146.5 亿元和 15416.7 亿元，同比增幅分别为 28.2%、13.2%、18.3%。

②工业经济运行情况

2015 年，湖北省工业经济保持稳定增长。从主要运行指标来看，全省工业增加值完成 1.2 万亿元，同比增幅为 8.5%；全省规模以上工业企业数量稳步增长，总量达到 15894 家，比上年增加了 1052 家，同比增长 7.1%。规模以上工业增加值增长率达 8.6%，分类别企业来看，国有及国有控股企业效益较好，增加值同比增长 3.7%；集体企业效益同比增长 1.2%；股份合作企业效益同比增长 2.4%；外商及港澳台企业效益同比增长 7.1%；其他类型企业效益同比增长 8.3%。轻工业增加值同比增长 9.8%；重工业增加值同比增长 7.8%。

2015 年全省制造业同比增长 9.5%，比规上工业增速快 0.9%。其中，高技术制造业同比增长 12.5%，比规上工业增速快 3.9%，占规上工业增加值的比例为 8%。

（2）指标分析

①时序指数

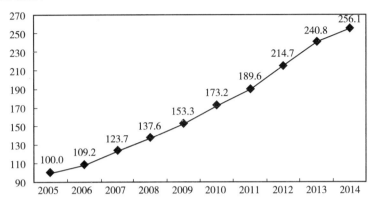

图10-18　2005—2014年湖北工业发展质量时序指数

资料来源：赛迪智库整理，2016年1月。

表10-37　2005—2014年湖北工业发展质量时序指数

	2005	2006	2007	2008	2009	2010	2011	2012	2013	2014	2005—2014 年均增速
速度效益	100.0	105.5	126.6	127.4	131.6	156.2	156.2	159.2	166.4	172.2	6.2
结构调整	100.0	107.5	123.1	138.0	144.5	182.7	212.2	270.2	313.6	336.5	14.4
技术创新	100.0	102.4	116.5	125.6	146.7	139.6	149.0	157.6	160.7	159.6	5.3
资源环境	100.0	106.1	122.0	131.3	153.1	163.1	158.5	181.4	220.6	245.0	10.5
两化融合	100.0	123.3	124.9	155.5	183.1	202.9	234.8	244.5	272.7	288.0	12.5
人力资源	100.0	116.6	134.8	157.8	176.9	205.9	238.6	262.1	283.5	304.1	13.2
时序指数	100.0	109.2	123.7	137.6	153.3	173.2	189.6	214.7	240.8	256.1	11.0

资料来源：赛迪智库整理，2016年1月。

从时间序列来看，湖北工业发展质量时序指数自2005年的100.0上涨至2014年的256.1，年均增速为11%，远高于全国平均水平。

湖北在结构调整方面增长较快，年均增速达到14.4%，高出时序指数增速3.4个百分点。其中，小型工业企业主营业务收入增速表现强劲，年均增速达30.1%，500强企业占比年均增幅也较为可观，为11.1%。

速度效益和技术创新两项指标增长较为缓慢，年均增速为6.2%和5.3%，明显低于全国平均水平。速度效益中的工业成本费用利润率和工业主营业务收入利润率两项指标年均增速均为负值，成为制约速度效益增长缓慢的主要因素；技术创新中的大中型工业企业新产品销售收入占比和大中型工业企业R&D人员投入强度均增幅缓慢，成为制约湖北技术创新增长的主要原因。

湖北在人力资源、资源环境以及两化融合等方面一直表现稳定，均位于全国中上游水平。

②截面指数

表 10-38　2005—2014 年湖北工业发展质量截面指数排名

	2005	2006	2007	2008	2009	2010	2011	2012	2013	2014
速度效益	15	18	22	9	13	12	16	19	15	12
结构调整	20	18	21	16	18	14	14	10	12	12
技术创新	10	11	8	7	8	9	10	10	11	11
资源环境	12	18	15	14	11	10	16	14	12	13
两化融合	12	11	13	10	10	10	11	11	14	16
人力资源	30	10	10	12	14	7	14	19	20	10
截面指数	18	13	16	11	13	11	13	13	13	12

资料来源：赛迪智库整理，2016 年 1 月。

从横向对比来看，2014 年湖北工业发展质量截面指数为 31.3，在全国排第 12 位，较 2013 年提高了 1 位，全国排名近年来基本保持稳定。

2014 年，湖北在人力资源和技术创新两方面表现较好，分别排在第 10 位和第 11 位，2013 年人力资源仅排在第 20 位，上升速度较快。人力资源中的工业城镇单位就业人员平均工资增速上升最快，全国排名从 2005 年的第 30 位迅速上升至 2014 年的第 12 位，是湖北人力资源水平上升的主要原因；技术创新中的大中型工业企业 R&D 经费投入强度近年来表现靠前且稳定，2014 年全国排名第 5 位，成为促进湖北技术创新提升的重要因素。

湖北的两化融合和资源环境表现相对较差，2014 年全国排名分别为第 16 位和第 13 位，处于中下游水平。两化融合中的互联网普及率 2014 年排名第 18 位，自 2005 年以来排名一直未有明显上升，成为拖累湖北两化融合水平提升的主要原因。资源环境中的工业污染治理投资强度和单位工业增加值能耗水平排名靠后且同比均有所下降，分别比 2013 年排名下降 3 个和 1 个位次，这成为导致湖北资源环境水平下降的主要因素。

湖北的速度效益和结构调整表现相对稳定，2014 年全国排名均为第 12 位，处在中等偏上水平。

③原因分析

湖北在结构调整方面进步较快，在全国排名一直位于中等偏上水平。近年来，湖北省相关部门在推进产业结构调整方面做了大量工作，并取得显著成绩。具体措施包括，"十二五"期间出台了"湖北省工业结构调整和升级规划"，提出将产业结构由原材料工业为主逐步向装备制造、消费品工业等先进制造业和高新技术产业方向转变，将发展模式由原本的资源依赖型逐步向创新驱动型转变，并出台政策培育扶持一批"专、精、特、新"的中小企业，形成与国有大中型企业的相互支撑。

（3）结论与展望

从纵向和横向两个维度的综合分析来看，湖北省工业发展质量一直处于全国中游偏上水平，这主要与湖北省在人力资源、技术创新、速度效益和结构调整等方面取得的成绩有关。例如，在速度效益方面，湖北省工业增加值增速表现强劲，2014年全国排名第9位；在结构调整方面，湖北省500强企业占比与小型工业企业主营业务收入增速两项指标表现不俗，2014年全国排名第7位。

展望未来，首先，湖北省需紧紧抓住"中国制造2025"以及"长江经济带"两大战略实施的重要机遇期，主动出击，精准发力，巩固光电子、汽车等传统优势领域的领先地位，并加大对战略性新兴产业的扶持力度，培育新的经济增长点；其次，湖北省应充分发挥人才资源储备丰富的优势，并制定适宜的人才培育与引进政策，积极引导"大众创业、万众创新"，及时将全省人才优势转化为产业优势。

十八、湖南

（1）总体情况

①宏观经济总体情况

2015年，湖南省地区生产总值达到2.9万亿元，同比增长8.6%。分产业来看，第一、二、三产业增加值分别达到3331.6亿、12955.4亿和12760.2亿元，分别比上年增长3.6%、7.4%和11.2%。按全省常住人口总量来计算，2015年人均GDP达到42968元，同比增长7.9%。从产业结构来看，全省第一、二、三次产业比例为11.5：44.6：43.9，对经济增长的贡献率分别为4.5%、42.0%和53.5%。其中工业增加值对经济增长贡献率最高，比例达到了36.9%，而生产性服务业对经济增长贡献率相对较低，比例为19.7%。

②工业经济运行情况

2015年，全省实现工业增加值11090.8亿元，同比增长7.5%。其中规模以上工业增加值同比增长7.8%。全省规模以上工业新产品产值同比增长18.8%，增速较快，占全部工业总产值比例达到 17.8%；其次是高技术制造业增加值增速较快，达到 13.3%，占规上工业比重达到 10.5%；高加工度工业增加值同比增长 8.7%，占规上工业比重达到 30.3%。

2015 年，全省规上工业企业实现利润达到 1548.6 亿元，同比增长 0.3%。其中国有企业实现利润为 129.6 亿元，同比增长 0.8%；股份制企业实现利润达 1165.8 亿元，同比下降了 0.2%；集体企业实现利润达 10.3 亿元，同比下降 10.3%；股份合作制企业实现利润达 3.4 亿元，同比增长了 20.7%；外商及港澳台商企业实现利润 123.1 亿元，同比增长 2.7%；其他内资企业实现利润 116.5 亿元，同比增长 4.0%。

（2）指标分析

①时序指数

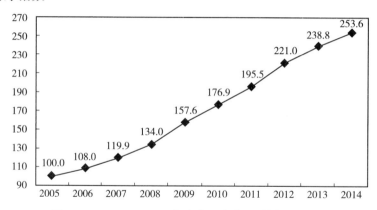

图10-19　2005—2014年湖南工业发展质量时序指数

资料来源：赛迪智库整理，2016 年 1 月。

表 10-39　2005—2014 年湖南工业发展质量时序指数

	2005	2006	2007	2008	2009	2010	2011	2012	2013	2014	2005—2014 年均增速
速度效益	100.0	111.9	141.7	149.2	153.8	195.7	199.9	196.3	195.0	188.5	7.3%
结构调整	100.0	111.8	115.0	135.2	135.9	168.0	211.5	237.9	265.2	287.4	12.4%
技术创新	100.0	100.5	111.3	111.4	193.0	159.2	156.6	185.0	176.1	178.0	6.6%
资源环境	100.0	112.0	117.1	132.3	144.8	165.8	164.7	197.6	231.0	255.6	11.0%
两化融合	100.0	97.7	115.6	140.8	175.9	208.9	236.5	279.3	310.8	330.6	14.2%
人力资源	100.0	112.2	126.8	141.5	156.9	179.1	210.8	233.7	252.4	276.2	11.9%
时序指数	100.0	108.0	119.9	134.0	157.6	176.9	195.5	221.0	238.8	253.6	10.9%

资料来源：赛迪智库整理，2016 年 1 月。

从时间序列来看，湖南工业发展质量时序指数自 2005 年的 100.0 增长到 2014 年的 253.6，年均增速达到 10.9%，高于全国 8.8% 的平均增速。

从细分指标来看，湖南在两化融合及结构调整方面增长较快，年均增速分别为 14.2% 和 12.4%，均高于时序指数增速。在两化融合的各项构成指标中，互联网普及率增长较快，年均增速达 24.9%，是促进该指标快速增长的主要原因。在结构调整的各项构成指标中，小型工业企业主营业务收入增速上涨较快，年均增速达 26.8%，反映出湖南省企业发展活力不断增强。

湖南省速度效益和技术创新两项指标表现乏力，年均增速仅为 7.3% 和 6.6%。其中，技术创新中的大中型工业企业单位 R&D 经费支出发明专利数年均增速仅为 6.1%，反映出湖南技术创新投入不足限制了该水平提升。速度效益中的工业成本费用利润率和工业主营业务收入利润率两项指标增长缓慢，年均增速仅为 1.8% 和 2.2%，成为制约该指标增长的主要原因。

人力资源和资源环境两项指标表现相对稳定，年均增速分别为 11.9% 和 11.0%，高于时序指数总增长率。

②截面指数

表 10-40　2005—2014 年湖南工业发展质量截面指数排名

	2005	2006	2007	2008	2009	2010	2011	2012	2013	2014
速度效益	19	14	13	8	7	5	7	7	10	14
结构调整	14	16	16	20	15	15	16	24	21	18
技术创新	6	7	6	6	1	4	5	3	4	6
资源环境	14	16	20	16	20	13	20	17	16	16
两化融合	11	12	12	12	13	13	14	13	12	13
人力资源	25	25	22	28	20	26	9	17	23	13
截面指数	14	17	15	15	9	12	11	10	11	10

资料来源：赛迪智库整理，2016 年 1 月。

横向比较来看，2014 年湖南省工业发展质量截面指数为 37.7，排在全国第 10 位，比 2013 年上升一个位次，位于全国中等偏上水平。

湖南在技术创新方面表现强劲，2014 年全国排名为第 6 位，领先优势显著。从细分指标来看，大中型工业企业新产品销售收入占比和大中型工业企业 R&D 经费投入强度分别排名全国第 2 位和第 3 位，处于全国第一梯队。

2014 年湖南在结构调整方面表现较差，全国排名为第 18 位，位于全国中下游水平。从细分指标来看，500强企业占比以及小型工业企业主营业务收入增速两项指标排名较为靠后，分别排在全国第17位和第18位，这成为湖南结构调整指标表现较差的主要原因。

两化融合、人力资源以及速度效益三项指标表现相对稳定，全国排名分别为第13位、第13位和第14位，位于全国中等水平。

③原因分析

湖南省2014年工业发展质量排名进步的主要原因是技术创新方面表现强劲。

近年来，湖南省多管齐下，主动出击，积极贯彻落实创新驱动战略：一是省委省政府高度重视长株潭国家自主创新示范区的建设，并积极与科技部等国家部委合作，建立了省部合作会商机制，充分利用外部优质资源支撑自主创新示范区建设；二是积极推进科技成果产业化，在智能制造、高端装备、电子信息、新材料、新能源等领域，建立完善产学研体系，加速科技成果转化速度；三是充分重视科研队伍建设，加大对本土科技人员的培养力度，并实施了一系列高科技人才引进计划。

（3）结论与展望

从纵向和横向两个维度的综合分析来看，湖南省工业发展质量一直处于全国中游偏上水平，且处于稳步增长阶段，这主要是由于湖南在技术创新、两化融合、人力资源等分指标方面的突出表现。

展望未来，首先，湖南省需紧紧抓住"中国制造2025"战略实施的重要机遇期，将传统依靠资源投入的发展模式向创新驱动发展模式转变，并将绿色化、信息化列为产业发展的重要考核指标；其次，湖南省应通过技术创新培育和发展新的经济增长点，并加大对战略性新兴产业的扶持力度，力争在局部领域实现全国乃至全球领先地位。

十九、广东

（1）总体情况

①宏观经济总体情况

2015年，广东省全省实现GDP总量为7.3万亿元，同比增长8.0%。其中，第一、二、三产业增加值分别实现3344.8亿元、32511.5亿元和36956.2亿元，与上年相比分别增长3.4%、6.8%和9.7%，对GDP增长的贡献率则分别为1.7%、

41.2% 和 57.1%。全省三次产业结构比例为 4.6∶44.6∶50.8。2015 年度，全省先进制造业增加值达到了 14712.7 亿元，同比增长 10%；现代服务业增加值达到了 22338.1 亿元，同比增长 11.9%；高技术制造业增加值达到 8172.2 亿元，同比增长 9.8%。

②工业经济运行情况

2015 年，全部工业增加值同比增长 6.8%；规上工业增加值同比增长为 8.4%。其中，重工业同比增长 8.8%，轻工业同比增长 4.6%。从不同类型企业来看，股份合作制企业、民营企业、集体企业、股份制企业增长较快，增速分别为 14.9%、11.8%、10.2%、9.8%。而国有及国有控股企业、外商及港澳台企业增长较慢，分别为 2.1%、4.1%。

2015 年，全省高技术制造业增加值同比增长 9.8%，先进制造业增加值同比增长 10%，优势传统产业增加值同比增长 6.5%，全省产业结构升级效果显著。

（2）指标分析

①时序指数

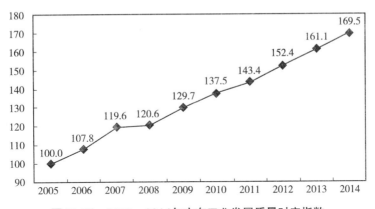

图10-20　2005—2014年广东工业发展质量时序指数

资料来源：赛迪智库整理，2016 年 1 月。

表 10-41　2005—2014 年广东工业发展质量时序指数

	2005	2006	2007	2008	2009	2010	2011	2012	2013	2014	2005—2014 年均增速
速度效益	100.0	109.0	157.8	123.0	139.7	160.6	150.9	147.5	152.9	159.8	5.3%
结构调整	100.0	110.3	96.8	100.1	102.1	104.4	101.6	100.4	112.4	116.5	1.7%
技术创新	100.0	114.6	131.7	137.8	163.3	162.9	183.2	204.9	207.5	205.9	8.4%
资源环境	100.0	99.0	107.2	109.8	113.1	123.5	128.7	144.4	160.2	180.2	6.8%

（续表）

	2005	2006	2007	2008	2009	2010	2011	2012	2013	2014	2005—2014 年均增速
两化融合	100.0	103.5	123.4	141.1	145.0	154.9	168.5	178.9	181.0	188.9	7.3%
人力资源	100.0	108.9	120.3	132.3	138.4	148.5	165.1	182.5	195.1	213.6	8.8%
时序指数	100.0	107.8	119.6	120.6	129.7	137.5	143.4	152.4	161.1	169.5	6.0%

资料来源：赛迪智库整理，2016年1月。

从时间序列来看，广东工业发展质量时序指数由2005年的100.0上涨至2014年的169.5，年均增速为6.0%，低于全国平均水平。

广东在人力资源方面提升速度明显，年均增速达8.8%，比时序指数的增速高出2.8个百分点。从细分指标来看，人力资源中的工业城镇单位就业人员平均工资增速达到年均12.8%，成为推动广东在人力资源方面快速提升的主要动力。

2014年表现最差的分类指标是结构调整，年均增速为1.7%，比时序指数的增速低了4.3个百分点。结构调整中的多项指标均出现负增长现象，例如500强企业占比、高技术产业占比和工业制成品出口占比这三项指标的年均增速分别为-8.2%、-1.3%和-0.9%，这成为结构调整指标表现不振的主要因素。

另外，广东在速度效益和环境资源等方面的增速也相对缓慢，年均增速分别为5.3%和6.8%，均低于时序指数的增速。分析其原因，是由于速度效益中各细分指标增速缓慢，如总资产贡献率、工业成本费用利润率的增速仅为2.4%和2.5%；而资源环境方面，细分指标中的工业污染治理投资强度增速为-10.5%，成为拖累该项指标增长的主要原因。

②截面指数

表10-42　2005—2014年广东工业发展质量截面指数排名

	2005	2006	2007	2008	2009	2010	2011	2012	2013	2014
速度效益	18	17	16	20	18	23	26	24	25	17
结构调整	1	1	1	1	1	1	1	2	1	1
技术创新	5	3	3	3	2	1	2	2	2	2
资源环境	4	3	4	4	4	3	4	4	4	4
两化融合	3	3	3	3	3	3	3	3	3	3
人力资源	23	17	19	16	17	19	17	10	18	6
截面指数	1	1	1	2	1	1	1	1	1	1

资料来源：赛迪智库整理，2016年1月。

从横向对比来看，2014年，广东工业发展质量截面指数为65.0，排在全国第1位，近十年一直稳居全国第一。

广东在结构调整和技术创新方面表现优异，2014年全国排名分别为第1位和第2位。例如，技术创新中的大中型工业企业 R&D 经费投入强度、大中型工业企业单位 R&D 经费支出发明专利以及大中型工业企业新产品销售收入占比三项指标均位于全国领先地位，排名均在全国前五名之内。

广东在速度效益方面表现一般，全国排名为第17位，处于中下游水平。速度效益中的工业增加值增速、工业成本费用利润率、工业主营业务收入利润率三项指标的全国排名均相对靠后，分别为第21、第17和第17位，成为拖累广东速度效益提升的主要原因。

广东在两化融合、资源环境以及人力资源方面表现同样优异，全国排名分别为第3位、第4位和第6位，位于全国上游水平。

③原因分析

广东工业发展质量一直位居全国榜首主要是由于技术创新方面表现优异。分析其原因，广东多管齐下，重点突破，在全省开展质量提升行动，提升科技发展动能。一是大力提升先进制造业发展质量，加快推进工业化和信息化的深度融合，积极推广新设备、新技术以及新工艺的推广和应用；二是通过科技金融等方面的创新活动，带动"大众创业、万众创新"，并涌现出深圳等一批在全国有影响力的创新型城市；三是培育了一批制造业龙头企业，并成为技术创新的主力军，重点扶持大型骨干企业建立省部级重点实验室、研究中心等，并参与行业标准制定、专利许可等行为。

(3) 结论与展望

综合来看，广东近年来工业发展质量一直稳居全国领先水平，但从细分指标看，广东在某些指标上的优势已经不太显著，急需加强相关工作。

首先要牢牢树立创新驱动、质量引领的发展理念，加快技术进步的步伐，加强管理创新，通过提高劳动者素质与水平，增强自主研发与创新能力，通过质量提升来增强广东企业的市场竞争力。其次，要强化企业作为创新发展主体的作用，提高企业技术创新与质量建设的意识，充分激发市场活力。

二十、广西

（1）总体情况

①宏观经济总体情况

2015年，广西全省GDP总量达到16803.1亿元，同比增长8.1%。其中，第一、二、三产业分别实现增加值 2565.9 亿元、7694.7 亿元和 6542.4 亿元，分别比上年增长 4.0%、8.1% 和 9.7%，三次产业对 GDP 增长的贡献率分别为 6.7%、51.4% 和 41.9%，三次产业结构比例调整为 15.3：45.8：38.9。

2015 年，全省固定资产投资 1.6 万亿元，同比增长 17.8%。其中工业投资达到 6390.8 亿元，同比增长 14.1%。

②工业经济运行情况

2015 年，全省实现工业增加值总量为 6338.3 亿元，同比增长 7.7%。其中，规上工业增加值同比增长 7.9%。在规模以上工业中，重工业增幅较大，较上年同比增长 8.3%，轻工业则同比增长 6.7%。分行业类别来看，在全部 40 个大类工业中，比上年增长的行业达到 32 个，占比为 80%。其中增速较快的行业为：计算机通信和其他电子设备制造业，增速为 25.2%；木材加工业，增速为 15.4%；黑色金属冶炼和压延加工业，增速为 14.2%；电气机械和器材制造业，增速为 12.9%；化学原料和化学品制造业，增速为 11.9%；有色金属冶炼和压延加工业，增速为 10.8%；非金属矿物制品业，增速为 8.5%；汽车制造业，增速为 7.1%。

2015 年，全省规模以上工业企业出口情况良好，实现出口交货值 793.7 亿元，同比增长 5.0%。规上工业企业产品销售率达到 94.8%，与上年相比小幅回落 0.5%。

（2）指标分析

①时序指数

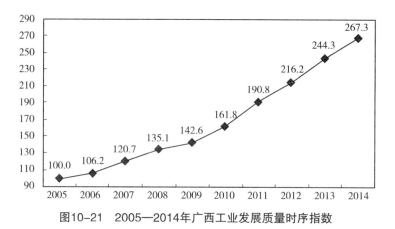

图10-21　2005—2014年广西工业发展质量时序指数

资料来源：赛迪智库整理，2016 年 1 月。

表 10-43　2005—2014 年广西工业发展质量时序指数

	2005	2006	2007	2008	2009	2010	2011	2012	2013	2014	2005—2015 年均增速
速度效益	100.0	113.0	130.8	103.4	120.3	173.5	172.2	172.3	172.4	184.0	7.0%
结构调整	100.0	118.8	117.6	155.6	155.6	175.0	210.0	229.9	264.3	287.4	12.4%
技术创新	100.0	84.6	107.3	103.8	114.1	102.1	116.8	124.1	147.7	145.3	4.2%
资源环境	100.0	101.3	131.8	133.5	145.8	156.1	218.6	250.9	287.0	324.2	14.0%
两化融合	100.0	103.4	120.1	172.1	178.3	214.6	247.0	323.8	367.8	418.5	17.2%
人力资源	100.0	112.8	118.0	131.0	134.1	148.9	167.3	190.2	212.6	231.4	9.8%
时序指数	100.0	106.2	120.7	135.1	142.6	161.8	190.9	216.2	244.3	267.3	11.5%

资料来源：赛迪智库整理，2016 年 1 月。

从时间序列来看，广西工业发展质量时序指数自 2005 年的 100.0 上涨至 2014 年的 267.3，年均增速达到 11.5%，明显高出全国平均水平。

从细分指标来看，两化融合与资源环境两方面增长较快，年均增速分别为 17.2% 与 14.0%。在构成两化融合的各项指标中，互联网普及率与电子信息产业占比成为促进该指标提升的主要因素，年均增速分别高达 21.7% 和 18.2%；在构成资源环境的各项指标中，工业主要污染物排放强度增长较快，年均增速高达 26.6%，成为该项指标提升的主要因素。

技术创新和速度效益两项指标增长较慢，年均增速分别为 4.2% 和 7.0%。技术创新中的电子信息产业占比出现负增长，成为拖累广西全省技术创新增长的主要因素；速度效益中的工业成本费用利润率和工业主营业务收入利润率两项指标增长乏力，分别仅为 0.4% 和 0.5%，严重制约了广西速度效益的增长。

在结构调整和人力环境等方面广西则较为平稳，年均增速分别为 12.4% 和 9.8%。

②截面指数

表 10-44　2005—2014 年广西工业发展质量截面指数排名

	2005	2006	2007	2008	2009	2010	2011	2012	2013	2014
速度效益	12	11	10	21	22	11	17	18	18	11
结构调整	21	21	22	22	21	22	20	23	24	19
技术创新	17	22	18	21	22	25	19	21	20	20
资源环境	15	23	11	18	21	21	24	21	20	21
两化融合	17	18	18	16	17	17	16	12	15	14
人力资源	22	20	21	30	23	29	28	25	16	14
截面指数	19	24	21	24	24	24	23	21	20	18

资料来源：赛迪智库整理，2016 年 1 月。

从横向对比来看，从 2006 年至 2014 年，广西工业发展质量全国排名一直位于全国下游水平，2014 年截面指数为 30.5。

从细分指标来看，广西在速度效益方面表现相对突出，全国排名为第 11 位，且近年来进步显著，其中总资产贡献率和工业增加值增速两项指标分别排全国第 5 位和第 8 位。

广西在技术创新以及资源环境等方面的全国排名相对靠后，分别为第 20 位和第 21 位。技术创新中的大中型工业企业 R&D 经费投入强度和大中型工业企业 R&D 人员投入强度均排名全国第 25 位，成为拖累技术创新增长的主要原因。

广西在两化融合和人力资源方面排名位于全国中游水平，均为全国第 14 位。

③原因分析

广西工业发展质量进步显著，主要是由于两化融合方面工作扎实。分析其原因，近年来广西高度重视两化融合工作，大力推广相关试点工作，例如柳州与桂林两市已取得国家级两化融合试验区的称号，广西在工信部全国两化融合发展水平评估工作中取得优异成绩，广西还加大了信息化助力制造企业转型升级相关工作，引导企业关注电子商务、云计算、社交网络、物联网与工业大数据等产业新兴增长点，使得制造业创新能力、集成能力不断增强。

（3）结论与展望

从时序指数以及截面指数两个角度来看，广西工业发展质量在全国排名并不是十分突出，整体处于中下游水平，未来改进增长空间广阔。

展望未来，广西需加强以下工作：首先要加强对工业技术人才的培育力度，破解制约制造业技术创新的人才约束瓶颈；其次，要继续抓住两化深度融合发展的有利时机，结合"中国制造 2025"以及"大众创业、万众创新"的战略机遇期，促进广西工业规模以及质量更上一个台阶。

二十一、海南

（1）总体情况

①宏观经济总体情况

2015 年，海南完成地区生产总值 3702.8 亿元，以可比价格计算，同比增幅为 7.8%。2015 年，海南省三次产业占地区生产总值的比重分别为 23.1∶23.6∶53.3。全省经济发展不断提速，东、中、西部各地区经济发展速度加快、后劲不断增强、发展差距日渐缩小等特点。

2015年，海南省东、中、西部地区GDP分别高达2248.9亿元、272.2亿元和1164.9亿元，其占地区生产总值的比重分别达60.7%、7.4%和31.5%。

②工业经济运行情况

2015年，海南规模以上实现工业增加值累计为485.9亿元，较上年增长5.2%。其中，规模以上工业增加值为448.95亿元，较上年同期增长了5.1%。

2015年，从行业情况来看，从海南省35个工业行业来看，有57.1%的行业增加值实现了同比增长，主要集中在食品制造、电气机械和器材制造、医药制造、农副食品加工、石油加工、造纸等行业及电力生产供应等工业领域。

海南省大部分的工业均布局于其西部地区，西部地区的工业增加值占全省工业增加值的61%。2015年，海南省西部地区工业仅增长了7.0%，较上年同期下降了5.5%，对全省工业增长的贡献率已从上年的76.3%下滑到了72.2%。

（2）指标分析

①时序指数

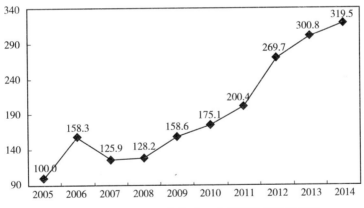

图10-22　2005—2014年海南工业发展质量时序指数

资料来源：赛迪智库整理，2016年1月。

表10-45　2005—2014年海南工业发展质量时序指数

	2005	2006	2007	2008	2009	2010	2011	2012	2013	2014	2005—2014年均增速
速度效益	100.0	126.5	139.6	121.3	159.4	166.8	137.7	152.8	146.2	143.0	4.1%
结构调整	100.0	92.3	113.8	92.3	149.1	146.8	125.1	164.9	187.4	233.6	9.9%
技术创新	100.0	297.9	147.9	171.5	212.5	295.7	443.6	596.3	706.9	775.6	25.6%

（续表）

	2005	2006	2007	2008	2009	2010	2011	2012	2013	2014	2005—2014年均增速
资源环境	100.0	195.9	112.9	118.5	116.9	115.1	149.1	196.5	179.3	224.8	9.4%
两化融合	100.0	127.8	122.0	156.2	169.5	171.1	184.6	330.6	392.0	287.2	12.4%
人力资源	100.0	115.4	128.7	136.3	148.6	166.5	185.7	200.2	215.0	232.2	9.8%
时序指数	100.0	158.3	125.9	128.2	158.6	175.1	200.4	269.7	300.8	319.5	13.8%

资料来源：赛迪智库整理，2016年1月。

纵向来看，海南工业发展质量时序指数自2005年的100.0上涨至2014年的319.5，年均增速为13.8%，高于全国平均增速。

海南在技术创新方面提升较快，年均增速高达25.6%，比时序指数增速高出11.8个百分点。构成技术创新的各指标中，大中型工业企业单位R&D经费支出发明专利（件/亿元）高达50.3%，是促进海南技术创新快速发展的主要因素。

海南在速度效益和资源环境等方面发展缓慢，年均增速分别为4.1%和9.4%，大幅低于时序指数的平均水平。速度效益中的工业成本费用利润率和工业主营业务收入利润率的年均增长率均较低，是造成海南速度效益发展缓慢的主要原因；资源环境中的单位工业增加值能耗和工业污染治理投资强度年均增速均较低，是导致此方面发展缓慢的主要因素。

海南在两化融合方面表现相对较好，年均增速达到了12.4%。两化融合中的工业应用信息化水平电子信息产业占比和互联网普及率年均增速分别高达39.9%和47%。

②截面指数

表10-46　2005—2014年海南工业发展质量截面指数排名

	2005	2006	2007	2008	2009	2010	2011	2012	2013	2014	2005—2014年均值
速度效益	10	5	5	23	4	6	21	17	21	9	8
结构调整	26	24	29	30	27	26	22	30	27	23	29
技术创新	29	26	30	28	25	20	18	20	10	10	23
资源环境	16	8	12	11	14	15	10	10	17	19	10
两化融合	22	17	21	21	22	23	26	24	23	26	23
人力资源	14	6	20	20	7	12	19	13	12	9	10
截面指数	24	12	25	28	21	17	22	22	19	16	21

资料来源：赛迪智库整理，2016年1月。

横向来看，海南的工业发展质量截面指数从 2006 年开始来看，其排名一直比较靠后，大多数年份排名在 20 以后，处于中下游水平，2014 年其截面指数为 31.7。

海南 2014 年人力资源和速度效益方面表现较好，均排在全国第 9 位，处于上游水平。人力资源中的工业城镇单位就业人员平均工资增速和就业人员平均受教育年限均排在全国第 8 位，表现较为突出，是提升海南人力资源水平的主要因素；速度方面中的工业增加值增速处于全国领先水平，排名全国第 3 位，而总资产贡献率则处于相对落后水平，排在全国的第 23 位。

海南两化融合方面表现最差，排在全国的第 26 位。两化融合中的工业应用信息化水平和电子信息产业占比分别排在全国第 28 名和第 21 名，是导致海南两化融合方面落后的主要原因。

海南结构调整方面发展相对落后，处于全国的下游水平，排名为第 23 位。资源环境发展相对稳定，处于全国中游水平。

③原因分析

从截面指数看，海南在技术创新方面表现较为突出。

近年来，海南为提升技术创新水平，采取了一系列措施，主要包括：一是大力实施"四兴一惠一体系"工程，即大力实施科技兴海、科技兴旅、科技兴工、科技兴农、科技惠民和构建海南特色的技术创新体系工程，为促进海南省科技创新发展提供强大支撑。二是积极主动适应经济发展新常态，实施创新驱动战略，在不断加大科技投入的同时，采取诸多措施推进科技创新再上新台阶，如育种技术的突破、"海南数字生态旅游"的建设等。三是注重加强自主创新能力建设，努力培育推动海南经济发展的新引擎。

(3) 结论与展望

综合时序指数和截面指数来看，海南在技术创新方面表现优秀，在两化融合方面表现相对较差，2014 年发展水平处于全国下游水平，亟待提升。

海南省两化融合方面的发展速度与发展质量均不高，展望未来，海南应重点做好以下几个方面的工作：首先，要建立健全组织制度，不断加强对两化融合工作的组织领导，完善相关工作机制。其次，加强学习与培训工作，积极开展政府有关管理人员、企业技术人员的两化融合和软件等知识和技术的培训。再次，推进现代信息技术产业和传统产业的深度融合。最后，要积极推进社会信息化建设，实施各项信息化重大工程建设，推进整个社会的信息化进程。

二十二、重庆

（1）总体情况

①宏观经济总体情况

2015年，重庆地区生产总值为15719.7亿元，比2014年增长11%。一、二、三产业增加值分别为1150.2亿元、7071.8亿元和7497.8亿元，分别增长4.7%、11.3%和11.5%。三次产业结构的比例为7.3：45.0：47.7。

2015年，重庆固定资产投资总额为15480.3亿元，同比增长17.1%。分产业来看，第一产业投资额为533.2亿元，较上年同期增长了9.5%；第二产业投资额为4998.0亿元，较上年同期增长19.9%；第三产业投资额为9949.1亿元，较上年同期增长了16.1%。2015年，全市社会消费品零售总额实现6424.0亿元，较上年同期增长了12.3%，同比上半年提高了12.5%。

②工业经济运行情况

2015年，重庆实现规模以上工业增加值5557.5亿元，同比增速为10.5%。而规模以上工业增加值增长了10.8%。

从主要行业来看，重庆市前三季度规模以上工业的39个行业大类中的37个保持了增长，占总数的94.9%。在支柱行业中，电子、汽车、材料、化医、消费品、能源和装备制造等行业的总产值的增速分别为11.8%、17.2%、11.4%、15.0%、13.0%、16.1%和0.3%。

2015年重庆规模以上工业企业总计实现利税总额达2439.2亿元，同比增长了13.1%；实现利润总额达到了1393.8亿元，同比增长了16.5%。

（2）指标分析

①时序指数

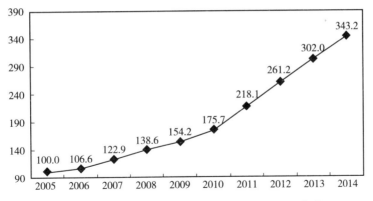

图10-23　2005—2014年重庆工业发展质量时序指数

资料来源：赛迪智库整理，2016年1月。

表 10-47　2005—2014 年重庆工业发展质量时序指数

	2005	2006	2007	2008	2009	2010	2011	2012	2013	2014	2005—2014年均增速
速度效益	100.0	109.6	130.7	134.9	141.1	160.0	173.5	173.2	201.6	222.5	9.3%
结构调整	100.0	100.7	112.5	131.4	141.0	175.9	249.0	343.8	419.1	505.9	19.7%
技术创新	100.0	115.1	116.0	124.5	145.0	139.4	149.5	138.0	123.7	140.9	3.9%
资源环境	100.0	102.6	138.9	144.8	152.1	164.4	180.2	210.3	247.3	273.3	11.8%
两化融合	100.0	104.4	117.7	159.7	201.7	246.3	351.1	444.1	519.6	558.0	21.0%
人力资源	100.0	113.6	129.6	146.1	160.5	181.0	199.6	216.1	237.2	259.7	11.2%
时序指数	100.0	106.6	122.9	138.6	154.2	175.7	218.1	261.2	302.0	343.2	14.7%

资料来源：赛迪智库整理，2016年1月。

纵向来看，重庆工业发展质量时序指数自2005年的100.0上涨至2014年的343.2，年均增速为14.7%，高于全国平均增速。

重庆在两化融合方面提升较快，年均增速高达21.0%，比时序指数增速高出6.3个百分点。构成两化融合的各指标中，电子信息产业占比和互联网普及率的年均增速分别达到了22.8%和25.1%，增速较快，共同构成促进重庆两化融合快速发展的主要因素。

重庆在技术创新方面提升较慢，年均增速为3.9%，低于时序指数年均增速10.8个百分点。构成技术创新的4项指标中，R&D经费投入强度、大中型工业企业新产品销售收入占比均呈现负增长，成为制约技术创新增长的关键指标。

结构调整方面，增速略高于平均增速，其中小型工业企业主营业务收入增速快速增长，增速高达 25.6%，但是 500 强企业占比增速仅为 2.7%，拉低了结构调整方面的整体增速。

此外，重庆在人力资源、资源环境和速度效益方面的增速都低于平均增速，增速有待进一步提高。

②截面指数

表 10-48　2005—2014 年重庆工业发展质量截面指数排名

	2005	2006	2007	2008	2009	2010	2011	2012	2013	2014	2005—2014年均值
速度效益	24	21	17	11	19	18	18	21	12	4	19
结构调整	19	20	18	15	17	17	18	11	8	4	11
技术创新	2	1	1	2	3	3	3	7	9	9	3
资源环境	11	13	9	9	9	9	9	9	8	9	9
两化融合	14	14	15	13	12	11	9	8	6	5	9
人力资源	19	16	17	17	12	21	24	16	11	7	16
截面指数	11	11	8	9	10	10	9	9	7	6	9

资料来源：赛迪智库整理，2016 年 1 月。

横向来看，重庆工业发展质量截面指数连续多年处于全国上游水平，2014年截面指数为 50.5，排在全国第 6 位。

2014 年重庆在速度效益和结构调整方面都表现较为突出，处于全国上游水平。速度效益方面，工业增加值增速全国排名第 1 位，处于全国领先水平。结构调整方面，高技术制造业主营业务收入占比和小型工业企业主营业务收入增速表现较好，均排名全国第 2 位。

2014 年重庆在技术创新和资源环境方面处在上游水平。技术创新方面，大中型工业企业 R&D 人员投入强度和大中型工业企业单位 R&D 经费支出发明专利，处于中游水平，尚有较大的提升空间；资源环境方面，单位工业增加值能耗全国排名第 3 位，表现突出。

③原因分析

2005—2014 年，重庆在两化融合方面的表现较为突出。

近年来，重庆市按照前期编撰出台的《重庆市推进两化深度融合专项行动计划（2013—2018）的工作报告》和《重庆市贯彻落实工信部两化深度融合专项行动计划的实施意见》等重要的文件和报告，采取多项措施，积极推进两化深度融合，取得良好实效。一是积极推进工业云平台建设，为各类企业发展提供强大支撑。二是努力推进贯标工作，帮助传统企业实现转型升级。三是致力于打造信息产业集群，促进社会各个领域和行业的信息化发展。

（3）结论与展望

综合时序指数和截面指数来看，重庆在结构调整和两化融合方面表现均较为突出，但是作为直辖市的重庆在技术创新方面还有一定的发展空间。

未来，提升重庆市技术创新水平，应从以下几个方面做出努力，一是由政府牵头设立技术创新专项扶持基金，并努力引入风险投资基金并鼓励社会资金投入到技术创新相关产业中去，从根本上解决技术创新的资金短缺问题。二是出台人才引进的优惠政策，加强高端技术人才的培育和引进力度。三是支持和帮助企业提升自主创新能力，以市场为导向，构建和完善研发创新体系，组织建设高效的研发团队，加强研发考核和激励机制建设等。

二十三、四川

（1）总体情况

①宏观经济总体情况

2015 年，四川实现地区生产总值比上年增长 7.9%，达到 30103.1 亿元。一、二、三产业增加值分别为 3677.3 亿元、14293.2 亿元和 12132.6 亿元，分别增长 3.7%、7.8% 和 9.4%。四川三次产业结构比例由去年的 12.4：48.9：38.7 调整为 12.2：47.5：40.3。

2015 年，四川全社会固定资产投资达 25973.7 亿元，同比增速为 10.2%。第一产业同比增长 31.8%，投资额达 840.1 亿元；第二产业投资同比增速为 3.5%，投资额达 7462 亿元，其中工业投资同比增长 1.6%；第三产业投资同比增速为 12.4%，投资额达 17671.6 亿元。

②工业经济运行情况

2015 年，四川省全部工业增加值达 12084.9 亿元，工业增加值同比增速为 7.6%。对全省经济增长的贡献率达到了 45.6%。其中，重工业和轻工业的工业增加值分别增长 7.3% 和 9.3%。

2015 年，分经济类型看，四川国有及国有控股企业的增加值，同比增长了 5.6%，集体企业同比增长了 4.3%，股份制企业同比增长了 9.5%。

（2）指标分析

①时序指数

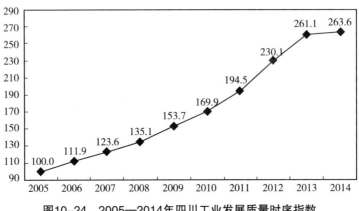

图10-24 2005—2014年四川工业发展质量时序指数

资料来源：赛迪智库整理，2016年1月。

表 10-49 2005—2014 年四川工业发展质量时序指数

	2005	2006	2007	2008	2009	2010	2011	2012	2013	2014	2005—2014年均增速
速度效益	100.0	111.8	136.1	128.0	142.5	165.2	183.3	193.3	189.7	189.3	7.3%
结构调整	100.0	104.0	116.5	137.4	171.0	188.6	225.2	275.6	336.4	286.3	12.4%
技术创新	100.0	129.2	126.3	134.8	149.2	153.6	130.1	185.7	198.8	229.1	9.7%
资源环境	100.0	110.4	124.2	129.3	128.3	139.5	183.7	211.8	246.6	278.6	12.1%
两化融合	100.0	107.3	119.8	143.5	170.2	193.0	233.6	261.5	289.9	309.2	13.4%
人力资源	100.0	112.8	123.8	138.2	153.5	176.7	204.1	227.8	257.1	279.3	12.1%
时序指数	100.0	111.9	123.6	135.1	153.7	169.9	194.5	230.1	261.1	263.6	11.4%

资料来源：赛迪智库整理，2016年1月。

纵向来看，四川工业发展质量时序指数自2005年的100.0上涨至2014年的263.6，年均增速为11.4%，高于全国平均增速。

四川在结构调整和两化融合方面提升较快，年均增速分别达12.4%和13.4%，比时序指数增速分别高出1个百分点和2个百分点。结构调整方面，高技术制造业主营业务收入占比高达18.3%，但是其工业制成品出口占比的增速均低于平均增速。构成两化融合的各指标中，工业应用信息化水平和互联网普及率分别高达68.3%和37.3%，是促进该方面快速发展的主要因素。

速度效益和技术创新两方面的增速表现较差，分别为 7.3% 和 9.7%，均低于平均增速。速度效益方面，工业成本费用利润率和工业主营业务收入利润率的增速分别仅为 6.3% 和 5.9%，是导致速度效益发展缓慢的主要原因。技术创新方面，大中型工业企业 R&D 经费投入强度和大中型工业企业 R&D 人员投入强度表现较差，增速分别为 0.7% 和 1.5%。

②截面指数

表 10-50　2005—2014 年四川工业发展质量截面指数排名

	2005	2006	2007	2008	2009	2010	2011	2012	2013	2014	2005—2014 年均值
速度效益	13	12	14	17	11	13	9	9	14	18	14
结构调整	13	12	11	12	10	16	12	9	11	8	10
技术创新	9	6	7	10	15	17	26	16	17	14	15
资源环境	13	19	21	20	29	26	25	26	26	23	24
两化融合	18	20	20	18	19	16	13	14	11	11	14
人力资源	29	29	27	27	24	24	29	24	17	17	28
截面指数	16	18	18	19	20	20	21	15	16	13	16

资料来源：赛迪智库整理，2016 年 1 月。

横向来看，四川工业发展质量截面指数连续多年处于全国中等水平。2014 年截面指数为 35.4，排在全国第 13 位。

2014 年，四川在结构调整方面表现相对较好，排名全国第 8 位，属于上游水平。其中，高技术制造业主营业务收入占比在全国的排名为第 6 位，处于上游水平。

2014 年四川在人力资源和速度效益方面均表现相对较差，分别排在了全国的第 17 和 18 位。其中，人力资源方面的第二产业全员劳动生产率和就业人员平均受教育年限分别排在全国的第 24 和 25 位，是拉低此项排名的主要因素。速度效益方面的总资产贡献率、工业成本费用利润率和工业主营业务收入利润率均排名全国第 18 位，尚有较大提升空间。

③原因分析

2005—2014 年，四川在结构调整方面表现较好，处于全国上游水平。

结构调整方面，四川省采取的措施包括：一是在 2015 年 5 月，四川省政府出台了《四川省人民政府关于加快发展生产性服务业促进产业结构调整升级的实施意见》，重点推进生产性服务业作为促进四川产业结构调整的主要方向，统筹若干新兴服务业的发展，同时提高制造业服务化水平，促进工业制造业现代化及农业的现代化。二是始终以大项目为抓手，特别是积极策划实施了一片重大科技项目，从而有效提升了产业发展的层次与水平。

（3）结论与展望

综合时序指数和截面指数来看，四川在速度效益方面需要加快改进提升步伐。

为提升四川速度效益方面发展水平，一是要在发展中兼顾发展质量和发展效益的完美统一，要坚持适度保持合理的发展速度，实现科学的、高质量的发展。二是积极寻找新的经济增长点，不断扩大投资，加快产业转型升级步伐，努力推进新型城镇化，加快对外开放力度。三是要精心谋划促进经济发展的支撑性因素，做到未雨绸缪，要靠科学的规划和严格的政策落实来实现经济效益与质量的提升。

二十四、贵州

（1）总体情况

①宏观经济总体情况

2015 年，贵州实现地区生产总值 10520.6 亿元，同比增速为 10.7%。一、二、三产业增加值分别为 1640.6 亿元、4147.0 亿元和 4715.0 亿元，同比分别增长 6.5%、11.4% 和 11.1%。 2015 年，贵州全社会的固定资产投资 10676.7 亿元，同比增速为 21.6%。2015 年，贵州全省社会消费品零售总额达到了 3283.0 亿元，较上年同期增长了 11.8%。

②工业经济运行情况

2015 年，贵州省规模以上工业实现增加值为 3550.1 亿元，较上年增长了 9.9%。其中，轻、重工业增加值分别为 1374.2 亿元和 2175.9 亿元，分别较上年增长了 8.3% 和 10.9%。

2015 年，贵州规模以上工业企业实现主营业务收入 9376.2 亿元，同比增速为 11.4%，增速较全国水平高出了 10.6%；全年实现利润总额达 616.10 亿元，比上年增长了 10.7%。

（2）指标分析

①时序指数

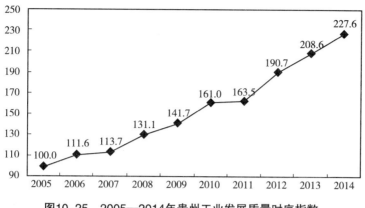

图10-25 2005—2014年贵州工业发展质量时序指数

资料来源：赛迪智库整理，2016年1月。

表10-51 2005—2014年贵州工业发展质量时序指数

	2005	2006	2007	2008	2009	2010	2011	2012	2013	2014	2005—2014 年均增速
速度效益	100.0	120.2	152.5	135.4	133.2	170.6	193.4	223.6	193.4	191.5	7.5%
结构调整	100.0	99.7	89.1	103.8	108.3	118.3	128.7	142.8	172.9	213.9	8.8%
技术创新	100.0	141.3	150.0	156.8	172.3	186.5	123.4	184.8	196.6	200.5	8.0%
资源环境	100.0	108.1	80.7	114.5	122.3	125.3	121.7	133.6	146.8	163.7	5.6%
两化融合	100.0	96.9	113.4	164.6	202.7	248.6	288.2	328.4	383.5	407.6	16.9%
人力资源	100.0	106.5	119.4	134.9	138.2	157.1	180.5	188.8	209.8	223.4	9.3%
时序指数	100.0	111.6	113.7	131.1	141.7	161.0	163.5	190.7	208.6	227.6	9.6%

资料来源：赛迪智库整理，2016年1月。

纵向来看，贵州工业发展质量时序指数自2005年的100.0上涨至2014年的227.6，年均增速为9.6%，略高于全国平均增速。

贵州在两化融合方面提升迅速，年均增速高达16.9%，比时序指数增速高出7.3个百分点。构成两化融合的各指标中，工业应用信息化水平年均增速高达66.0%，互联网普及率的年均增速为34.9%，是促进该方面快速发展的主要因素。

贵州在资源环境和速度效益方面发展速度不太理想，增速分别为5.6%和7.5%，分别低于平均增速4.0个和2.1个百分点。资源环境方面，单位工业增加值能耗和工业污染治理投资强度年均增速分别达2.5%和0.6%，是导致贵州资源环境年均增速发展缓慢的主要原因；速度效益方面，工业成本费用利润率和工业主营业务收入利润率年均增速分别为 8.0% 和 7.3%，尚有较大提升空间。

②截面指数

表 10-52　2005—2014 年贵州工业发展质量截面指数排名

	2005	2006	2007	2008	2009	2010	2011	2012	2013	2014	2005—2014年均值
速度效益	25	24	24	22	23	21	10	3	6	5	15
结构调整	22	22	23	25	22	20	21	12	10	13	20
技术创新	19	12	16	14	13	11	23	17	14	15	17
资源环境	24	21	29	28	26	27	13	23	28	29	26
两化融合	28	29	30	30	30	30	30	29	28	25	30
人力资源	15	24	26	14	29	23	23	29	22	23	25
截面指数	29	26	25	26	25	25	25	17	17	19	25

资料来源：赛迪智库整理，2016 年 1 月。

横向来看，贵州的质量截面指数连续多年居于全国下游，2014 年截面指数为 30.5，排在全国第 19 位，在全国处于中游水平。

2014 年贵州在速度效益方面表现突出，排在全国第 5 位。速度效益方面，贵州在工业增加值增速方面表现最好，排名全国第 4 位；工业成本费用利润率也表现较好，分别排名全国第 5 位。

2014 年在资源环境、两化融合和人力资源方面表现处于相对落后水平，实力相对薄弱。资源环境方面，贵州在工业污染治理投资强度方面表现较好，排名全国第 9 位；但是单位工业增加值能耗、主要污染物排放强度表现不佳，工业固体废物综合利用率属偏低水平，大大拉低了资源环境的整体排名。两化融合方面，电子信息产业占比和互联网普及率均属于偏低水平，未来提升空间较大。人力资源方面，第二产业全员劳动生产率和就业人员平均受教育年限均属于偏低水平。

③原因分析

2005—2014 年，贵州在两化融合方面表现相对较好，一直保持稳定上升的态势。

近年来，贵州省各级政府非常重视推进两化融合工作，采取多项措施，取得良好效果。一是围绕重点产业，适当延长产业链条，不断拓宽服务领域，利用先进技术在提高工业各产品的附加值方面下足功夫。二是利用和推广信息化的手段来加强工业管理，从而显著提升了贵州工业管理人员业务水平，丰富了管理人员的管理手段，提高了管理水平。三是利用信息化的技术，率先突破若干战略性新兴产业重点领域，从而加速贵州工业的发展，促进产业转型升级。

（3）结论与展望

综合时序指数和截面指数来看，贵州在资源环境方面发展相对落后，有较大的发展空间。

为提升资源环境发展水平，建议如下：一是坚持绿色发展理念，坚持走新型工业化道路，不断调整经济结构，切实转变经济发展方式。二是守住天蓝、山青、地洁、水清的底线，做好植树造林工作，大幅提升森林覆盖率，积极开展环境污染治理，提升空气质量。三是大力推进工业节能减排，建立相关考核体系，努力实现增产降耗。

二十五、云南

（1）总体情况

①宏观经济总体情况

2015年，云南实现地区生产总值13717.9亿元，同比增速为8.7%。其中，第一产业的增加值为2055.7亿元，第二产业的增加值为5492.8亿元，第三产业的增加值为6169.4亿元，分别增长5.9%、8.6%和9.6%。2015年云南三次产业结构的比例为15.0：40.0：45.0。

2015年，全省固定资产投资达13069.4亿元，增长18.0%。社会消费品零售总额达5103.2亿元，同比增速为10.2%。

②工业经济运行情况

2015年，全省规模以上工业增加值完成3623.1亿元，增长6.7%。其增速较2015年的1—11月回升了0.5%，高于全国0.6个百分点。

2015年，云南全年规模以上工业企业累计实现利税为1750.3亿元，比上年下降了1.9%，其中，实现利润额为462.0亿元，下降了9.5%。

（2）指标分析

①时序指数

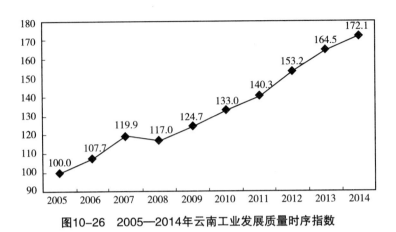

图10-26 2005—2014年云南工业发展质量时序指数

资料来源：赛迪智库整理，2016年1月。

表 10-53 2005—2014 年云南工业发展质量时序指数

	2005	2006	2007	2008	2009	2010	2011	2012	2013	2014	2005—2014年均增速
速度效益	100.0	106.5	114.7	94.3	104.2	124.4	125.8	122.2	125.7	121.2	2.2%
结构调整	100.0	102.6	110.2	100.6	109.3	116.2	117.3	136.2	155.1	164.0	5.7%
技术创新	100.0	123.3	174.8	152.9	145.3	134.0	154.4	165.9	160.5	172.8	6.3%
资源环境	100.0	114.4	116.0	124.5	127.6	132.5	129.7	144.8	163.5	172.1	6.2%
两化融合	100.0	90.2	84.9	111.5	141.5	164.1	178.5	193.7	203.6	211.0	8.6%
人力资源	100.0	109.2	114.6	125.9	130.3	145.0	162.9	178.5	198.5	210.2	8.6%
时序指数	100.0	107.7	119.9	117.0	124.7	133.0	140.3	153.2	164.5	172.1	6.2%

资料来源：赛迪智库整理，2016年1月。

纵向来看，云南工业发展质量自2005年的100.0上涨至2014年的172.1，年均增速为6.2%，低于全国平均增速。

云南在两化融合和人力资源方面表现相对较好，两化融合方面，工业应用信息化水平和互联网普及率年均增速分别达到了27.2%和35.1%；人力资源方面，第二产业全员劳动生产率年均增速达到了12.15。

云南在速度效益方面表现最差，工业成本费用利润率和工业主营业务收入利润率年均增速分别为5.35%和5.1%，是导致该指标发展落后的主要原因。

此外，云南在结构调整、技术创新、资源环境等方面表现得也不尽人意，尚有较大的发展和提升空间。

②截面指数

表 10-54 2005—2014 年云南工业发展质量截面指数排名

	2005	2006	2007	2008	2009	2010	2011	2012	2013	2014	2005—2014 年均值
速度效益	8	8	8	13	9	16	11	13	17	24	11
结构调整	23	23	26	27	24	24	27	19	18	25	25
技术创新	28	29	24	26	28	27	24	27	26	25	28
资源环境	27	27	27	26	27	23	21	22	25	26	25
两化融合	24	24	24	26	26	28	28	30	30	30	28
人力资源	17	28	30	23	28	22	27	26	25	27	30
截面指数	27	27	30	29	27	28	28	27	27	28	28

资料来源：赛迪智库整理，2016 年 1 月。

横向来看，云南工业发展质量截面指数一直处于全国下游水平，整体实力相对薄弱。2014 年截面指数为 18.1，排在全国第 28 位。

2014 年，云南在速度效益方面相对较好，排在第 24 位。其中，总资产贡献率属于全国中等水平，排在第 19 位。

2014 年，云南两化融合方面表现最差，全国排名最后，工业应用信息化水平和电子信息产业占比的排名均靠后，直接导致云南该指标发展严重落后。

结构调整、技术创新、资源环境和人力资源方面均处于全国中等偏下水平，排在第 25 位左右，表明云南在这四个方面均存在较大的提升空间。

③原因分析

2005—2014 年，云南省在人力资源方面表现相对较好，一直保持稳定上升的态势。

云南省近年来不断加强人力资源和社会保障方面的工作，取得良好效果。一是大力推进人力资源和社会保障信息化建设，重点推进"一卡通"建设，为人社系统的可持续发展提供强大信息化支撑。二是积极帮助和扶持云南省各地的民营企业开展异地招聘会，以充分发挥发挥民营企业解决就业的主渠道作用。三是多次开展各行业相关人员业务培训活动，以加强各单位管理人员的人才队伍建设。

（3）结论与展望

综合时序指数和截面指数来看，云南工业发展质量处于全国下游水平。结构调整、技术创新等方面变化不明显，仍处于全国相对靠后水平。

为提升云南结构调整和技术创新水平，建议如下：一是按照党的十八届五中全会提出的"创新、协调、绿色、开放、共享"五大发展理念，不断加快经济结构调整步伐。二是积极加快利用先进信息技术改造提升云南传统优势产业，同时，加快培育发展战略性新兴产业。三是重点构建和完善技术创新体系，以"大众创业、万众创新"为发展方向，努力营造自主创新发展的良好环境。四是努力加强支持技术创新发展的体制机制建设，以企业为主体，同时加强高端人才的培育与引进，实现云南技术创新的跨越式发展。

二十六、陕西

（1）总体情况

①宏观经济总体情况

2015年，陕西实现地区生产总值18171.9亿元，比2014年增长8.0%。一、二、三产业增加值分别为1597.6亿元、9360.3亿元和7213.9亿元，分别增长5.1%、7.3%和9.6%，三次产业结构为8.8∶51.5∶39.7。2015年，陕西全社会固定资产投资19826.7亿元，比2014年增长8.0%。第一产业投资1006.5亿元，第二产业投资6361.2亿元，第三产业投资12459.0亿元，分别同比增长49.9%、8.0%和5.6%。工业投资6332.9亿元，增长8.0%。2015年社会消费品零售总额6578.1亿元，同比增速为11.1%。进出口额1895.7亿元，同比增速为12.8%。其中，出口额为918.5亿元，进口977.1亿元，分别同比增长7.4%和18.4%。城镇居民人均可支配收入为26420元，增速为8.4%。农村居民人均纯收入8689元，同比增速为9.5%。

②工业经济运行情况

2015年，陕西实现规模以上工业增加值7083.6亿元，比上年增长7.0%。规模以上工业中，重工业同比增长5.8%，轻工业同比增速为13.5%。能源工业和非能源工业增加值增速分别为1.5%和13.0%。全年规模以上工业实现主营业务收入16353.4亿元，同比增速为–0.4%，利润总额增速同比下降18.4%。

2015年，陕西规模以上工业中，八大支柱产业里能源化工工业实现增加值3688.3亿元，同比增速为2.8%；装备制造业实现增加值872.7亿元，同比增速为5.4%；有色冶金实现增加值662.8亿元，同比增速为13.9%；食品行业实现增加值791.3亿元，同比增速为11.3%；非金属矿物制品业实现增加值328.7亿元，同比增速为17.4%；医药行业实现增加值193.3亿元，同比增速为11.6%；计算机等电子制造业实现增加值 155.5 亿元，同比增速为 61.9%；纺织服装实现增加值 111.3 亿元，同比增速为 24.8%。

（2）指标分析

①时序指数

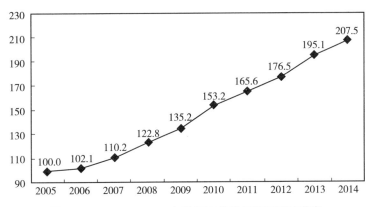

图10-27　2005—2014年陕西工业发展质量时序指数

资料来源：赛迪智库整理，2016 年 1 月。

表 10-55　2005—2014 年陕西工业发展质量时序指数

	2005	2006	2007	2008	2009	2010	2011	2012	2013	2014	2005—2014年均增速
速度效益	100.0	103.5	117.6	126.9	110.2	137.7	153.0	152.5	155.0	151.6	4.7%
结构调整	100.0	105.5	104.6	126.9	138.9	154.6	159.8	185.5	210.6	240.8	10.3%
技术创新	100.0	88.9	100.9	99.3	114.1	114.0	117.0	116.9	133.8	129.4	2.9%
资源环境	100.0	109.2	120.5	121.4	150.5	169.0	163.4	177.7	202.7	215.9	8.9%
两化融合	100.0	94.3	100.0	128.8	152.6	191.2	231.6	230.0	243.7	255.5	11.0%
人力资源	100.0	112.2	125.6	140.3	146.4	158.2	192.9	211.3	235.2	251.1	10.8%
时序指数	100.0	102.1	110.2	122.8	135.2	153.2	165.6	176.5	195.1	207.5	8.4%

资料来源：赛迪智库整理，2016 年 1 月。

纵向来看，陕西工业发展质量自 2005 年的 100.0 上涨至 2014 年的 207.5，年均增速为 8.4%，低于全国平均增速。

陕西在资源环境和人力资源方面增长较快，年均增速分别为 8.9% 和 10.8%，高于全国平均增速。资源环境方面，单位工业增加值能耗、工业主要污染物排放强度、工业固体废物综合利用率好于全国平均水平，但工业污染治理投资强度需要进一步提高。人力资源方面，工业城镇单位就业人员平均工资增速为15.7%，表现最好，第二产业全员劳动生产率和就业人员平均受教育年限都略高于平均增速。

陕西在速度效益、两化融合表现一般，年均增速分别为4.7%和11.0%，略高于全国平均水平。速度效益方面，工业增加值增速表现最好，年均达到15.3%，高于全国10.2%的水平，但是总资产贡献率年均增速低于全国平均水平，工业成本费用利润率和工业主营业务收入利润率则出现增速下滑。两化融合方面，工业应用信息化水平领先全国平均水平，是促进该方面快速发展的主要因素，互联网普及率年均增速与全国平均水平基本持平，而电子信息产业占比年均增速呈现小幅下滑。

陕西在结构调整和技术创新方面表现不佳，低于全国平均增速。结构调整方面，小型工业企业主营业务收入指标表现较好，增速高达28.4%，高于全国平均增速；高技术产业占比和500强企业占比处于负增长的态势，尤其是500强企业占比年均增速与全国平均水平差距较大；工业制成品出口占比年均增速也远低于全国平均水平。技术创新方面增长缓慢，年均增速只有2.9%。其中，各项指标均低于全国平均水平，大中型工业企业新产品销售收入占比增速出现下降，年均增速为–3.7%。

②截面指数

表10-56　2005—2014年陕西工业发展质量截面指数排名

	2005	2006	2007	2008	2009	2010	2011	2012	2013	2014
速度效益	5	6	6	4	5	2	1	1	1	1
结构调整	17	14	19	12	12	19	26	15	15	17
技术创新	7	10	9	13	12	13	14	14	15	17
资源环境	17	28	24	25	13	11	11	16	18	18
两化融合	21	25	25	24	24	20	12	18	18	18
人力资源	11	14	12	22	13	27	2	20	13	22
截面指数	12	14	14	12	12	13	10	11	10	14

资料来源：赛迪智库整理，2016年1月。

横向来看，陕西工业发展质量截面指数基本处于全国中上游水平，2014年截面指数为34.8，排在全国第14位，较2013年下降4个名次。

2014年，陕西在速度效益方面继续保持表现优异，排名全国第1位。构成速度效益的四项指标中，工业成本费用利润率和工业主营业务收入利润率均排名全国第 1 位，工业增加值增速位居全国第 6 位，总资产贡献率位居全国第 13 位。

陕西在结构调整、技术创新、资源环境、两化融合方面都是处于全国中游偏下位置。结构调整方面全国排名第 17 位。其中，小型工业企业主营业务收入表现很好，排名全国第 6 位；高技术产业占比表现较好，排名全国第 13 位；但是 500 强企业占比和工业制成品出口占比都属于下游水平，提升空间较大。技术创新方面，全国排名第 17 位。其中 R&D 人员投入强度表现较好，全国排名第 8 位，R&D 经费投入强度和单位 R&D 经费支出的发明专利数都处于中等水平，大中型工业企业新产品销售收入占比排名 23 位，拉低了技术创新的整体水平。资源环境方面，全国排名第 18 位，其中工业污染治理投资强度排名全国第 12 位，表现相对较好，但是单位工业增加值能耗和工业固体废物综合利用率处于中等偏下水平，未来有提升空间。两化融合方面，全国排名第 18 位，其中电子信息产业占比和互联网普及率表现相对较好，全国排名第 13 位和第 15 位，工业应用信息化水平均处于全国下游水平，发展后劲较大。

陕西在人力资源方面表现不佳，全国排名 22 位。其中，就业人员平均受教育年限表现较好，全国排名第 4 位。工业城镇单位就业人员平均工资增速排名第 22 位，处于全国下游水平。

③原因分析

2005—2014 年，陕西发展速度在全国处于领先，结构调整、技术创新、资源环境、两化融合方面稳步发展，人力资源方面仍有待提高。

陕西是能源大省，煤炭、石油储量丰富，2013 年以前，煤炭和国际油价的上涨对陕西工业经济增长起到了较强的拉动作用。但是 2013 年开始，煤炭和原油价格下跌使得陕西工业经济增速开始下降。

结构调整任务艰巨。能源和原材料工业对陕西全省工业影响较大，所占比重高，在国际油价和煤炭价格大幅下降的背景下，陕西工业面临较大的调整压力。近些年，陕西大力发展非能源工业，着力加大煤炭的转化利用，重点发展煤制油、煤制甲醇、煤制二甲醚、煤制烯烃、煤制乙二醇等新型煤化工产业，同时积极培育发展高端装备制造、电子信息、新能源、生物医药产业，产业结构不断优化。陕西科技资源丰富，企业技术创新能力强、军民结合工业具有较强的基础，但是科技成果转化能力需要进一步提高。

两化融合方面，陕西深入推进两化融合管理体系贯标试点工作，建立了陕西两化融合管理体系工作平台，宝钛集团、西电变压器、汉川机床等一批企业启动实施贯标工作。陕西成为国家级互联网骨干直联点，对推动西部区域经济协调发展，促进陕西信息消费起到促进作用。

（3）结论与展望

综合时序指数和截面指数来看，陕西省工业发展质量处于全国中等偏上位置。未来，要抓住"一带一路""中国制造2025""内陆自贸区"建设机遇，在工业经济稳增长的基础上，加快调整产业结构，努力打造新支柱产业，树立创新发展的理念、加强人力资源的开发。

结构调整方面，要以煤炭深度转化为重点，进一步延伸煤化工产业产品链，大力发展精细化工产品，重点发展航空航天装备、轨道交通装备、有色金属新材料、电子信息等产业，推进制造业智能化转型，打造面向丝绸之路经济带的先进制造业基地。

技术创新方面，围绕陕西优势产业，整合省内高校、科研机构、大型企业研发中心等优势资源，建立协同创新平台，使科技创新资源转化为产业优势，提升产业竞争力。大力发展大众创业和万众创新，为小微企业和个人创新创业提供场所和公共服务平台，激发创新活力。

资源环境方面，要加快推进制造业绿色改造升级。针对化工、有色冶金、建材等传统产业，按照循环经济理念建设工业园区，实现上下游一体化，开展工业节能、节水、环保等关键成套设备的研发和应用。

二十七、甘肃

（1）总体情况

①宏观经济总体情况

2015年，甘肃实现地区生产总值6790.3亿元，比2014年增长8.1%。一、二、三产业增加值分别为954.5亿元、2494.7亿元和3341.0亿元，增速分别为5.4%、7.4%和9.7%。人均生产总值2.6万元，同比增长7.7%。

2015年，甘肃完成固定资产投资8626.6亿元，同比增速为11.2%。其中，第二产业投资3434.90亿元，同比增速为−2.7%，其中工业投资2301.5亿元，同比增速为−13.7%；第三产业投资4656.8亿元，同比增速为21.9%。全年实现社会消费品零售总额 2907.2 亿元，比上年增长 9.0%。2015 年城镇居民人均可支配收入为 23767 元，同比增速为 9.0%。农村居民人均可支配收入 6936 元，同比增速为 10.5%；农村居民人均消费支出 6830 元，增长 11.1%。

②工业经济运行情况

2015 年，甘肃完成工业增加值 1778.1 亿元，比 2014 年增长 7.0%。规模以上工业企业完成工业增加值 1662.0 亿元，比上年同期增长 6.8%。其中，轻、重工业增加值分别同比增长 6.2% 和 7.0%。有色、机械、食品、石化行业工业增加值保持较快增长，建材行业工业增加值增长 0.6%，电力、煤炭、冶金行业工业增加值均出现下降。全年规模以上工业企业共计亏损 72.3 亿元。

（2）指标分析

①时序指数

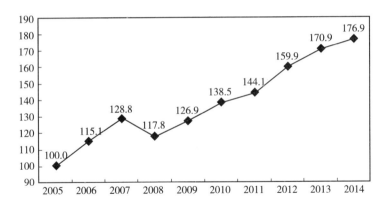

图10-28　2005—2014年甘肃工业发展质量时序指数

资料来源：赛迪智库整理，2016 年 1 月。

表 10-57　2005—2014 年甘肃工业发展质量时序指数

	2005	2006	2007	2008	2009	2010	2011	2012	2013	2014	2005—2014 年均增速
速度效益	100.0	124.6	182.1	106.4	141.4	150.3	150.0	148.7	150.7	140.1	3.8%
结构调整	100.0	110.6	105.3	87.3	76.9	85.8	94.8	104.6	118.9	127.4	2.7%
技术创新	100.0	116.5	116.7	120.6	116.7	117.2	118.2	136.7	134.7	141.2	3.9%
资源环境	100.0	126.2	140.8	136.9	141.4	153.4	142.4	171.7	182.0	186.2	7.2%
两化融合	100.0	103.8	120.8	140.5	182.2	209.4	225.6	243.9	268.7	280.5	12.1%

（续表）

	2005	2006	2007	2008	2009	2010	2011	2012	2013	2014	2005—2014年均增速
人力资源	100.0	107.5	124.5	143.6	152.0	170.5	198.2	222.3	241.6	258.6	11.1%
时序指数	100.0	115.1	128.8	117.8	126.9	138.5	144.1	159.9	170.9	176.9	6.5%

资料来源：赛迪智库整理，2016年1月。

纵向来看，甘肃工业发展质量时序指数自2005年的100.0上涨至2014年的176.9，年均增速为6.5%，低于全国平均增速。

甘肃在资源环境、两化融合和人力资源方面表现较好，年均增速分别为7.2%、12.1%和11.1%。资源环境方面，单位工业增加值能耗和工业主要污染物排放强度明显降低；工业固体废物综合利用率增速为8.8%，大大高于全国平均水平；工业污染治理投资强度呈现下降趋势，增速为−2.4%。两化融合方面，互联网普及率年均增速为25.4%，是促进两化融合快速发展的主要因素；电子信息产业占比增速较慢，年均增速为0.4%；工业应用信息化水平小幅提高。人力资源方面，工业城镇单位就业人员平均工资增速和第二产业全员劳动生产率增长态势明显，增速分别为15.0%和10.6%。

甘肃在速度效益、结构调整、技术创新方面的提升比较缓慢，年均增速分别为3.8%、2.7%和3.9%。其中速度效益与全国平均水平基本持平，而结构调整、技术创新增速都远低于全国平均水平。速度效益方面，工业增加值年均增速在13.1%以上，保持较快增长，但其余三项指标表现不佳，均呈现负增长。结构调整方面，小型工业企业主营业务收入增速增长较快，达14.2%，但也远低于全国平均水平；高技术产业占比和工业制成品出口占比两项指标出现负增长；500强企业占比没有变化。技术创新方面，只有大中型工业企业新产品销售收入占比年均增速高于全国平均水平，而R&D经费投入强度表现不佳，年均增速为−1.2%。

②截面指数

表10-58　2005—2014年甘肃工业发展质量截面指数排名

	2005	2006	2007	2008	2009	2010	2011	2012	2013	2014
速度效益	27	27	21	29	29	30	28	27	29	28
结构调整	15	30	27	29	25	29	28	18	23	28
技术创新	21	21	22	20	24	24	28	23	25	26
资源环境	20	14	13	24	15	12	18	11	23	27
两化融合	27	27	28	29	29	29	29	28	29	29

（续表）

	2005	2006	2007	2008	2009	2010	2011	2012	2013	2014
人力资源	21	30	14	9	27	30	21	22	26	26
截面指数	25	30	27	30	29	30	30	28	29	29

资料来源：赛迪智库整理，2016 年 1 月。

横向来看，甘肃工业发展质量截面指数多年来都处于全国下游，2014 年截面指数为 15.6，排在全国第 29 位，和 2013 年持平。

2014 年甘肃各项指标均处于全国下游水平，技术创新和人力资源排名都在第 26 位。技术创新方面，各项指标也均处于全国下游水平，表明甘肃的技术创新能力不强，其中 R&D 经费投入强度表现最不理想，全国排名第 28 位，未来有很大的提升空间。人力资源方面，工业城镇单位就业人员平均工资增速表现一般，排名全国第 19 位，而第二产业全员劳动生产率和就业人员平均受教育年限都处于全国偏下水平，全国排名分别为第 22 位和第 26 位。

资源环境方面，处于全国第 27 位，其中工业污染治理投资强度表现最好，排在全国第 6 位，单位工业增加值能耗、工业主要污染物排放强度和工业固体废物综合利用率都表现不佳，排名在全国下游水平。

速度效益和结构调整排名全国第 28 位。结构调整方面，各项指标均处于全国下游水平。其中，高技术制造业主营业务收入占比、工业制成品出口占比表现不佳，表明工业发展层次低。速度效益方面，仅工业增加值增速表现相对较好，排名全国第 17 位，属于中等偏下水平；但是总资产贡献率、工业成本费用利润率和工业主营业务收入利润率均处于偏低水平，提升空间巨大。

两化融合水平方面全国排名落后，工业应用信息化水平、电子信息产业占比和互联网普及率均处于较低水平，分别排名 29 位、29 位和 27 位。

③原因分析

甘肃能源和原材料工业比重大，受 2013 年以来国际国内市场需求低迷、主要工业产品价格不断下降影响，工业发展面临较大挑战。

速度效益方面，甘肃经济长期依赖于资源性行业，传统优势的有色、冶金、石化、建材等支柱产业面临产能严重过剩，市场需求不足的困境，各种主要工业品价格持续走低，企业经济效益下降。

结构调整方面，由于整体经济结构不均衡，重化工业占主导，电解铝、平板玻璃等过剩产能问题严重突出，重化工行业发展受到较大抑制。同时，高技术产业发展态势较好，2014年增速高于规模以上工业7.2个百分点。甘肃大力支持中小企业发展，出台多项扶持政策，非公有制经济增加值占生产总值比重达到41%。

技术创新方面，甘肃积极落实国家知识产权战略，出台了《甘肃省战略性新兴产业发展总体攻坚战知识产权工作实施方案》《甘肃省知识产权系统执法维权"护航"专项行动方案》等文件，推动专利权的推广和应用。制定《兰白科技创新改革试验区条例》，设立了20亿元的技术创新驱动基金，不断健全科技创新平台，建成了国家实验室1个、国家重点实验室8个、部级重点实验室29个。

甘肃积极开展循环经济示范区建设，加强对重点流域水污染的防治工作，发布《全省2014年主要污染物减排计划》《关于化解产能严重过剩矛盾的实施意见》，安排了火电、水泥、石化、有色等重点企业脱硫脱硝减排项目，对有色、钢铁、石化、建材等行业新增产能实行等量或减量置换。

（3）结论与展望

综合时序指数和截面指数来看，甘肃工业发展质量较为落后。在速度效益、结构调整、技术创新、人力资源等方面与其他省份相比实力差距较大。

结构调整方面，按照煤电冶一体化工作思路，推进企业间合作，延伸产业链，发展高附加值产品，实现铝液就地加工。发展壮大装备制造、石油化工、食品饮料、现代中药等特色产业，重点培育新能源、新材料、高端装备、新一代信息技术等新兴产业。推动有色、石化、冶金、建材等传统产业改造升级，实现提质增效。推动产业集聚发展，重点建设有色金属新材料产业集聚区、兰州市生物医药产业集聚区等。

资源环境方面，加快节能环保技术装备的研发、生产和应用。对电力、电解铝、钢铁等行业实施脱硫脱硝改造。严格落实水资源整治，提高污水处理率和污水再生利用率。

技术创新方面，进一步推进科技管理体制改革，完善产学研协同创新机制，推进军民融合创新，大力发展科技金融服务业，依托兰白试验区技术创新驱动基金，吸引各类投资机构共同发起成立天使投资、风险投资、投资基金。大力推动科技对外开放合作，吸引国外知名科研机构来甘肃联合组建科技创新机构。

二十八、青海

（1）总体情况

①宏观经济总体情况

2015年，青海实现地区生产总值2417.1亿元，比上年增长8.2%。第一、第二和第三产业增加值分别为208.9亿元、1207.3亿元和1000.8亿元，分别增长5.1%、8.4%和8.6%。人均地区生产总值41252元，同比增长7.2%。

2015年全社会固定资产投资3266.6亿元，同比增速为12.3%。其中，第二产业投资额为1467.5亿元，同比增速为14.3%；第三产业投资1641.3亿元，同比增速为10.5%。全年全省社会消费品零售总额691.0亿元，同比增速为11.3%。2015年进出口总额为119.9亿元，同比增速为13.6%。全年城镇居民人均可支配收入为15812.7元，同比增速为10.0%。

②工业经济运行情况

2015年，青海全部工业增加值893.9亿元，比上年增长7.4%。其中，轻工业增加值相比上年增加18.0%，重工业增加值相比上年增加6.3%。规模以上工业企业实现利润68.8亿元，比上年下降36.1%。

2015年，工业优势产业中，新材料、新能源、装备制造、生物、有色金属、轻工纺织、盐湖化工、油气化工产业增加值分别同比增长34.2%、29.7%、22.0%、21.9%、11.8%、9.7%、2.7%、4.2%，钢铁产业下降0.5%。

（2）指标分析

①时序指数

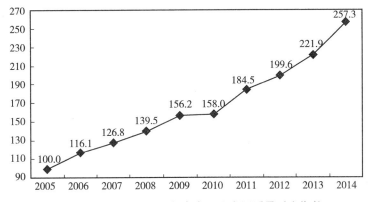

图10-29　2005—2014年青海工业发展质量时序指数

资料来源：赛迪智库整理，2016年1月。

表 10-59　2005—2014 年青海工业发展质量时序指数

	2005	2006	2007	2008	2009	2010	2011	2012	2013	2014	2005—2014 年均增速
速度效益	100.0	114.4	127.4	124.6	91.6	115.1	128.8	118.3	116.5	111.6	1.2%
结构调整	100.0	108.5	120.1	130.6	151.1	163.5	201.6	232.8	273.3	313.4	13.5%
技术创新	100.0	133.9	138.9	117.8	118.8	78.6	60.7	94.5	82.0	72.8	−3.5%
资源环境	100.0	117.9	115.0	126.8	185.4	139.6	188.0	183.7	196.8	258.7	11.1%
两化融合	100.0	112.3	146.1	220.2	255.1	313.1	361.5	363.5	427.1	526.1	20.3%
人力资源	100.0	110.0	117.4	131.7	136.8	156.5	177.8	207.6	234.4	256.6	11.0%
时序指数	100.0	116.1	126.8	139.5	156.2	158.0	184.5	199.6	221.9	257.3	11.1%

资料来源：赛迪智库整理，2016 年 1 月。

纵向来看，青海工业发展质量时序指数从 2005 年的 100.0 上涨至 2014 年的 257.3，年均增速为 11.1%，略高于全国平均增速。

青海在两化融合方面表现突出，年均增速为 20.3%，高于全国平均水平 10.5 个百分点。电子信息产业占比呈现高速增长，年均增速为 19.4%，远远高于全国 0.4% 的水平。互联网普及率表现良好，年均增速为 28.1%。

青海在资源环境、人力资源方面整体表现明显好于全国平均水平。资源环境方面，工业固体废物综合利用率上升趋势明显，年均增速为 13.8%。工业污染治理投资强度年均增速也远远高于全国平均水平。人力资源方面的提升相对较快，年均增速为 11.0%。工业城镇单位就业人员平均工资和第二产业全员劳动生产率两项指标发展相对均衡，年均增速分别为 15.1% 和 10.1%，高于平均增速 1.4 和 2.8 个百分点。

青海在速度效益、结构调整和技术创新方面表现不理想。速度效益方面，除工业增加值增速为 14.8% 高于全国 10.2% 的平均水平之外，其余三项指标均呈现负增长，其中工业成本费用利润率和工业主营业务收入利润率下降幅度分别为 14.2% 和 12.5%。结构调整方面，小型工业企业主营业务收入增幅较大，年均增速高达 30.9%；但是工业制成品出口占比下降显著，年均增速为 −22.1%，使得结构调整方面的平均增速被大大拉低。技术创新方面，只有大中型工业企业单位 R&D 经费支出发明专利一项指标呈现小幅增长，其他指标均出现下滑，其中大中型工业企业新产品销售收入占比下降幅度最大，年均增速为 −22.3%，使得技术创新的整体增速也呈现负增长趋势。

②截面指数

表 10-60　2005—2014 年青海工业发展质量截面指数排名

	2005	2006	2007	2008	2009	2010	2011	2012	2013	2014
速度效益	3	3	3	3	8	7	5	11	22	26
结构调整	30	29	13	21	28	28	13	27	22	20
技术创新	27	28	27	29	30	30	30	30	30	30
资源环境	30	30	30	30	30	30	29	29	30	30
两化融合	29	28	29	28	27	27	27	27	25	24
人力资源	27	23	29	26	30	13	26	8	15	12
截面指数	30	29	26	25	30	29	27	30	30	27

资料来源：赛迪智库整理，2016 年 1 月。

横向来看，青海工业发展质量截面指数多年来都处于全国落后位置，2014年截面指数为 18.7，排在全国第 27 位，较 2013 年提升 3 个名次。

青海在人力资源两方面表现较好，排名第 12 位。工业职工平均工资增速在全国排名第 9 位，第二产业全员劳动生产率排名第 13 位，就业人员平均受教育年限表现不佳，排在全国第 22 位。

青海在速度效益、结构调整和两化融合方面都处于全国落后水平。速度效益方面，工业增加值增速处于中等偏后位置。总资产贡献率、工业成本费用利润率、工业主营业务收入利润率都处于全国下游水平，大大拉低了速度效益方面的整体排名。结构调整方面，只有小型工业企业主营业务收入增速表现较好，排在第 4 位，处于全国上游水平；其他指标均处于全国下游水平，其中高技术产业占比和工业制成品出口占比分别排名第 26 位和 30 位。两化融合方面，互联网普及率表现较好，全国排名第 11 位；但是工业应用信息化水平和电子信息产业占比则比较落后，排在第 27 位和第 23 位，基础相对薄弱。

青海在技术创新、资源环境方面表现较差，都处于全国末位。技术创新方面，各项指标都处于全国最后一位，需要大力提高。资源环境方面，工业污染治理投资强度表现最好，排名全国第 5 位，属于上游水平，但是单位工业增加值能耗、主要污染物排放强度和工业固体废物综合利用率排名均位居全国下游。

③原因分析

2005—2014 年，青海工业在两化融合、人力资源方面总体表现较好，结构调整方面取得一定进展，速度效益方面有所下滑，技术创新和资源环境方面仍需要改进。

两化融合方面,青海先后出台了《关于建设宽带青海促进信息消费的指导意见》《关于信息化推进工业经济转型升级和提质增效的实施方案(2014—2018年)》《青海省工业十大特色优势产业两化融合实施方案》《关于加快推进物联网发展的实施意见》《青海省信息产业园总体规划(2014—2020年)》等政策文件,实施产业两化融合工程、产业集群两化融合工程等十大工程,建设了青海中关村高新技术产业基地暨海东科技园,加快培育电子信息产业,努力使信息产业成为推动青海产业结构调整的重要抓手。

速度效益方面,青海工业经济增长主要依赖投资增长,重点加大各项基础设施投资,同时积极招商引资,推动投资规模快速增加。2013年第二产业投资1163.07亿元,同比增长30.4%,2014年第二产业投资1283.56亿元,同比增速只有10.4%,使得经济增速有所下滑。

结构调整方面,青海积极发展战略性新兴产业,加大传统工业改造升级力度,构建盐湖化工、有色金属、油气化工、新能源和新材料等具有比较优势的基地。

技术创新方面,青海加快建设各类工程技术研究中心,搭建科技服务平台,为企业自主创新提供支撑;成立青海省华控科技创业投资基金、青海欧瑞创投投资中心等用于解决科技中小企业资金需求问题等,但是全省创新能力弱的问题仍然比较明显。

资源环境方面,青海提出"坚持生态保护第一"的理念,高度重视对水资源的保护,水源涵养功能稳步提高,同时先后发布了《全国生态文明先行区行动方案》《生态文明制度建设总体方案》,实施一系列生态环境保护工程。

（3）结论与展望

综合时序指数和截面指数来看,青海工业发展质量仍处于全国下游水平。未来,应加大产业结构调整的力度、努力提升企业技术创新能力,加快对传统产业的改造升级,改变过度依赖资源发展的模式,努力培育新的经济增长点。

结构调整方面,重点推动西宁经济技术开发区、海东工业园区、柴达木循环经济试验区三个重点工业园区的转型升级和创新发展,打造锂电、新材料、光伏光热和盐湖资源综合利用等4个千亿产业,同时大力发展现代物流、设计研发、融资租赁、节能服务等生产性服务业,实现要素驱动向创新驱动转变。改造提升盐湖化工、能源化工、有色冶金、建材、轻工五大传统产业,发展高端装备、新材料、新能源、电子信息、节能环保 5 个新兴产业，形成新的十大特色优势产业。

技术创新方面，鼓励企业间加强共性关键技术的联合攻关，激发企业追求技术进步、实现内涵式发展的内生动力，推动新兴产业向高端化、规模化、集群化方向发展。加快建设科技服务平台，注重科技协同创新，支持企业加强技术改造。

两化融合领域，应继续推动"宽带青海"建设，加快发展电子信息制造业和软件服务业，落实电子信息大企业的项目合作，加大招商引资力度，吸引更多电子信息企业入驻海东科技园，借助信息产业推动区域经济发展。

资源环境方面，继续实施三江源生态保护，祁连山生态保护综合治理，青海湖流域生态综合治理及西宁、海东南北山绿化工程等。

二十九、宁夏

（1）总体情况

①宏观经济总体情况

2015 年，宁夏实现地区生产总值 2911.8 亿元，同比增长 8.0%。其中，第一产业增加值 238.5 亿元，第二产业增加值 1379.0 亿元，第三产业增加值 1294.3 亿元，同比增速分别为 4.6%、8.5% 和 7.9%。

2015 年，宁夏固定资产投资为 3532.9 亿元，同比增长 10.4%。第二产业完成投资 1662.4 亿元，同比增长 15.4%，其中工业投资 1648.28 亿元，同比增长 15.7%；实现社会消费品零售总额 789.6 亿元，同比增速为 7.1%。全年实现进出口总额 37.9 亿美元，同比下降 30.3%。其中，出口总额 30.0 亿美元，进口总额 8.1 亿美元，同比下降 30.8% 和 28.1%。全年农民人均纯收入 9119 元，同比增速为 8.4%；全年城镇居民人均可支配收入 25186 元，同比增速为 8.2%。

②工业经济运行情况

2015 年，宁夏规模以上工业实现工业增加值 972.2 亿元，同比增速为 7.8%。其中，轻工业增加值 173.8 亿元，重工业增加值 798.3 亿元，同比增速分别为 15.7% 和 6.4%。医药、化工、机械、轻纺、煤炭实现较快增长，分别同比增长 28.2%、27.7%、23.6%、15.4%、11.0%，有色行业小幅增长 3.3%。电力、建材、冶金行业出现下滑，分别同比下降 3.7%、9.2%、21.9%。

（2）指标分析

①时序指数

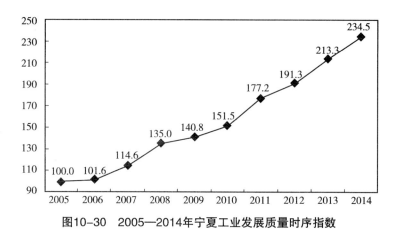

图10-30　2005—2014年宁夏工业发展质量时序指数

资料来源：赛迪智库整理，2016年1月。

表10-61　2005—2014年宁夏工业发展质量时序指数

	2005	2006	2007	2008	2009	2010	2011	2012	2013	2014	2005—2014年均增速
速度效益	100.0	105.5	144.5	112.2	171.1	204.3	210.0	167.3	180.8	155.8	5.0%
结构调整	100.0	77.6	97.9	112.0	78.2	90.4	99.9	123.5	159.4	179.8	6.7%
技术创新	100.0	106.3	102.1	121.2	144.8	147.8	151.6	194.6	215.9	196.2	7.8%
资源环境	100.0	125.9	130.2	158.9	141.2	119.3	109.0	131.5	177.2	223.8	9.4%
两化融合	100.0	97.2	96.1	179.0	211.3	208.3	355.3	358.3	342.4	432.4	17.7%
人力资源	100.0	114.2	134.5	148.4	156.0	218.7	247.5	269.3	280.0	298.1	12.9%
时序指数	100.0	101.6	114.6	135.0	140.8	151.5	177.2	191.3	213.3	234.5	9.9%

资料来源：赛迪智库整理，2016年1月。

纵向来看，宁夏工业发展质量时序指数自2005年的100.0上涨至2014年的234.5，年均增速为9.9%，略高于全国平均增速。

宁夏在资源环境、两化融合、人力资源方面表现较好。资源环境方面，工业固体废物综合利用率和工业污染治理投资强度两项指标均高于全国平均水平，年均增速分别为4.8%和15.4%，单位工业增加值能耗和工业主要污染物排放强度接近全国平均水平。两化融合方面提升较快，年均增速达到17.7%。构成两化融合的各指标中，互联网普及率的年均增速为26.6%，是促进该方面快速提升的主要因素；电子信息产业占比的年均增速为15.6%，而全国仅为0.4%。人力资源方面，第二产业全员劳动生产率较快增长，平均增速为15.1%，高于全国7.3%的水平。

工业城镇单位就业人员平均工资增速为 15.0%，略高于全国平均增速 13.7% 的水平。

宁夏在速度效益和技术创新方面稳步发展。速度效益方面，工业增加值增速为 14.0%，高于全国平均水平；工业成本费用利润率和工业主营业务收入利润率低速增长，而总资产贡献率则出现下降。技术创新方面，总体表现低于全国平均水平。其中大中型工业企业单位 R&D 经费支出发明专利表现突出，年均增速为 15.8%；而大中型工业企业 R&D 经费投入强度和 R&D 人员投入强度与全国平均水平均有一定差距。

宁夏在结构调整方面表现不佳，年均增速远远低于全国平均水平。表现最好的是小型工业企业主营业务收入，年均增速达到 20.3%，略高于全国平均增速；高技术制造业主营业务收入占比年均增速下降幅度较大，为 -10.3%；工业制成品出口占比也出现负增长。

②截面指数

表 10-62　2005—2014 年宁夏工业发展质量截面指数排名

	2005	2006	2007	2008	2009	2010	2011	2012	2013	2014
速度效益	29	29	29	27	25	27	22	28	26	29
结构调整	25	25	30	24	29	27	30	28	28	21
技术创新	24	25	23	24	23	22	20	19	18	19
资源环境	26	17	17	10	17	24	26	19	11	10
两化融合	26	26	26	25	25	26	24	25	26	27
人力资源	6	11	9	25	21	3	18	18	24	15
截面指数	28	28	28	27	28	27	29	29	25	23

资料来源：赛迪智库整理，2016 年 1 月。

横向来看，宁夏工业发展质量截面指数多年来都处于全国落后位置，2014 年截面指数为 26.5，排在全国第 23 位，比上一年提高 2 个位次。

2014 年宁夏资源环境处于全国上游偏下水平，排在第 10 位。其中，工业污染治理投资强度表现突出，排名全国第 1 位；单位工业增加值能耗和工业固体废物综合利用率表现不佳，位居全国末位。

宁夏在技术创新和人力资源方面处于全国中游水平，分别排在第 19 位和第 15 位。技术创新方面，单位 R&D 经费支出的发明专利数表现最好，排名全国第 7 位，位居上游水平；R&D 经费投入强度、R&D 人员投入强度、工业企业新产品销售收入占比均处于下游水平。人力资源方面，第二产业全员劳动生产率和工业职工平均工资增速表现较好，排名分别为第9位和第14位，而就业人员平均受教育年限均排名落后，需要加大提升力度。

宁夏在速度效益、结构调整、两化融合方面均处于全国下游水平。速度效益方面，工业增加值增速排名19位，处于中下游水平；总资产贡献率、工业成本费用利润率和工业主营业务收入利润率均居全国下游靠后位置，尚需大力提升。结构调整方面，小型工业企业主营业务收入排名全国第3位，表现较好；但是高技术产业占比、500强企业占比和工业制成品出口占比排名都比较落后。两化融合方面，互联网普及率、工业应用信息化水平和电子信息产业占比分别排名第20位、第25位和第26位，属于下游水平，尚需大力提升。

③原因分析

2005—2014年，宁夏在资源环境方面成绩显著，技术创新取得较大进步，抓住国家实施"一带一路"战略机遇，扩大对外开放，产业结构优化取得积极进展，但是在速度效益、结构调整、两化融合等方面在全国仍处于落后位置。

资源环境方面，银川、石嘴山、吴忠等市积极改变本地居住环境，努力提高森林覆盖率，先后获得国际、国内环境方面多项奖励荣誉，着手编制空间发展战略规划，使得城市发展与环境相匹配，治理燃煤锅炉、淘汰老旧汽车、严格处理企业环境污染，使得城乡居住环境大为改观。

速度效益方面，2014年出台了稳定工业增长17条政策，拉动经济企稳回升。现已形成了十大优势产业。其中，新能源产业增长最快，2014年工业增加值同比增长82.8%，其次是生物产业，增长44.0%，而钢铁和煤化工产业都出现负增长，煤化工产业下降幅度最大，同比下降了27.5%，极大地影响了工业整体增长。工业产品收入增长和产出增长不同步，工业产品销售不畅，企业效益大幅下滑。

结构调整方面，优化存量，培育增量。发展新型煤化工，打造全国最大的煤基烯烃生产基地；大力发展太阳能、风能等新能源产业；加大淘汰水泥、电解铝等落后产能，加快实施中阿合作，积极开展跨境电子商务。

技术创新方面，引导企业改进创新方法，开展六西格玛管理、精益生产等创新方法培训、搭建创新方法交流平台、加强创新方法的应用推广，有效提升企业技术创新能力。宁夏建立并实施了宁夏科技特派员制度，树立了全国科技扶贫的新典型；实施企业科技创新事前备案，事后补助政策，引导企业开展技术创新。

但是宁夏仍有 70% 的大型工业企业尚未建立研发机构，60% 以上的大中型工业企业很少开展研发活动，技术创新基础仍然薄弱。

两化融合方面，积极开展两化融合评估活动和"工业云创新行动"，以神华宁煤集团为代表的一批重点企业信息化建设成效显著。宁夏软件企业的竞争力不断提升，对推动企业实现智能制造发挥了重要作用。

（3）结论与展望

综合时序指数和截面指数来看，宁夏工业发展质量长期在全国处于下游水平。当前，在经济增长动力减弱，科技创新能力薄弱的背景下，要继续在结构调整、技术创新、两化融合等方面实现突破发展。

结构调整方面，努力壮大龙头企业，发挥中石化、中石油、神华宁煤等企业对地方经济的带动作用，搞活中小微企业，形成中小微企业与大企业协作配套的良性发展局面。继续淘汰水泥、电解铝、电石等落后产能，打造高端装备、新能源、新材料、新型煤化工、清真食品等新的支柱产业。

技术创新方面，重点实施以科技进步推动产业转型升级战略。积极支持企业创新，加大对高新技术企业和科技型中小企业的扶持力度，完善企业科技创新后补助机制，扩大科技风险补偿基金试点范围。建立和完善科技创新平台和机制，形成高效的科技创新体系。大力引进科技创新人才，加大对专业技术人员的培育力度。

两化融合方面，做大做强电子信息产业，重点推动云计算产业发展，加快信息基础设施建设，通过政府购买服务、设立信息产业发展基金等方式，实现云计算、大数据产业发展，从而带动产业转型升级。

资源环境方面，加大大气污染、水污染、固体废物污染的防治力度，以工业园区的煤炭、电力、化工、冶金企业为重点，严控污染物的排放，积极开展重点领域技术研究，提高污染物的综合治理水平。

三十、新疆

（1）总体情况

①宏观经济总体情况

2015 年，新疆实现地区生产总值 9324.8 亿元，比上年增长 8.8%。一、二、三产业增加值分别为 1559.1 亿元、3565.0 亿元和 4200.7 亿元；同比增速分别为

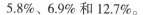

5.8%、6.9% 和 12.7%。

2015 年，新疆全社会固定资产投资 10729.3 亿元，比上年增长 10.1%。其中，第一产业投资 366.3 亿元，同比增长 21.8%；第二产业投资 5179.2 亿元，同比增长 6.7%。二产中制造业投资 2063.0 亿元，同比下降 1.7%；第三产业投资 5183.8 亿元，同比增长 13.0%。2015 年新疆货物进出口总额 196.8 亿美元，同比下降 28.9%。其中，出口 175.1 亿美元，下降 25.4%；进口 21.7 亿美元，下降 48.2%。

②工业经济运行情况

2015 年，新疆实现规上工业增加值 2500.1 亿元，同比增速为 5.2%。其中，轻工业 305.5 亿元，增长 6.1%，重工业 2194.6 亿元，增长 4.9%。非石油工业增加值 1623.5 亿元，增速为 9.0%。2015 年规上工业企业实现主营业务收入 8039.1 亿元，同比下降 11.8%，实现利润总额 1060.6 亿元，同比下降 29.8%。

（2）指标分析

①时序指数

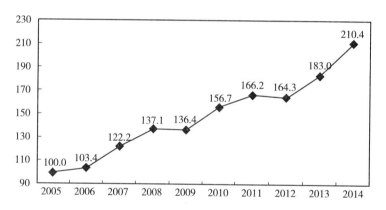

图10-31 2005—2014年新疆工业发展质量时序指数

资料来源：赛迪智库整理，2016 年 1 月。

表 10-63 2005—2014 年新疆工业发展质量时序指数

	2005	2006	2007	2008	2009	2010	2011	2012	2013	2014	2005—2014年均增速
速度效益	100.0	119.6	121.1	110.8	88.3	108.7	108.9	103.2	101.6	100.3	0.0%
结构调整	100.0	91.5	113.5	119.1	107.6	125.7	146.0	132.9	165.2	176.2	6.5%
技术创新	100.0	115.9	140.6	173.7	168.7	229.8	213.8	203.0	221.7	266.1	11.5%
资源环境	100.0	92.6	102.3	107.7	133.4	97.8	101.4	92.5	122.0	142.7	4.0%

（续表）

	2005	2006	2007	2008	2009	2010	2011	2012	2013	2014	2005—2014 年均增速
两化融合	100.0	98.2	137.6	181.5	190.3	239.9	268.1	291.2	297.3	380.0	16.0%
人力资源	100.0	116.3	128.2	149.1	155.1	169.8	191.9	217.1	227.5	245.1	10.5%
时序指数	100.0	103.4	122.2	137.1	136.4	156.7	166.2	164.3	183.0	210.4	8.6%

资料来源：赛迪智库整理，2016年1月。

纵向来看，新疆工业发展质量时序指数自2005年的100.0上升至2014年的210.4，年均增速为8.6%，低于全国平均增速0.2个百分点。

新疆在技术创新、两化融合方面表现相对较好，年均增速分别为11.5%和16.0%。技术创新方面，大中型工业企业新产品销售收入占比表现最好，年均增速达19.7%，大大高于全国平均水平，是拉动该指标的主要因素；大中型工业企业R&D经费投入强度也高于平均水平，但是R&D人员投入强度增长缓慢，年均增速只有1.3%。两化融合方面，各项指标均高于全国平均水平，其中互联网普及率增速达到25.7%，工业应用信息化水平和电子信息产业占比的年均增速都大大超过全国平均水平。

新疆在人力资源方面增速与全国平均水平基本一致，工业城镇单位就业人员平均工资增长较快，增速达16.3%，第二产业全员劳动生产率的增速与全国平均水平持平。

新疆在资源环境方面表现一般，略低于全国平均水平。表现最好的是工业污染治理投资强度，年均速度为9.0%，大大高于全国平均增速；单位工业增加值能耗由降转升，工业固体废物综合利用率水平也出现了下滑，工业主要污染物排放强度小幅下降，但与全国平均水平差距较大。

新疆在速度效益和结构调整方面表现不理想。速度效益方面呈现零增长，其中工业增加值增速为11.8%，高于全国平均增速，但是总资产贡献率、工业成本费用利润率和工业主营业务收入利润率三项指标都有所下降，增速分别为－6.7%、－10.1%和－8.8%。结构调整与全国平均水平差距较大，年均增速仅为6.5%。其中表现最好的是小型工业企业主营业务收入，年均增速为23.3%；但是高技术制造业主营业务收入占比和工业制成品出口占比的增速都出现下降，分别为－9.1%和－5.3%。

②截面指数

表 10-64　2005—2014 年新疆工业发展质量截面指数排名

	2005	2006	2007	2008	2009	2010	2011	2012	2013	2014
速度效益	2	2	2	2	2	1	4	2	2	7
结构调整	29	28	28	26	26	25	29	26	26	26
技术创新	30	30	29	30	29	29	29	29	29	29
资源环境	28	29	28	29	18	29	28	30	29	28
两化融合	30	30	27	27	28	25	21	21	22	20
人力资源	9	4	3	1	8	14	4	4	10	8
截面指数	23	20	22	18	22	23	20	23	24	24

资料来源：赛迪智库整理，2016 年 1 月。

横向来看，新疆工业发展质量截面指数多年来都处于全国偏下水平，2014年截面指数为 25.6，排在全国第 24 位，和上一年持平。

新疆在速度效益和人力资源方面领先优势明显，2014 年分别排名第 7 位和第 8 位。速度效益方面，工业成本费用利润率和工业主营业务收入利润率表现突出，分别排在第 2 位和第 3 位；工业增加值增速表现较好，排名第 9 位，而总资产贡献率排名第 24 位，属于下游水平。人力资源方面，第二产业全员劳动生产率均表现较好，排在第 6 位；工业职工平均工资增速和就业人员平均受教育年限处于中游位置，分别排名第 18 位和第 16 位。

新疆在结构调整、技术创新、资源环境、两化融合方面都表现不理想，处于全国下游水平。结构调整方面，小型工业企业主营业务收入排名第 8 位，处于上游水平，表现较好；但是高技术产业占比、500 强企业占比和工业制成品出口占比均处于下游水平，其中高技术产业占比排名第 30 位，基础较差，尚需大力提升。技术创新方面，表现相对较好的单位 R&D 经费支出的发明专利数也属于中等水平，其余三项指标均属于下游水平，未来需要大力提升。资源环境方面，工业污染治理投资强度表现优异，处于上游水平，排在第 3 位，而单位工业增加值能耗、主要污染物排放强度和工业固体废物综合利用率表现较差，分别排在第 28、29 和 25 位，未来仍然需要加大提升力度。两化融合方面，互联网普及率和工业应用信息化水平表现一般，处于中上游水平，位居 10 位和第 19 位，但是电子信息产业占比排名第 25 位，大大拉低了两化融合的整体排名。

③原因分析

2005—2014 年，新疆工业增长速度一直较快，两化融合水平不断提高，但是经济结构仍需优化、技术创新能力不强、资源环境需要进一步改善。

结构调整方面，新疆大力发展非石油工业，经济结构逐渐优化，2014 年非石油工业占比超过 50%，达到 54%。国家继续加大新疆能源基地建设，石油石化、风力光伏发电基地建设力度不减。同时，装备制造业、电子信息、新材料等新兴产业发展速度不断加快。

技术创新方面，新疆正在建设中国—中亚科技合作中心，使其成为国家国际科技合作基地。同时，积极构建科技创新服务平台，推动大型科学仪器设备、基础资源数据库、大型仪器共用协作网等科技资源向社会开放，帮助企业降低研发成本。

资源环境方面，新疆对重点污染企业加强监督检查，严格控制高污染行业的环境准入门槛，高度重视水资源的开发利用，加强水污染防治。

（3）结论与展望

综合时序指数和截面指数来看，新疆工业发展质量处于全国下游水平。虽然新疆工业增加值增速仍然较高，但是在全国经济处于转型换挡的调整期，未来经济发展的困难将逐渐增大，需要在结构调整、技术创新等方面加快改进。

速度效益方面，继续加强国家重要能源基地建设，将新疆建设成为国家大型油气生产加工基地、大型煤炭煤电煤化工基地、大型风电基地和国家能源资源陆上大通道，保持经济稳定增长。

结构调整方面，处理好培育龙头大企业和扶持中小微企业的关系。巩固提升传统优势产业，重点抓好石油石化、煤炭电力、天然气和煤层气、有色等行业改造升级；大力培育新的经济增长点，重点抓好电子信息、新材料、生物制药、高端装备、新能源等新兴产业。

技术创新方面，加强与中亚国家的科技创新合作，建设科技合作基地和国际科技合作园区，充分利用丝绸之路经济带建设机遇，与中亚各国共建实验平台，共享科学仪器和科学数据，联合培养人才，构建国际科技合作新体系。

资源环境方面，根据新疆环境承载力，严格执行国家环境保护政策，实行最严厉的项目准入机制和环境保护评估，减少工业发展对环境的破坏。增加对环境保护的投入，建立并完善生态环境经济补偿机制。

展望篇

第十一章　机遇与挑战

　　2016年是中国全面建成小康社会决胜阶段的开局之年，同时也是推进结构性改革的攻坚之年。在当前世界经济深度调整、复苏乏力，中国经济发展进入新常态以及经济下行压力加大的背景下，工业作为发展实体经济的主战场，是稳增长、转方式、调结构的主心骨，工业领域的改革应认真贯彻中央经济工作会议和政府工作报告的相关部署，按照"四个全面"和"五位一体"的战略布局，调整并适应经济发展的新常态，力保经济运行在合理区间。另外，伴随经济全球化的深入发展，世界各国利益更加紧密结合，加强国际间技术、人才、商务等领域的交流，将为中国和世界各国带来更多扩大市场和投资的合作机遇，工业发展也必然呈现新特征，并将在新形势下面临新的机遇和挑战。

第一节　机遇

一、改革红利不断释放，为市场提供政策支持

　　一是工业领域政策密集出台，为工业发展注入新活力。《中国制造2025》涵盖了中国制造业未来10年的设计顶层规划和路线图，主攻智能制造等五大工程及"新一代信息技术"等十大领域；《关于积极推进"互联网+"行动的指导意见》将生产制造与互联网应用有效结合，对高端装备制造业发展具有显著推动作用；物联网、大数据、云计算等相关领域政策密集出台，为培育新兴产业及新业态平稳发展提供了有利支撑；"十三五"规划中"创新、协调、绿色、开放、共享"的发展理念为节能环保等绿色产业发展指明方向。

二是财税改革不断深化，助推产业转型升级。当前，财税改革稳步进行，例如，全面推行"营改增"试点，将建筑业、金融业、生活服务业全面纳入试点范围，资源税改革中调整煤炭及有色金属矿原矿征收从价税，地方债改革采取将地方政府债务分类纳入预算管理、完善地方债务风险评估和预警机制等措施。另外，政府出台一系列针对企业的税收减免政策，如开展涉企收费清理规范专项行动，扩大重大技术装备进口税收优惠范围和力度等，这些财税政策的深入改革，在减少产业成本压力的同时，为产业发展提供新增长点，有利于产业转型升级。

三是金融改革力度加大，工业效率提速。近几年，国家通过支持中小企业融资租赁政策、设立国家重点产业投资基金等多层次的金融服务支持企业发展。其中，国家集成电路产业投资基金运作良好，利用杠杆效应带动社会投融资超1000亿元。辅助小微企业的转型行动，有效缓解了中小企业财务负担和企业融资困难等问题，为大众创业、万众创新注入新活力。近日，由工信部牵头，会同人民银行、银监会联合印发《加强信息共享促进产融合作行动方案》，旨在促进进一步产融互动，助推工业效率提升和产业结构优化升级。

二、创新拉动经济发展，助推产业优化升级

一是颠覆性技术大量涌现，为产业发展创造直接经济收益。当前在世界范围内兴起新一轮信息技术革命和产业创新，生物技术、信息技术、新材料技术及新能源技术的广泛渗透带动了几乎所有产业领域内的变革。像物联网、云技术、大数据、先进材料等领域的发展均成为产业转型升级的重要推动力，同时催生了大批新兴产业。

二是世界范围内产业创新，倒逼我国工业转型升级。在新工业革命浪潮的发展中，产业在科技研发、生产模式和组织管理等方面都出现新特征。其中，新型生产设备和制造系统的产生与发展，将会逐渐淘汰一部分依靠传统劳动力的生产企业，同时带动新的产业门类的增长，从而加速产业转型升级。

三是企业创新将激活市场活力，提高工业竞争力。近年来企业在理念、技术和制度等方面全方位探索创新道路，对激活市场活力，刺激经济增长具有重要作用。另外，企业与政府、高校及研究机构的合作密切展开，有利于搭建技术联盟，推动科研成果市场化，大大提高工业竞争力。

三、多角度全方位协同发展，为工业发展提质增效

一是产业协同发展。过去几年，我国在着力培育新兴产业的同时，坚持改造传统产业，并注重新旧产业的转化与融合，促进新动能产生。新材料、智能制造等新兴产业是未来发展的希望所在，而传统产业仍是工业增长的重要组成部分，如能通过技术改造为传统产业注入新鲜血液，使其与新兴产业协同发展，将成为工业经济发展的新增长点。

二是区域协同发展。随着京津冀一体化、振兴东北工业基地等规划的实施，将进一步优化我国产业发展格局，发挥产业集聚集群作用，从而推动东部、中部、西部和东北"四大板块"协调发展。产业的集聚也将产生一批标志性的新型工业化示范基地以及示范园区，催生新型产业项目，为我国工业发展带来巨大的提升空间。

三是国际间协同发展。中国企业和德国、美国等发达国家企业间加强交流合作，积极学习"工业4.0""工业互联网"等概念，进一步加速我国智能制造领域的发展。在亚投行和"一带一路"等战略措施的帮助下，钢铁等耗材出口将缓解部分产能过剩问题，而国际对铁路空前扩张的需求，也为我国装备制造业出口开辟了广阔市场，加快带动我国工程机械设备、铁路轨道设备的发展。

第二节　挑战

一、经济下行压力加大，产业发展累积问题逐步显现

一是研发投入不足、科技创新能力滞后。众多因素导致我国无法继续在模仿、引进的基础上进行创新，技术创新面临瓶颈，核心技术的研发已成为我国发展的首要任务。一方面，我国的创新水平低于德国、美国、日本等发达国家，创新能力较为薄弱，创新产品的应用能力和市场化能力不强。另一方面，我国产业用于研发的经费投入不足，企业与高校、研究院建立的产学研联合研发机制较弱，不能充分地利用研发资源。

二是金融体系不完善，产生风险概率加大。近年来企业负债率上涨，融资渠道不足，有的企业面临资金链断裂风险。而处于种子期、初创期、成长期的中小企业则面临融资难，中小企业信用担保体系和银行风险分担机制不足等问题。另外，国际间金融领域的深入合作为我国产业的融资和进出口贸易带来一系列

不确定因素。

三是产业创新动力不足，制约工业发展。随着新技术的应用，新业态的发展更依托新型商业模式和管理手段。一方面，资源型产业和依靠传统劳动力的产业改革创新动力不足，逐步沦为"僵尸企业"。另一方面，尝试应用新型商业模式的产业可能受到资金和专业人才的限制，制约产业转型升级。

二、短期内产业转型困难，生态环境制约工业发展

一是生产成本增加，人口红利逐渐消失。伴随经济的不断发展，我国的物价水平逐渐增加，制造业生产成本不断加大。部分发达国家将制造厂家转移至生产和劳动力成本更低的东南亚地区，对我国的制造业带来了一定冲击。另外，机器人代工掀起热潮，智能装备逐步取代人力，将造成传统劳动力就业困难和失业问题，人才需求结构将面临调整。

二是过剩产能化解缓慢，资源依赖型地区转型艰难。在经济下行压力下，当前投资开始下滑，供给侧改革施行起来压力巨大，"去产能、去库存、去杠杆"过程中也将直击部分传统产业痛点，处理"僵尸企业"则牵一发而动全身，在人员安置、债务处理方面面临巨大困难。长期依赖传统资源类产业的地区更是陷入危机，经济增长动力严重不足，产业转型升级艰难。

三是环境资源污染严重，产业发展受到严重约束。水污染、雾霾、重金属超标等由工业发展带来的环境污染问题已经对生产形成硬约束，工业发展必须提高生产率，减少废气、污水排放，向绿色可持续发展方向转型。

三、区域发展不平衡，国际间合作带来冲击

一是区域发展不平衡问题显现。尽管我国总体经济增速已进入中高速区间，但部分省市经济仍过快增长，与发展缓慢的省市差距过大，加大了区域发展的不平衡，如何利用各地区优势，借助邻近省市的资源和优势加快并协调发展，缩小区域间发展不平衡将成为新常态下面临的重大难题。

二是国际间合作将带来未知挑战。由于贸易壁垒的减少和要素流动的加快，高新技术产业将面临更加激烈的直接竞争。我国在核心技术和关键零部件的研发领域发展滞缓，在标准规范和人才交流等高水平领域合作深度不足，产业整体"走出去"协调度低，如果不加速追赶发达国家，我国将极有可能被长期锁定在全球产业价值链的中低端环节。

第十二章　政策展望

2016是"十三五"开局之年，是中国实现全面建成小康社会的关键时期，也是中国经济改革和产业转型升级的重要战略机遇期。在经济发展进入新常态的大背景下，中央从"供给侧改革"做出重大部署，表明中国的宏观调控思路产生变化，将从短期需求调控的"凯恩斯主义"模式，逐步转变为供给与需求并重、以中长期高质量制度供给为特征的创新模式。这势必将影响中国经济各领域的政策环境，工业发展亦不例外。经过多年的高速增长，创新已经成为中国由"工业大国"向"工业强国"转型的必由之路，只有通过创新驱动才能实现工业产品质量和工业企业效益的双重提升。可以预见，创新激励将成为未来政策工具的核心着力点，同时，在全球环境治理压力日益增加的情况下，相关的财税和金融体制改革也要推动以绿色工业、工业智能化为特征的产业结构升级。

第一节　发挥市场在资源配置中的决定性作用

经过30多年的改革开放，中国已经建立了市场经济体制，但某些领域还存在着市场壁垒，市场体系还不健全。党的十八届三中全会将市场在资源配置中起基础性作用修改为起决定性作用，是对政府与市场关系认识的进一步深化。在"供给侧改革"思路的引领下，宏观调控政策将会减少行业准入门槛，简化行政审批手续，为企业"松绑"，构建公平竞争的市场秩序，激发工业活力，用好政府和市场这"两只手"，开启"双引擎"，一是打造新引擎；二是要改造传统引擎。

一、深入推进"大众创业，万众创新"

当前，中国经济要实现转型升级必须依靠创新，创新创业将成为推动未来经济增长的核心动力。2015年6月，国务院印发《关于大力推进大众创业万众创新若干政策措施的意见》，就是旨在通过激发群众的智慧和创造力，提升市场活力，进而实现创新驱动发展，并推动经济结构调整。围绕"大众创业，万众创新"，未来政策还会有如下侧重点。一是体制创新，理顺科技成果转化渠道。包括加快科技成果使用和收益管理改革，扩大股权和分红激励政策实施范围，重点关注科研人员流动政策，改革科技评价、职称评定和国家奖励制度，推进科研院所分类改革，创新发明法律制度等。二是要大力发展"众创空间"，发挥创业、创新氛围的空间集聚效应。以现有的国家自主创新示范区、国家高新区、创业孵化园区为依托，对接大学生以及优秀科研人员与企业的交流平台，降低科技成果转化的交易成本，为小微创新企业成长和个人创业提供低成本、便利化、开放式综合服务。

二、提升公共服务供给效率

政府在公共服务供给中的责任将会进一步明确和强化，主要表现在以下四方面。第一，在企业工商注册领域，支持各地放宽场所登记条件限制，新注册企业可以使用一址多照，也可以集群注册，方便登记注册，同时进行企业简易注销试点，为中小企业建立便捷的市场退出机制。第二，加强知识产权保护，切实保障创新成果合法的经济收益，加强对于侵犯知识产权的打击力度，加大对反复侵权、恶意侵权等行为的处罚，探索实施惩罚性的赔偿制度等等，为全面创业精神培育和创业素质提升奠定基础。第三，建立企业信用评价的大数据管理系统，促进企业诚信经营，以及产品质量和售后服务水平的提升。第四，完善包括教育、医疗、卫生、体育、棚户区和危房改造以及城市地下管网、铁路和公路等基础设施在内的公共品供给水平，有效吸引人才流入。

第二节　践行《中国制造2025》，培育工业升级的新动力

金融危机之后，以美国、德国为代表的发达国家竞相制定规划，重振制造业，力图占领世界创新技术的制高点。而中国随着劳动力等生产要素价格上升，相对于印度等发展中国家的成本优势逐渐丧失。这种在国际分工中"进退维谷"的

两难境地，将为中国工业升级带来挑战，同时也孕育了机遇。伴随着《中国制造2025》的出台，高端装备制造业、互联网、物联网、新的区域经济带等相关产业将成为未来中国工业发展的中坚力量。

一、化解过剩产能

中国工业经过高速发展，目前出现产能过剩的情况不仅出现在钢铁、电解铝、煤炭、水泥、石油化工等传统行业，也进一步扩展到光伏等新兴产业。中央经济工作会议将积极稳妥化解产能过剩作为新一年经济工作的首要任务，可见产能过剩对工业经济发展的掣肘作用。在化解产能过剩方面，政策可能聚焦于以下两个方面。一是，运用市场机制，将长期亏损、处于停产半停产状态的"僵尸企业"进行处置，利用兼并重组等方式，尽量减少破产清算。二是结合"一带一路"战略，鼓励工业企业"走出去"。我国最初的"走出去"主要集中在轻工、建材、电子、纺织服装等行业。在中国企业竞争力不断提升的情况下，铁路、电力、通信、工程机械以及汽车、飞机、电子等中国装备开始走向世界，以高铁为代表的中国制造也获得了国际认可，高端装备"走出去"，将进一步构建我国全方位对外开放新格局。特别是在我国积极推动"一带一路"战略实施的大背景下，国家将出台更多的政策措施支持中国装备制造企业对外出口。

二、利用"互联网+"助力工业升级

随着移动终端和信息技术的发展，电子商务、互联网金融等新型经济形态在世界经济发展中的地位大大提升，信息数字技术与工业生产的结合度逐步增加，关联更加紧密。中国要实现工业的转型升级，特别是制造业信息化和智能化，应该以"互联网+"为重要的政策依托。第一，推动物联网、大数据、云计算技术在工业生产领域的广泛应用，2020年在中国重要的制造业领域，完成数字化技术的普及。在相关产品的生产过程中，全面应用数控技术，初步实现对传统产业的智能化改造以及战略性新兴产业和先进制造业智能化，实现"数控一代"的升级目标。第二，利用"互联网+"提升制造业的服务化程度，"互联网+"通过信息资源的充分共享，能够将市场以及用户的大数据信息及时传递给生产企业，使得企业有能力甄别市场需求的演变趋势以及客户的个人需求，结合物流、市场开发等辅助性行业的发展，未来中国可能引导相关企业率先在经济发达地区形成生产性服务业的试点效应，进一步引导全国产业的发展和升级，并最终完成工业由生产制造型向生产服务型的转变，提升工业企业对于市场供求波动的应对能力。

三、积极发展新能源产业，协调工业发展与环境关系

《中共中央关于制定国民经济和社会发展第十三个五年规划的建议》对中国的经济、政治、文化、生态文明、社会发展等各方面做出了重大部署。新能源产业的发展一方面极有可能成为新的经济增长点，另一方面，也与中国的生态文明息息相关。能源消耗引发的环境问题已经引起了全球范围的关注，美国已经在重点部署新能源产业的发展，比如，美国著名的互联网公司特斯拉已经在致力于新能源电池的研究，可以预见，一旦电池技术取得突破，将对汽车、手机、电脑等一系列产品带来新的冲击和机遇。中国也已经制定了详细的规划，从研发、价格补贴各个环节来推进新能源汽车的发展，未来一段时间，新能源产业将成为政府政策的重要关注领域。在其他工业领域，与环保目标相结合，中国将在发电领域进一步降低火力发电的比例，通过采用新技术减少在上游煤炭和天然气生产过程中的甲烷排放，此外，也应提前布局"碳捕获"等技术的推广。

四、强化工业基础能力，提升国际竞争力

《中国制造2025》指出，核心基础零部件（元器件）、先进基础工艺、关键基础材料和产业技术基础（以下统称"四基"）等工业基础能力薄弱，是制约我国制造业创新发展和质量提升的症结所在。"四基"的提升，是一个长期的过程，需要政府和企业持续的努力。中国应维持在相关科研领域的投入强度，特别是基础研究领域，结合高校以及相关专项科研项目的研究，提升研究的前瞻性，推动中国在工业基础领域的研究能力，打破国际技术封锁；与此同时，引导中国企业在"四基"领域的创新能力和品牌建设能力，注意相关专利与成果的保护，并逐步完善相关的评审机制和监管体系。

第三节　财税金融政策协调配合，引导工业质量提升路径

中国工业的转型升级，需要有效发挥市场机制的作用，同时也离不开政府相关财税以及货币政策的支持。结合中国的财政体制改革，未来中国的财税、金融政策协调配合，为中国工业转型升级提供资金保障。

一、持续推进结构性减税，降低工业企业税收负担

一是中国将重视国际间的税收竞争，综合考虑国内外经济形势和税制结构现状，构建有利于工业升级转型的财税体制。金融危机之后，世界各国在经济下行的压力下，纷纷出台企业所得税的优惠政策，作为竞争手段吸引资本投资。在这一大背景下，为促进中国工业的进一步发展，需要采取对于资本更为有利的税收政策，加大固定资产的折旧力度，在核算应纳税额时引入双倍余额递减法或者年数总和法；同时进一步完善流转税收入制度，完善营业税改征增值税的进程，消除重复课税，促进物流、咨询、融资租赁等辅助产业的发展。二是合理改革财税体制，平衡好知识产权保护和成果转化之间的关系。增强科技实力是一项长远的系统工程，中国现阶段自主知识产权水平还存在局限，近期在鼓励企业自主研发的基础上，通过引进和学习国外先进技术进行创新，比如对高端装备制造企业引进国外的先进技术和高端设备予以财政补贴。同时完善产权保护制度鼓励国内企业的科研活动，或者直接承担一些先期没有商业收益的项目，利用PPP模式完善我国自主创新的组织安排；在商业收益较大的知识产权领域，通过税收优惠政策促进其技术成果的转化，加快新技术、新工艺的推广，利用财税政策的协同配合保证基础研究与应用研究齐头并进，逐步实现对技术强国的追赶和超越。

二、完善PPP模式，提升基础设施水平

由于承载了化解地方债"杠杆"风险的政策目标，伴随着新型城镇化进程，中国已经迎来了新一轮PPP热潮。相关数据表明，2015年前10个月全国各地已经推出1800多个PPP项目，总投资超过3.4万亿元，主要集中于城市基础设施领域。但是项目运行过程中仍然存在一些问题，未来中国将会进一步完善相关的"PPP生态"。2015年12月，财政部制定了《PPP物有所值评价指引（试行）》，作为判断是否采用PPP模式代替政府传统投资运营方式提供公共服务项目的一种评价方法，但是现阶段仍然以定性评价为主，应逐步完善评价方法和体系，强化其对于PPP项目的约束。重视实践项目的数据积累，为管理部门制定权重、贴现率以及预期收益等具有主观性质的基准评估参数提供依据。

三、完善多层次资本市场，为工业升级提供融资支持

在2015年11月10日召开的中央财经领导小组第十一次会议上，习近平总书记对股票市场建设专门提出要求，指出要加快形成融资功能完备、基础制度扎

实、市场监管有效、投资者权益得到充分保护的股票市场。这也是中国资本市场发展的目标。通过培育机构投资者，营造理性投资氛围，完善监管体系，加强行业自律，使资本市场能够为实体经济发展提供完备的融资支持，满足工业企业不同期限和风险偏好的资金需求。

随着互联网金融的迅速崛起，以 P2P 为代表的网贷行业迅速增长，比如欧浦小贷、蚂蚁小贷，虽然确实为一部分企业特别是中小企业提供了合适的金融服务，但相当一部分不规范的网贷平台也带来了相应的问题。网贷监管将有益于行业的长期健康发展，互联网金融的发展也需要一个更健康的环境。有关互联网金融的监管政策，央行也在牵头制定关于促进互联网金融健康发展的意见，此外，2015年 6 月 26 日，银监会正式公布《关于促进民营银行发展的指导意见》，全面开闸受理民营银行申请。上述一系列举措，将进一步发挥互联网金融对中小企业的金融支持功能。

四、完善产业投资基金运作

2014 年，国家集成电路产业投资基金成立，并已经向紫光集团等承诺投资总额约 400 亿元。2015 年，各省市也加紧纷纷设立产业投资基金，扶持重要产业的发展。作为对传统金融渠道的补充，产业投资基金将丰富我国企业的融资渠道，摆脱以银行间接融资模式为主的金融约束，特别是对于未上市企业，传统的商业性金融机构无法为其提供贷款并承担相应风险，产业投资基金能够在这一领域实现有效补充。

未来，要完善产业投资基金对于提升工业质量的目标，一是要规范政府在产业投资基金出资中的行为，制定政府出资的标准和方式，并建立政府资金退出的机制；二是要对不同产业投资基金进行区分，通过政府资金的引导作用，鼓励民间资本投入战略性新兴产业以及先进制造业领域；三是要对政府财政资金与产业投资基金的支持领域进行划分，避免财政金融资源的过分集中。

第四节　改善教育质量和培训体系，提升人力资本水平

教育水平直接决定了制造业发展的人力资本存量。金融危机之后，为了提升劳动力素质，夯实先进制造业发展的基础，教育领域的问题引起了各国政府的关

注。比如，在 OECD 国家当中，美国年轻人拥有大学学位的比例从第 1 名直线下滑至第 9 名，美国政府迅速对各个层面的教育进行了系统性规划。中国的工业升级转型亦需要人力资本的不断提升。

一、调整人才结构，重视职业技能培训

党的十八届五中全会决定，坚持计划生育的基本国策，完善人口发展战略，全面实施一对夫妇可生育两个孩子政策，积极开展应对人口老龄化行动。这是继 2013 年，党的十八届三中全会决定启动实施"单独二孩"政策之后的又一次人口政策调整。表明中国人口政策的重点由数量控制转向人力资本提升，在此基础上，加大教育投入，高等教育和职业教育并重，重视技术性职业技能的传承和发展，调整人才结构，有效适应企业需求，减少由于摩擦性失业导致的劳动力损失。

二、探索人才合理流动机制

人力资本不仅包括通过教育和培训提升人力资本的过程，也包括通过合理的制度建设促进人才合理流动的过程。中国目前仍然存在着科技人才和高技术工人短缺，同时在发达的中心城市又存在富余的现象。从德国等发达国家的经验来看，探索人才合理流动的机制主要包括以下三方面。第一，通过加强产学研体系制度建设，使得科技人员随着知识产权和研发成果流动；第二，将一部分科研机构推向市场，采取市场化运作方式，通过价格渠道，在满足市场需求的前提下，实现科技人员和高技术工人的有效配置；第三，地方政府要通过对辖区比较优势的深刻分析，确定本辖区的重点产业，相关的政策将向与之相关的科技人才和工人倾斜，从而促进人力资本的合理配置。

参考文献

[1] 罗文 . 工业新常态呈现四大特征 [N]. 中国电子报，2014-12-30.

[2] 工业和信息化部赛迪智库工业经济发展形势分析课题组 .2016 年我国工业经济发展形势前瞻 [R].2015(12)

[3] 工业和信息化部 . 全国工业和信息化工作会议内容 http://www.miit.gov.cn/n1146290/n1146397/c4553076/content.html

[4] 工业和信息化部 . 中央经济工作会议 http://www.miit.gov.cn/newweb/n1146290/n1146392/c4550330/content.html

[5] 国家统计局 .2013 年我国循环经济发展指数为 137.6[EB/OL]. http://www.stats.gov.cn/tjsj/zxfb/201503/t20150318_696673.html.

[6] 国家统计局 .2014 年中国创新指数为 152.8[EB/OL]. http://www.stats.gov.cn/tjsj/zxfb/201512/t20151229_1297321.html.

[7] 王永瑜，郭立平 . 绿色 GDP 核算理论与方法研究 [J]. 统计研究，2010(11).

[8] 王必香 . 云南省工业经济运行质量评价体系构建研究 [D]. 昆明：云南大学 ,2015.

[9] 陈卫灵 . 广东省工业增长质量研究 [D]. 广州：华南理工大学 ,2010.

[10] 吴海民 . 中国工业经济运行效率研究：1980-2006[D]. 成都：西南财经大学 ,2008.

[11] 丁黄艳 . 新世纪下我国工业经济运行效率及提升机制研究 [D]. 重庆：重庆工商大学，2014

[12] 江飞涛，武鹏，李晓萍 . 中国工业经济增长动力机制转 [J]. 中国工业经济，2014(5).

[13] 净莉 . 中国工业全要素生产率研究 [D]. 重庆：重庆大学 ,2014.

[14] 李玲，中国工业绿色全要素生产率及影响因素 [D]. 广州：暨南大学 ,2012.

[15] 时春红，中国工业和服务业全要素生产率空间差异比较分析 [D]. 广州：

暨南大学,2011.

[16]中国科学院可持续发展战略研究组.中国可持续发展战略报告——实现绿色的经济转型[M].北京：科学出版社，2011.

[17]向书坚，郑瑞坤.中国绿色经济发展指数研究[J].统计研究，2013(3).

[18]王军，耿建.中国绿色经济效率的测算及实证分析[J].经济问题，2014(4).

[19]钱争鸣，刘晓晨.我国绿色经济效率的区域差异及收敛性研究[J].厦门大学学报，2014(1).

[20]赛迪智库工业发展质量研究课题组.从发展质量新视角看中国工业经济[N].中国经济时报，2014-07-22.

[21]赛迪智库工业发展质量研究课题组.从结构调整看我国地区工业发展质量[N].中国财经报，2014-08-05.

[22]李成刚.增强创新能力应构建现代产业体系[N].中国经济时报，2013-04-25.

[23]齐建国.中国经济"新常态"的语境解析[J].西部论坛，2014(12).

[24]工信部赛迪研究院工业经济形势分析课题组.内生增长动力正形成,工业增速有望小幅提升[N].中国工业报,2016-03-03.

[25]中国互联网络信息中心（CNNIC）.中国互联网络发展状况统计报告 http://cnnic.cn/gywm/xwzx/rdxw/2015/201601/W020160122639198410766.pdf.

[26]付保宗，周劲.我国工业发展的特点、问题及趋势[J].宏观经济管理，2012(3):19-2.

后 记

    赛迪智库工业经济研究所长期跟踪研究工业经济，在对工业经济发展环境、各工业行业发展趋势研判、工业经济政策导向、工业领域前沿技术创新的基础上，历时半载，经广泛调研、详细论证、数次修订和完善，完成了《2015—2016年中国工业发展质量蓝皮书》。

    本书由王鹏担任主编，秦海林和关兵担任副主编，负责书稿框架设计和审稿，梁一新负责统稿。全书共分为四篇，其中：综合篇由张亚丽（第一章）、秦海林（第二章）、乔宝华、韩力、张文会、沈达（第三章）、乔宝华（第四章）、关兵（第五章）、张凯（第六章）编写；行业篇由张文会（第七章）、赫荣亮、秦婧英（第八章）编写；区域篇由乔宝华、沈达（第九章）、韩力、张文会、韩建飞、王昊、张淑翠、徐铭辰、张厚明、刘世磊（第十章）编写；展望篇由周祺（第十一章）、宋琪（第十二章）编写。同时，本书在研究和编写过程中得到了工业和信息化部各级领导以及行业协会和企业专家的大力支持与指导，在此一并表示衷心的感谢。

    当前，随着我国供给侧结构性改革的不断推进，我国工业发展"三个转换"步伐正在加快，希望我们的研究能够为探索国家工业转型升级的路径提供一些思考，为《中国制造2025》的发展目标的落实提供一种新的监测和评估视角。

思想，还是思想
才使我们与众不同

编 辑 部：赛迪工业和信息化研究院

通讯地址：北京市海淀区万寿路27号院8号楼12层

邮政编码：100846

联 系 人：刘颖　董凯

联系电话：010-68200552 13701304215
    010-68207922 18701325686

传　　真：0086-10-68209616

网　　址：www.ccidwise.com

电子邮件：liuying@ccidthinktank.com

研究，还是研究
才使我们见微知著

信息化研究中心	工业化研究中心	规划研究所
电子信息产业研究所	工业经济研究所	产业政策研究所
软件产业研究所	工业科技研究所	军民结合研究所
网络空间研究所	装备工业研究所	中小企业研究所
无线电管理研究所	消费品工业研究所	政策法规研究所
互联网研究所	原材料工业研究所	世界工业研究所
集成电路研究所	工业节能与环保研究所	安全产业研究所

编 辑 部：赛迪工业和信息化研究院
通讯地址：北京市海淀区万寿路27号院8号楼12层
邮政编码：100846
联 系 人：刘颖 董凯
联系电话：010-68200552 13701304215
　　　　　010-68207922 18701325686
传　　真：0086-10-68209616
网　　址：www.ccidwise.com
电子邮件：liuying@ccidthinktank.com